현대 중국의 아틀라스

세계에서 가장 급성장하는 경제 들여다보기

현대 중국의 아틀라스

세계에서 가장 급성장하는 경제 들여다보기

초판인쇄 2017년 8월 25일 **초판발행** 2017년 8월 30일

지은이 로버트 베네위크 · 스테파니 헤멜릭 도널드 **옮긴이** 심태식

펴낸이 박성모 **펴낸곳** 소명출판 **출판등록** 제13-522호

주소 서울시 서초구 서초중앙로6길 15, 1층

전화 02-585-7840 **팩스** 02-585-7848

전자우편 somyungbooks@daum.net **홈페이지** www.somyong.co.kr

값 12,000원 ⓒ 소명출판, 2017

ISBN 979-11-5905-165-4 03320

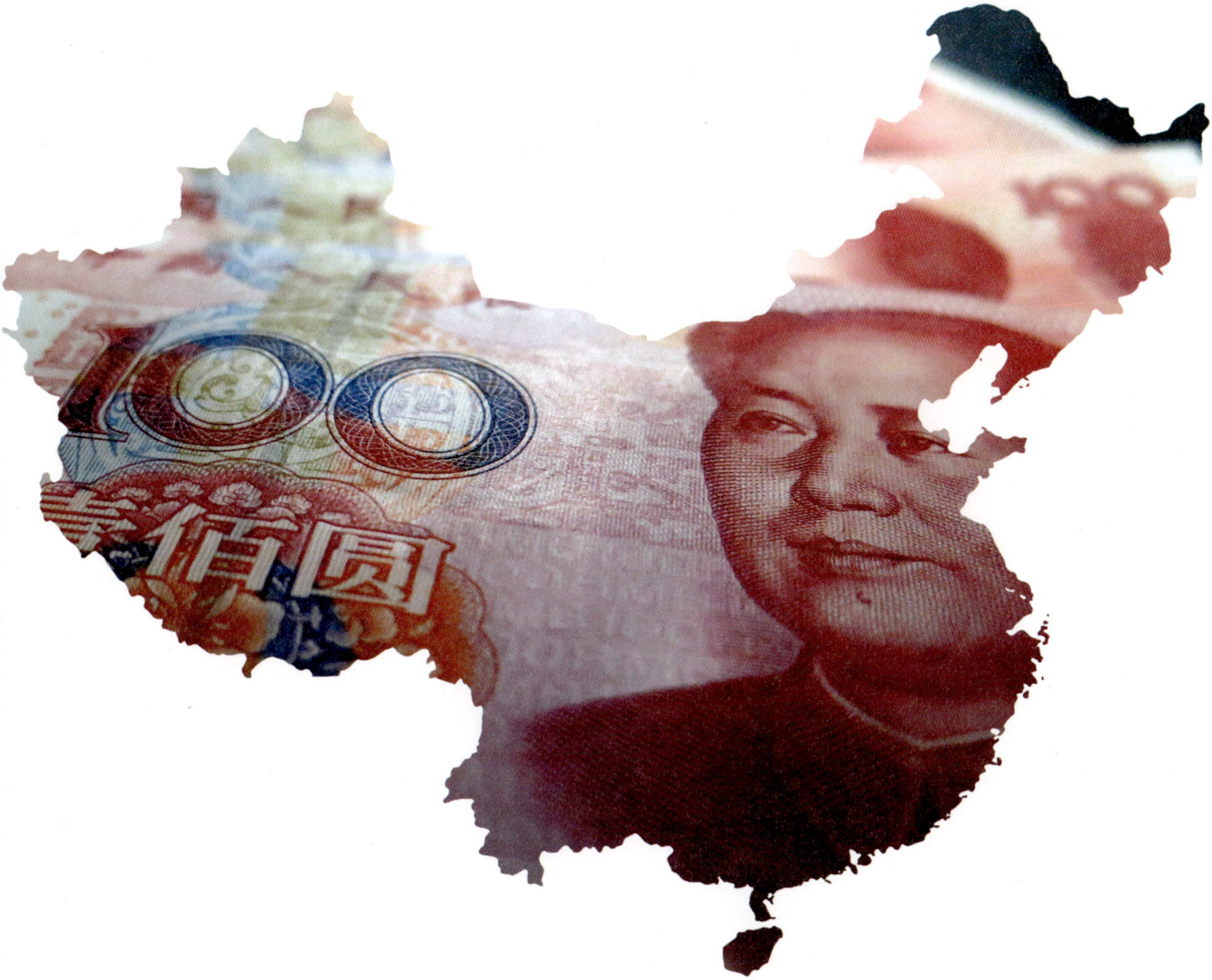

현대 중국의 아틀라스

세계에서 가장 급성장하는 경제 들여다보기

THE STATE OF CHINA ATLAS : Mapping the World's Fastest-Growing Economy

로버트 베네위크 · 스테파니 헤멜릭 도널드 지음 | 심태식 옮김

2008년 베이징 올림픽을 통해 중국 정부는 과거를 계승하면서 자신감 있게 세계에 참여하고 있는 중국의 이미지를 보여주었다. 그 이미지는 차분하고 정돈된 성장과 발전의 힘이었다. 그러나 같은 해 티베트에서의 거센 시위와 엄청난 자연재해, 그리고 올림픽 성화 봉송이 진행되는 세계 곳곳에서 끊임없이 시위가 있었다. 상상하기 어려운 변화가 일어나는 이 복잡한 사회를 우리는 어떻게 이해할 수 있을까? 중국의 개혁은 경제, 사회, 국가의 모든 영역에 영향을 미치면서 새로운 승자와 패자를 산출하고 있다.

대단히 흥미로운 이러한 문제를 풀어나가는 훌륭한 출발지가 바로 이 책이다. 우리 미래의 모든 것이 이제 중국에서 일어나는 일들과 불가분의 관계에 있기에 이 책은 현재 일어나고 있는 중대한 변화를 이해하려는 모든 이들에게 반가운 자료이다. 천 마디 말보다 한 번 보는 게 더 낫다는 속담은 놀라운 이번 저서에 확실히 맞는 말이다. 잘 골라 실은 지도들은 중국을 좀 더 잘 파악하려는 이들에게 필요한 모든 정보가 담겨 있다. 이미 수 년 동안 중국을 연구해 온 연구자들에게도 이 책의 지도들은 새로운 안목을 제공하고, 학생들에게는 살아 있는 중국의 모습이 흥미롭고 역동적으로 다가올 것이다. 이 책은 중국의 발전과 관련된 중요한 모든 주제들에 대한 유용한 정보를 담고 있는 필수 참고서적이다. 중국의 당국가(黨國家, Party-State)* 제도를 시각적으로 표현하는 방법까지 찾아낸 저자들의 업적은 대단한 것이다.

이 책에서 보여주는 것은 일원화된 국민 국가의 표면 아래서 작동하는 다양한 현실의 중국이다. 동쪽으로는 거대한 바다, 서쪽으로는 끝없이 펼쳐진 고원 그리고 중국을 어느 정도 고립시킨 주위의 산들로 다양한 지형을 이루고 있을 뿐만 아니라 그 곳의 사람들, 날씨, 산업과 농업은 헤아릴 수 없는 다양성을 지니고 있다. 『현대 중국의 아틀라스』는 1949년 이래 중국 공산당이 이러한 다양한 지역에 어떻게 자신의 흔적을 남겨왔는가에 대한 이야기이다. 현대 국가에 대한 중국공산당의 비전과 산업화 정책은 도시와 농촌의 물리적 구조와 사람들의 삶에 뚜렷한 영향을 주고 있다. 정권을 잡고 나서 곧 중국공산당은 소련의 영향을 받아 미래의 비전을 세웠는데 그것은 중국을 사회적 생산을 통해 도시화·산업화하는 것이었으며, 사적인 영역은 철폐하고 농촌 부문은 산업화의 추진을 위해 기능하도록 하는 것이었다.

그 결과 보기 흉한 도시 풍경이 만들어졌고, 베이징과 같은 역사적 도시들마저도 많은 매력과 품위를 상실했다. 녹지 지구 설정이나 보호가 거의 없거나 아예 없는 산업화의 추진으로 공장 굴뚝은 수많은 도시의 익숙한 풍경이 되었다. 농촌도 큰 변화를 겪었고 1950년대 말 인민공사 운동으로 정점을 이뤘다. 곡식 생산을 증대시키기 위한 운동으로 인해 나무들이 사라진 민둥산들이 출현하였고 좋은 목초지가 갈아엎어졌다. 농촌 산업화로 인해 '뒷마당 용광로'에서 대부분 쓸모없는 철을 생산하기 위해 수많은 숲이 사라졌다.

이와 같이 밋밋한 획일성을 양산하는 시도에도 불구하고 중국은 온갖 모순과 다양성으로 남았으며, 1970년대 말부터 진행된 경제개혁의 열기로 인해 이러한 모순과 다양성은 다시 한번 꽃을 피웠다. 이 책에서 보여주듯, 개혁은 중국인의 삶 전반에 영향을 미치고 있으며, 중국의 농촌과 도시를 마오쩌둥 시대보다 더 가깝게 묶어 놓으면서 양쪽 모두의 모습을 바꾸고 있다. 도시들은 더는 예전처럼 한결같은 모습이 아니다. 생기 없는 스탈린식 도시의 중심가는 번쩍이는 유리로 덮인 초고층 빌딩들로 변화하고 있으며, 이 빌딩들은 고급 사무실과 쇼핑몰 그리고 어디에나 있는 맥도날드로 채워지고 있다. 이러한 빌딩들과 구찌 같은 유명 디자이너 브랜드들은 현대화의 새로운 상징들이 되었으며 다른 한편에서는 방해가 안 되도록 마오쩌둥 시대의 공격에서 살

---

* 중화민국Republic of China의 창건자인 쑨원이 러시아 혁명에 이은 레닌 철학에 영향을 받아 1920년에 만든 정책으로 이당치국以黨治國의 줄임말이다. 단일한 당에 권력이 집중되는 single-party-state의 일종이다.

아남은 구건축물들이 불도저에 밀려 철거되고, 지역사회는 현대성의 이름 아래 해체되어 사라지고 있다. 새로 지어진 많은 건물 가운데 상업적인 목적이 아닌 건물은 국가와 당의 권력을 현실 속에서 구체적으로 드러내고 있는데, 이 많은 건물들은 번쩍거리는 대리석으로 장식한 새 건축물로 사법부, 지역 공산당, 지방 정부들이 그곳에 자리를 잡고 있다.

고층 건물 아래 펼쳐진 중국 거리는 훨씬 다양한 삶의 장소이다. 시장, 음식점, 디스코텍은 새로운 창업의 상징이거나 혹은 부수입을 위해 부업에 뛰어든 공공기관의 다른 모습이다. 음식점을 꽉 채운 개혁의 수혜자는 새로운 경제에 적응한 기업가와 정치와 유착된 관리직 엘리트, 그리고 외국인이다. 그 거리에는 또 새로운 도시 '천국'을 건설하기 위해 농촌에서 도시로 쏟아져 들어온 수백만의 이주민들이 있다. 이들은 건설현장의 근로자, 식당 웨이터, 상점의 점원, 안마사로 그리고 범죄와 매춘 같은 받아들여지기 어려운 영역에서도 일한다. 그러나 모두가 이러한 경제성장과 엄청난 호황을 누리는 것은 아니다. 오래된 국영 기업에서 해고당한 이들이나 자신을 돌봐줄 자식이 없는 노인들은 도시의 새로운 빈곤층이 되었다. 이 책에서 보듯 경제성장은 더욱 심화되는 교통정체, 대기오염 그리고 수질오염이라는 대가를 치르고 있다.

농촌 또한 변화하고 있다. 집단농업은 사라지고 영농 책임은 각각의 가계로 돌아갔다. 다양한 농업 생산이 가능해지는 동시에 수백만 농민들이 농촌을 떠나 월급이 더 많은 소도시 공장이나 대도시의 건설현장, 혹은 중국 남부의 합작회사 공장에서 일할 수 있게 되었다. 농촌을 떠나는 사람들은 건강하고 용기 있는 젊은이들이며, 농사와 집안일을 돌보기 위해 남는 사람들은 노인, 기혼 여성, 어린이 그리고 병자들이다. 후진타오 주석과 원자바오 총리의 지도부는* 이러한 지역 간 불균형의 해소와 생활수준의 향상을 위해 그리고 개혁의 혜택을 잘 받지 못하는 이들에게 기본 복지서비스를 제공하기 위한 주요 정책을 실시하였다.

일련의 변화는 중국뿐만 아니라 전 세계에 영향을 미치고 있다. 중국은 현재 세계에서 해외의 직접투자를 가장 많이 받는 국가이며, 대부분의 다국적기업이 중국 전략을 갖고 있고 많은 국가들이 중국의 발전에 따라 자신들의 생산 전략을 맞추기 위해 노력하고 있다. 현재 에너지 사용 증가일로에 있는 중국의 경제 방향이 세계의 천연 자원 시장을 변화시키고 있기 때문에 더욱 더 중국의 수요 전망에 따라 가격이 결정될 것이다. 2008년의 금융 위기로 인해 중국의 운명이 얼마나 세계의 경제적 건전성과 밀접하게 관련되어 있는지 분명해졌고, 단순히 경제적인 것을 뛰어넘는 결과가 나타나고 있다. 일본은 이미 온실가스의 주요 생산국인 중국의 산업용 배기가스로 인해 심각한 영향을 받고 있다. 중국에서 내려진 결정이 의도하지 않는 방향으로 다른 나라들에 영향을 미치기도 한다. 예를 들면 중국 남서부에서 벌목을 금지시킨 중국 중앙정부의 결정은 매우 현명한 판단이지만, 국내 및 수출 시장을 위한 중국의 원목 수요를 잠재우지는 못했다. 이로 인해 라오스 같은 주변 국가들뿐만 아니라 브라질 같이 멀리 떨어진 나라들에서조차 벌목량의 증가를 초래하고 있다.

『현대 중국의 아틀라스』는 이러한 변화의 결과를 이해하기 위한 훌륭한 출발점이며, 유익한 정보뿐만 아니라 읽으면서 보는 재미도 안겨준다. 중국에서 진행 중인 기념비적인 변화에 관심 있는 모든 분들에게 꼭 추천하고 싶은 책이다.

하버드 케네디 스쿨 대우Daewoo 국제관계 교수

토니 사치

2008년 11월

*2013년 3월부터 2017년 현재 중국의 국가주석과 국무원 총리는 각각 시진핑習近平과 리커창李克强이다.

2008년 북경 올림픽은 중국이 새로이 부상하는 지역의 강대국이자 세계의 강대국임을 선언하는 중요한 의미를 지니고 있다. 중국은 이제 정치·경제·문화·언어에서 국제사회와 긴밀히 연결되어 있다. 거대하고, 복잡하고 동시에 모순으로 가득 찬 지정학적 실체인 중국은 자신이 원하는 방식으로 우리의 집단의식에 자리를 잡아나가고 있다. 그럼에도 불구하고 중국은 여전히 많은 사람들에게 신비함으로 남아있다. 미디어의 다양한 보도 그리고 통상과 확대된 무역 관계들조차도 중국이 지닌 근본적인 차이의 불가해성을 완전히 해소시키지 못하고 있다.

그럼 중국은 오늘날 세계에서 어떻게 알려져 있는가? 중국은 국제적인 이미지 속에서 성장과 자본의 엄청난 상징으로 연상되는 반면 중국의 소수민족과 대부분의 지역들은 거의 알려져 있지 않다. 대부분의 사람들이 '중국中國, Centralizing kingdom'을 떠올리는 것은 대개 고대예술, 당시唐詩, 혁명적 회합, 그리고 1989년 톈안먼天安門 사건에서의 학살을 통해서, 또는 상하이의 활기찬 상업지역이나 장이머우張藝謀 감독의 화려한 역사소재 영화, 그리고 2008년 쓰촨四川에 지진이 발생했을 때 생존자 및 그들 구조자들의 비통해 하는 표정을 통해서 전달되는 이미지이다. 매체의 보도 속에서의 중국은 친구 아니면 바로 적으로 묘사된다. 그것은 파워 혹은 돈이거나, 진압 혹은 큰 용기이다. 때때로 그것은 홍수이거나 지진이고, 시위 혹은 스포츠에서의 대담함이다.

중국은 여전히 파악하기 어려운 대상처럼 보인다. 왜냐하면 중국을 알게 되었다고 생각하는 순간 서구사회는 그러한 추정의 한계를 인정해야만 하기 때문이다. 우리의 끊임없는 과도기적 이행상태와 글로벌의 불안정을 고려하면, 중국을 파악하고자 하는 시도는 너무 어렵다. 중국은 본질적으로 세계의 미래와 긴밀히 연계되어 있지만, 중국의 강력한 민족적 정서는 이러한 공동의 미래는 당연한 것이 아니라 협상을 통해 이루어야 할 성질의 것임을 말해주고 있다. 이 점은 중국을 통해 세계를 이해하는 데 매우 중요하다.

우리는 거의 매일같이 중국이 최대 무역국가이고 그 경제 규모는 세계에서 가장 크며, 외국인의 직접투자가 가장 매력적인 국가 가운데 하나라는 기사를 접하고 있다. 마치 이것으로는 충분하지 않다는 듯, 중국은 상당한 현금을 보유한 강력한 국민경제 국가가 되었으며, 미국에 대한 투자를 중단하고, 자유세계의 지도자가 부채의 소용돌이 속으로 빠져드는 것을 지켜볼지를 결정할 수 있는 위치에 있게 되었다.

널리 자랑하거나 심지어 축하할 만한 일들도 많으며, 우리는 중국의 성공을 보며 경탄할 수 있다. 이데올로기의 측면에서도, 서구 국가의 지도자들은 중국의 많은 경제적 성취들이 가능했던 것은 1978년 이래의 시장 중심 경제의 개혁 덕분이라는 점 때문에 어느 정도 만족감을 나타내고 있다. 이것이 일반적인 관점이기는 하지만 그러나 유일한 관점은 아니다. 모든 국가들이 그러하듯이, 실제상황은 더욱더 복잡하다. 중국의 대부분 시민들이 이전보다 형편이 더 좋아졌다는 것은 분명하다. 많은 사람들이 전보다 더 부유해졌다. 그러나 분명 가난을 감소시키기는 했을지라도, 수백만의 사람들이 여전히 비참한 가난의 상태에서 벗어나지 못하고 있다는 또 다른 시각도 고려할 필요가 있다. 새로운 기업가적인 중산계급과 그것에 수반한 출세지향적인 노동자 계급이 등장하고 있지만, 각각의 사회경제적 계층 간의 수입 격차는 더욱 확대되고 있다. 복지시스템이 마련되고 있으나 아직 건강 관리는 대부분의 시민들에게 미치지 못하고 있다. 그리고 중국은 보살피고 지원해야 할 노령화된 인구를 이제 머지않아 세계에서 가장 많이 보유하게 될 것이다. 한편 힘들게 대학 졸업장을 딴 새로운 졸업생들이 경쟁적으로 직업을 찾아 나서고 있다.

이것이 바로 중국의 엘리트와 보호막 속의 지도부insulated leadership가 직면한 모순의 대표적인 사례들이다. 다른 국가들도 유사한 문제점을 가지고 있지만, 중국은 단지 방대한 인구를 가지고 있다는 점만으로도 문제는 매우 심각하지만, 전국적인 공간의 문제들과 재정적인 격차에 의해 문제의 심각성은 더더욱 타국에 비할 수가 없다. 중국의 인구 규모는 풍부한 소비시장과 활용 가능한 무한정의 값싼 노동력을 제공할 수 있다는 점에서 글로벌 경제의 커다란 자원으로 간주할 수 있다. 하지만 동시에 그것은 점증하는 불만과 불안, 그리고 갈등의 근원이기도 하다. 또 최우선 목표를 '조화로운 사회和諧社會'를 건설하고 유지하는 데 두고 있는 것에서도 알 수 있듯이, 중국의 권위주의적인 당국黨國, Party-State이 시장중심 경제와 더불어 정치·사회적 안정을 동시에 중시한다는 것은 전혀 놀라운 일이 아니다. 국제적 압력에도 불구하고 인권 탄압은 계속되고 있는데, 때로는 국제적 압력으로 더 탄압이 이루어지기도 한다. 2008년 수많은 중국의 일반 시민들(중국 내 혹은 해외를 막론하고)이 이른바 중국 내정에 대한 국제적 간섭 혹은 중국 때리기에 맞서 전 세계에서 시위를 벌이기도 하였다.

당국黨國의 조직에 대한 가장 큰 위협은 만연한 부패이다. 부패를 통제하기 위한 시도는 수많은 정치개혁들 가운데 하나이다. 또 다른 위협의 예는 민주주의까지는 아니더라도 정치참여제도를 지방의 대중이나 정부의 기초단위에 도입하여 실시하는 것이다. 당원들의 영향력을 확대하려는 중국공산당의 개혁도 의사 일정에 올라 있다. 이러한 개혁적인 행보가 사회적 정의의 도전에 대응하기에 충분할지는 여전히 의문이다.

중국은 경제력에 의해 국제관계에서 상당한 영향력을 인정받고 있지만, 그러나 그것은 다른 측면에서 문제가 될 수 있다. 혹시라도 지역이나 더 나아가 국제체제에서 발생할 큰 문제가 있다면 그것은 바로 미국과 중국이 지배권을 둘러싸고 갈등을 빚을 것인가, 그리고 경제와 무역 혹은 더 치명적인 수단을 통해 겨룰 것인가 하는 것이다. 2001년 테러와의 전쟁이 선언된 이래로 지속되고 있는 전쟁의 현재 분위기도 두렵기는 하지만, 만약 중국도 그 수렁에 빠지게 된다면 더욱 더 두렵게 될 것이다. 타이완의 대륙과의 연계 활동 상황은 계속해서 관심거리이며, 특히 타이완의 민주주의가 중국에 매우 유용하다고 보는 사람들에게는 더욱 그렇다.

한편 중국의 통계학자들과 인구통계학자들은 많은 통계자료를 수집하고 있는데, 그러한 자료를 바탕으로 지방과 지역의 경계를 넘어 전국적인 불평등의 상황을 측정하고 있을 뿐만 아니라 사회학자들도 이를 바탕으로 현지에서 중국의 상황을 분석하고 있다. 이러한 공무원들은 인기는 없을지 모르지만, 현재 중국에서 무엇이 행해져야 하고 또 누구를 위해서 해야 하는지를 결정하는 데 매우 중요한 역할을 하고 있다. 이 책의 제7장에서 지적하고 있는 바와 같이, 중국에서든 세계에서든 완벽한 통계란 존재하지 않을 뿐만 아니라 또 수집된 자료들도 정치적으로 통제되기 쉽다. 통계 그 자체는 왜 한 도시는 WTO의 규정들 아래에서 발전할 수 있는 반면에 다른 도시는 그것들을 무시하는지를 설명해주지 않는다. 왜냐하면 그것들이 지방의 정치 엘리트들을 위협하거나 또는 지방경제가 살아남거나 고용을 보호하기 위해 지방 보조금을 필요로 하기 때문이다. 한 도시는 자원들과 상상을 국제적 상상 속에 그 자신을 브랜딩하기 위해 쏟아 넣지만, 또 다른 도시는 관광과 '관광지 관리'의 요점을 놓치거나 혹은 신중하게 무시하게 될 것이다.

이 책에는 많은 지도들이 있다. 그런데 그것을 통해 중국의 정확한 모습을 제시하기 위해서는, 우리는 상세한 지역 설명과 자치구나 현(縣) 등의 지방행정 단위의 사례 연구, 그리고 역사적 배경들을 제공할 필요가 있다. 이와 관련된 가능한 상세한 자료를 제공하기 위해 우리는 경제, 문화, 사회과학과 정치사 분야에서 활동하는 현재 중국 전문가의 저서들로부터 관련자료를 추천하였다. 우리는 진실로 독자들이 이러한 추천자료들을 더 열심히 조사해 볼 수 있기를 희망한다. 인터넷 상에는 많은 자료들이 있는데, 우리는 그 가운데 최상의 것들을 뽑아 이 책의 뒷부분에 주석으로 포함시켰다. 신문 중 전국지의 경제면도 우리 눈앞에서 펼쳐지고 있는 새로운 중국의 어떤 면들을 관찰하는 데 유용한 자료이다. 일상적인 거래, 파산, 기업의 결정은 중국 내외의 누군가에게, 아마도 수천 명의 사람들에게 영향을 미칠 것이다.

모든 책들이 그렇지만, 특히 이와 같이 다양한 지식과 전문지식이 요구되는 책의 경우, 저자들은 많은 다른 사람들의 훌륭한 연구에 빚지지 않을 수 없다. 시간과 공간적으로, 시드니 대학의 아시아 연구 및 중국학과, 그리고 미디어 정보학과로부터 지원을 받았다. 그리고 런던 킹 칼리지의 영화학과에서의 펠로우십은 매우 귀중한 기회를 제공해 주었다. 또 다음에 언급하는 동료들은 오스트레일리아와 해외에서 계속 작업을 진행하고 있다. Mayfair Mei-hui Yang, Ying Zhu, David SG Goodman, Harriet Evans, Michael Keane, Luigi Tomba, David Kelly, Louise Edwards, Elaine Jeffreys. 이들은 항상 영감을 주는 동료들이다. 우리는 또 Zheng Yi와 함께 한 중산계급 취향 프로젝트를 지원해 준 오스트레일리아 연구소^{Austrailian research council}에 감사한다. 본서의 주장은 그 프로젝트로부터 영향을 받았다.

우리는 Marc Blecher, Cynthia Entoe와 Hua Qingzhao 교수에게 감사한다. 우리는 이 아틀라스에서 취하고 있는 특별한 접근법들과 관련하여 그들에 주목하였으며, 최종 해석은 바로 그들의 것이다. Sarah Cook, Rosemary Foot, Jude Howell, Jie Dao, Leicia Petersen, Peng Zou, Tina Schilbach, Ming Liang, Norman Stockman, Paul Wingrove, 그리고 정말 훌륭한 Philippa Kelly는 본서를 위해 중요한 기여를 했으며, 전체 프로젝트에 적절한 충고와 격려를 해 주었다. 한편 서식스^{Sussex} 대학은 시설 제공을 비롯해 많은 관용을 베풀어 주었다.

우리는 베이징에 기반을 두고 있는 사진작가 Ben McMillan으로부터 26, 36, 64, 76쪽과 90쪽의 사진들을 골라 쓸 수 있어서 매우 기쁘다. 또 우리는 다음과 같은 사진들을 복사하여 사용하는 것을 허락해 준 분들께 감사드린다. Christopher Herwig(14, 22쪽 사진), John Sigler/iStockphoto(24쪽 상단 사진), Adrian H Hearn(24쪽 하단 사진), Adrian Beesley/iStockphoto(25쪽 상단 사진), Anthony Brown/iStockphoto(25쪽 하단 사진), Matthew Spriggs(25쪽 오른쪽 사진), Mark Henley / Panos Pictures(54쪽 사진), DSG Goodman(106쪽 사진).

이 아틀라스는 공동 프로젝트이며, Myriad 판의 공동저자들, 즉 Candida Lacey, Corinne Pearlman, Isabelle Lewis, 그리고 누구보다도 Jannet King은 우리와 함께 책 표지와 제목 페이지에 그들의 이름을 올릴 자격이 있다. 우리는 그들에게 무한한 감사를 드린다.

Myriad 판의 공동저자로, 이미 작고한 Anne Benewick(1937~1998)는 우리를 고무시켜 주었다. Myriad 아틀라스에서 중국은 특별한 위치를 차지하고 있었다. 왜냐하면 중국은 Anne에게 특별하기 때문이다. 베이징에 있을 때 그녀는 탁구를 너무 잘 쳐서 상대편은 물론 구경하는 사람들에게 놀라움과 기쁨을 주었다. 런민대학^{人民大學}에서 그녀는 교수와 학생들을 위해 만두를 만들었으며, Flying Pigeon^{飞鸽} 브랜드의 중고 자전거를 타고 완벽한 모란을 끊임없이 찾았다.

영국 브라이튼에서 로버트 베네위크

호주 시드니와 영국 런던에서 스테파티 헤멜릭 도널드

1부
세계 속의 중국
CHINA IN THE WORLD

중국이 이룬 놀라운 경제적 성과는 1990년대 후반에 중국을 세계무대로 진출시킨 이래로 지금까지 계속해서 중국이 세계적 지위를 가질 만한 자격을 뒷받침해왔다. 악명 높은 '신용 규제'의 해였던 2008년 전반기에 중국은 세계 GDP 성장의 1/3을 책임지고 있었고, 이전까지 연간 12퍼센트라는 최고 수치를 기록한 중국의 GDP 성장은 전 세계적인 경제 침체에도 불구하고 겨우 8퍼센트까지만 낮아질 가능성이 높다. 부채를 통해 경제가 돌아가고 현재 배당금을 위한 가상의 돈을 만들고자 미래에 도박을 거는 은행들에 의해 그 체계가 위협받는 국가들은 의심의 여지없이 허약하지만, 세계에서 가장 큰 저축 국가이자 생산 국가로서 중국이 갖는 이중적 역할은 중국을 자본주의의 차세대 물결에서 유리한 입장에 서게 한다.

세계의 한 열강이 되려는 중국의 야망에 대해서 누구도 의심하지 않는다. 중국은 주요 생산 국가이자 최근에는 제품 및 브랜드를 개발하는 국가일 뿐만 아니라, 국제관계의 측면에 있어서도 인지도를 상당히 제고시켜왔다. 중국의 새로운 사업 도전은 아프리카에서 이루어지고 있는데, 중국은 아프리카 대륙의 자원들을 개발하기 위한 기반시설에 수십억을 투자해왔다. 서구에서는 중국의 아프리카에 대한 관여가 무역상의 현저한 우위와 지정학적 전략이 갖는 힘이라는 서구만의 식민적인 유산에 대한 하나의 도전으로 받아들여진다. 현대화된 중국의 군대와 전세계 곳곳의 이익을 찾아 이루어지는 해외투자 역시 중국의 놀라운 국력 신장에 기여한다.

일부 지역들, 특히 서부 국경 지방인 티베트와 신장에 긴장이 존재하고 있기는 하지만, 중국은 국가의 완전한 일체감을 내세운다. 대부분의 인민과 정부는 모두 중국의 경제와 안정성이 잘 관리된다면 적어도 지금껏 이루어온 것과 앞으로 이룰 것에 대해 자신감을 느끼고 자랑스러워하는 것으로 보인다. 그것은 아마도 중국의 핵심적인 성공 요인임과 더불어 서구 민주주의 국가들, 특히 중국의 가장 큰 채무자인 미국과 성가신 관계를 형성하는 핵심 요인이기도 할 것이다.

중국은 확실히 상대적으로 짧은 기간 내에 국가의 경제와 지배 구조들을 변형시켜왔다. 1978년 덩샤오핑이 집권한 이래로 지도층이 가장 중점에 둔 것은 공산당과 그 국가에 합법성을 부여하고, 중앙통제경제를 벗어나 반半–시장semi-market 시스템을 채택하는 것이었다. 중국의 많은 사람들이 이 정책에 힘입어 물질적으로 더 풍족해졌다는 것은 거의 의문의 여지가 없다. 물론 신흥 부유층과 노동자 중산층 및 빈곤층 간의 소득 격차와 기회의 불평등이 확대되고, 성장률의 향상에 비례하여 이주 하층민들이 기하급수적으로 증가하지만 말이다.

두 번째의 우선순위는 안정성을 보장하는 것이었다. 옛 세대의 지도자들은 문화대혁명을 직접 경험했고 그것은 그들 세대에 깊은 상처를 남겼다. 그로 인한 한 가지 결과는 베이징에 권력을 둔 하나의 견고한 권위적인 통치 체제를 유지한 것이다. 물론 여기에는 지역 통치 구조에 대한 개혁들과 성省 정부provincial government들 사이의 영향력을 얼마간 분산시키는 노력들도 포함되어 있었다. 경제적 성장과 강력한 리더십이라는 이 두 가지의 우선적 관심들은 현재 중국의 세계에 대한 접근법에서 결합되어 잘 보여주고 있다. 즉, 성장과 투자는 바람직하지만 주권이나 안정성을 침해하는 것은 무엇이든 극히 엄격하게 다루어질 것이라는 접근법이 그것이다. 이런 접근은 투자자들에게는 적합하지만, 티베트처럼 감정적으로 비난받는 이슈들에 대한 국가 간의 논쟁들로 이어진다. 반면, 대부분의 서구 국가들은 북한에 대한 중국의 리더십과 개입이 없을 경우 태평양 지역 전체가 심각하게 불안정해질 것임을 알고 있다.

화살은 활시위에 올려져 있다

1990년도에 세계에서 무역규모가 15위였던 중국은 2006년에는 홍콩을 포함하여 전 세계 2위의 국가로 올라섰다.

배고픈 제조업 분야를 부양하기 위해 수십억 달러의 원자재를 수입함에도 불구하고 중국은 종합적으로 무역흑자를 유지하고 있다. 이것은 세계에서 가장 큰 무역국가이지만 무역적자 상태인 미국과 극명한 대조를 이룬다.

중국 경제는 급속도로 성장하고 있으며, 무역이 국가의 경제 자유화와 현대화에서 중요한 역할을 하고 있다. 2003년과 2007년 사이에 수출은 — 대부분은 제조된 상품이다 — 거의 3배로 증가하였다.

유럽의 무역업자들이 중국의 시장에서 자신들의 몫을 계속해서 증가시켜왔지만, 중국무역의 압도적인 규모와 그의 가장 빠르게 성장하는 동업자는 아시아의 이웃국가들이다. 그러나 아프리카와 남미, 그리고 대양의 섬 국가들에서의 중국의 발전전략은 이러한 지역들이 점차 중국에 원자재뿐만 아니라 시장을 제공하고 있음을 시사해 주고 있다.

☞107쪽 참고.

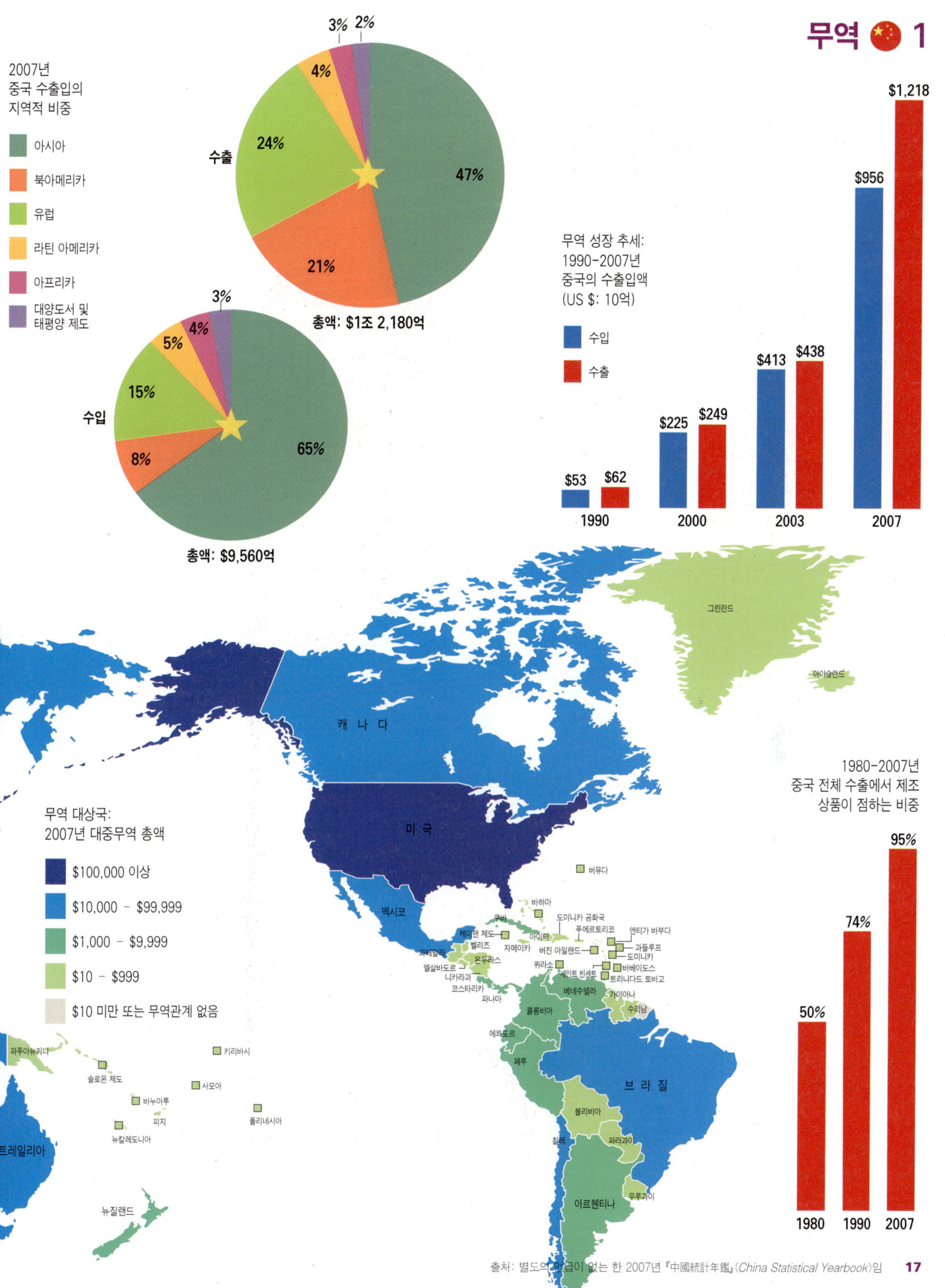

무역 1

2007년
중국 수출입의
지역적 비중

아시아
북아메리카
유럽
라틴 아메리카
아프리카
대양도서 및
태평양 제도

수출
47%
24%
21%
4%
3%
2%
총액: $1조 2,180억

수입
65%
15%
8%
5%
4%
3%
총액: $9,560억

무역 성장 추세:
1990-2007년
중국의 수출입액
(US $: 10억)

수입
수출

$53
$62
1990

$225
$249
2000

$413
$438
2003

$956
$1,218
2007

무역 대상국:
2007년 대중무역 총액

$100,000 이상
$10,000 - $99,999
$1,000 - $9,999
$10 - $999
$10 미만 또는 무역관계 없음

1980-2007년
중국 전체 수출에서 제조
상품이 점하는 비중

50%
1980
74%
1990
95%
2007

그린란드
아이슬란드
캐 나 다
미 국
멕시코
버뮤다
바하마
쿠바
도미니카 공화국
푸에르토리코
앤티가 바부다
케이맨 제도
아이티
벨리즈
자메이카
버진 아일랜드
과들루프
과테말라
도미니카
엘살바도르
온두라스
쿠라소
바베이도스
니카라과
세인트 빈센트
트리니다드 토바고
코스타리카
베네수엘라
가이아나
파나마
콜롬비아
수리남
에콰도르
페루
브 라 질
볼리비아
파라과이
칠레
우루과이
아르헨티나
파푸아뉴기니
키리바시
솔로몬 제도
사모아
바누아투
피지
폴리네시아
뉴칼레도니아
오스트레일리아
뉴질랜드

바다로 뛰어 들다

중국에 대한 외국의 직접투자는 계속 증가하고 있으며, 아시아 이웃국가들에 대한 투자보다도 훨씬 더 많다.

해외 기업들은 큰 가용 노동력 시장과 수년간 지속되는 년 8퍼센트의 성장률, 그리고 아직 덜 성숙하기는 했지만 성장하는 증권시장에 매력을 느끼고 있다. 2001년 중국이 WTO에 가입함으로써 외국의 회사는 중국 기업들과 동업관계를 맺을 수 있게 되었다. 비록 서비스 분야가 성장하여 부동산, 접객, 소매와 커뮤니케이션 분야에 외국인이 진입하고 있지만, 제조업이 여전히 지배적이다. 투자를 주도하는 것은 북미와 유럽 그리고 아태지역의 재원이다. 해외의 화교들 심지어는 상대적으로 작고, 섬 국가에서 살고 있는 사람들은 중국의 장래에 투자를 하고 있다.

모든 기업가적 모험들이 순조로운 것은 아니다. 품질관리에 관한 규제틀은 이론적으로나 실천적으로 일관성이 부족하며, 그것이 어떤 기업들에서는 동업 파트너들에게 문제를 야기할 수 있다. 불법복제와 저작권이 일부 투자 형식에 문제가 되고 있다.

중국의 해외로의 직접투자는 글로벌 경제에 있어 매우 중요하지만, 아프리카는 물론 미국과 오스트레일리아에서 정치적인 의미를 지니고 있기도 하다.

☞107쪽 참고.

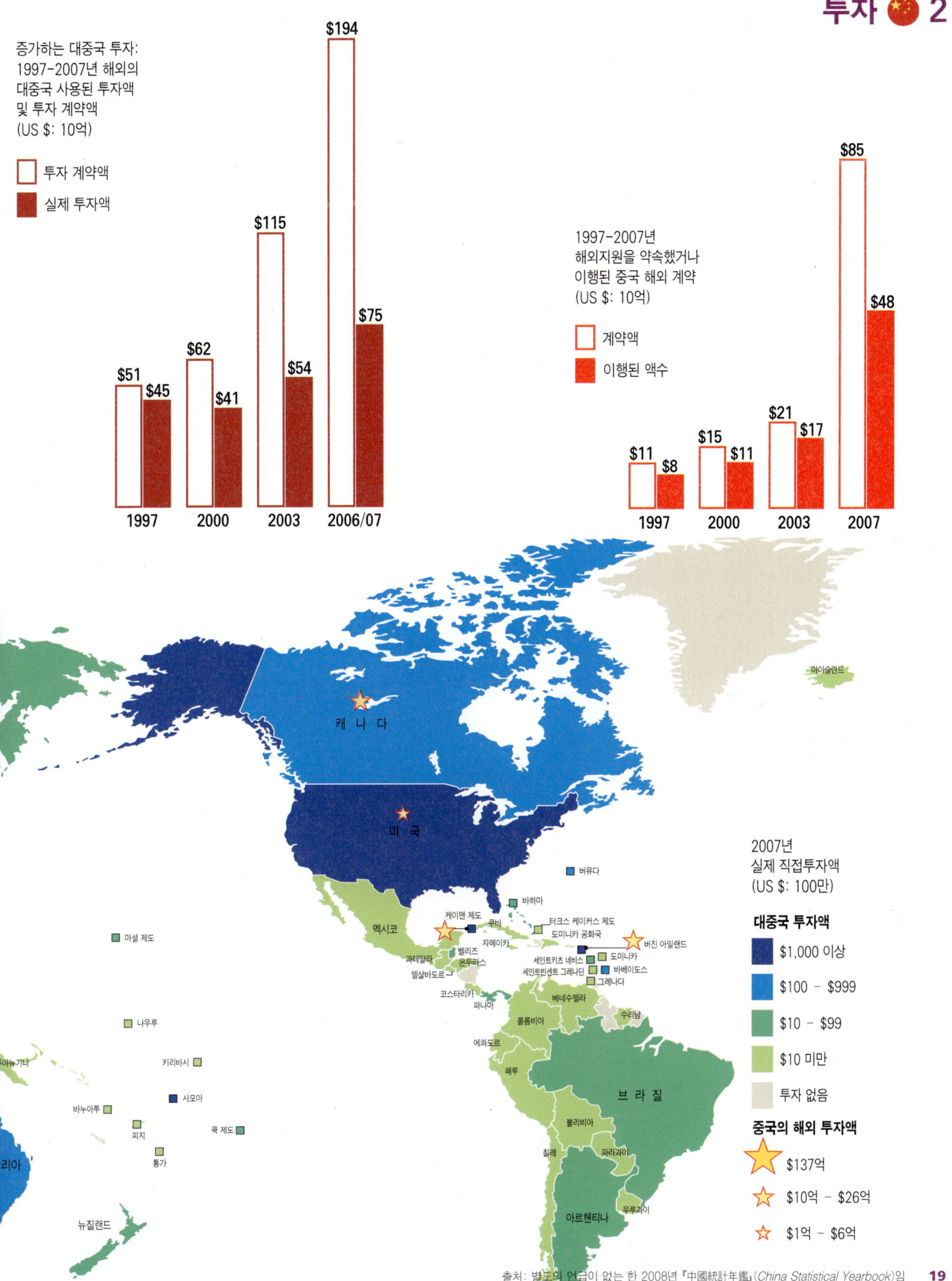
증가하는 대중국 투자:
1997-2007년 해외의
대중국 사용된 투자액
및 투자 계약액
(US $: 10억)
투자 계약액
실제 투자액
$194
$115
$85
$62
$51
$45
$41
$54
$75
1997
2000
2003
2006/07
1997-2007년
해외지원을 약속했거나
이행된 중국 해외 계약
(US $: 10억)
계약액
이행된 액수
$11
$8
$15
$11
$21
$17
$48
1997
2000
2003
2007
아이슬란드
캐 나 다
미 국
버뮤다
바하마
케이맨 제도
쿠바
터크스 케이커스 제도
도미니카 공화국
버진 아일랜드
멕시코
마셜 제도
자메이카
벨리즈
세인트키츠 네비스
도미니카
과테말라
온두라스
세인트빈센트 그레나딘
바베이도스
엘살바도르
그레나다
코스타리카
베네수엘라
수리남
파나마
콜롬비아
나우루
에콰도르
파푸아뉴기니
키리바시
페루
브 라 질
바누아투
사모아
피지
쿡 제도
볼리비아
통가
칠레
파라과이
뉴질랜드
아르헨티나
우루과이
2007년
실제 직접투자액
(US $: 100만)
대중국 투자액
$1,000 이상
$100 - $999
$10 - $99
$10 미만
투자 없음
중국의 해외 투자액
$137억
$10억 - $26억
$1억 - $6억

고수는 싸우지 않는다.
하지만 싸우게 된다면
그가 이길 것이다

중국의 정규군은 210만 명으로 전 세계의 9퍼센트를 점하고 있다. 게다가 80만 명의 예비군과 150만 명의 헌병을 보유하고 있다.

이러한 규모의 군대는 이론적으로는 인상적이고 유지비도 상당히 적게 들지만, 현대전쟁에서 중요한 것은 최첨단 무기이다. 그리고 중국의 군비지출은 미국과 나머지 NATO군의 총합에 비해 훨씬 뒤쳐져 있다. 하지만 중국은 핵능력을 보유하고 있다. 비록 러시아나 미국의 핵능력에 비하면 극히 미약하지만, 아시아와 동남아시아 지역 내에서의 중국 군사력의 측면에서는 매우 중요하다.

2007년 1월, 예고없이 진행된 중국의 노후된 기상위성에 대한 위성요격미사일시험도 역시 중요하다. 군사전문가들은 그 실험이 대륙간 탄도미사일과 비슷한 속도로 유사한 궤도를 돌고 있는 대상에 대한 성공적인 요격을 의미한다고 지적한다.

중국은 점점 세계무대에서 역할을 하기 위해 적극적으로 나서고 있다. 2008년 중국은 수단에서의 UN과 아프리카연합 평화유지군을 포함하여, 전 세계에서 평화유지 임무를 위해 2천 명의 군대와 기술자, 의료진이 활동하고 있다. 그러나 또 다른 한편으로는 개발도상국, 특히 수단정부에게 무기를 수출하여 비난을 받고 있기도 하다.

☞108쪽 참고.

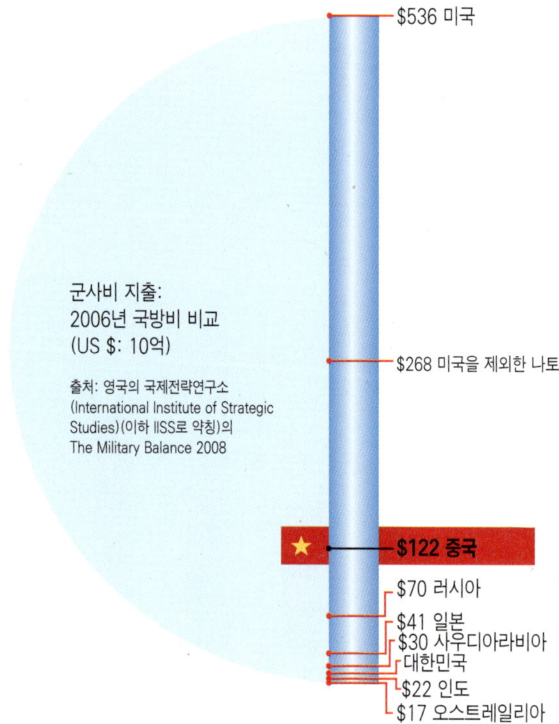

군사비 지출:
2006년 국방비 비교
(US $: 10억)

출처: 영국의 국제전략연구소 (International Institute of Strategic Studies)(이하 IISS로 약칭)의 The Military Balance 2008

무기거래:
1999~2002년과
2003~2006년
중국의 대외 수출 협정액
(US $)

■ 1999 – 2002
■ 2003 – 06

출처 : Grimmett, R. F., Conventional Arms Transfers to Developing Nations, 1999–2006, Congressional Research Service (26 Sep. 2007)
⇒ 관련자료 http://www.sipri.org/research/armaments/transfers/publications/links/other-sources-of-data-on-international-arms-transfers 참고.

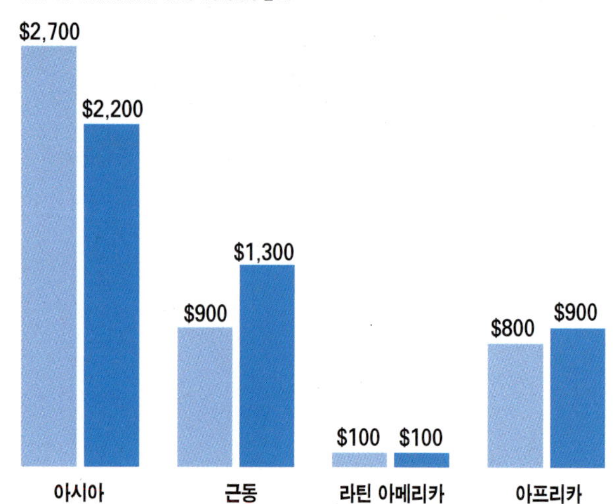

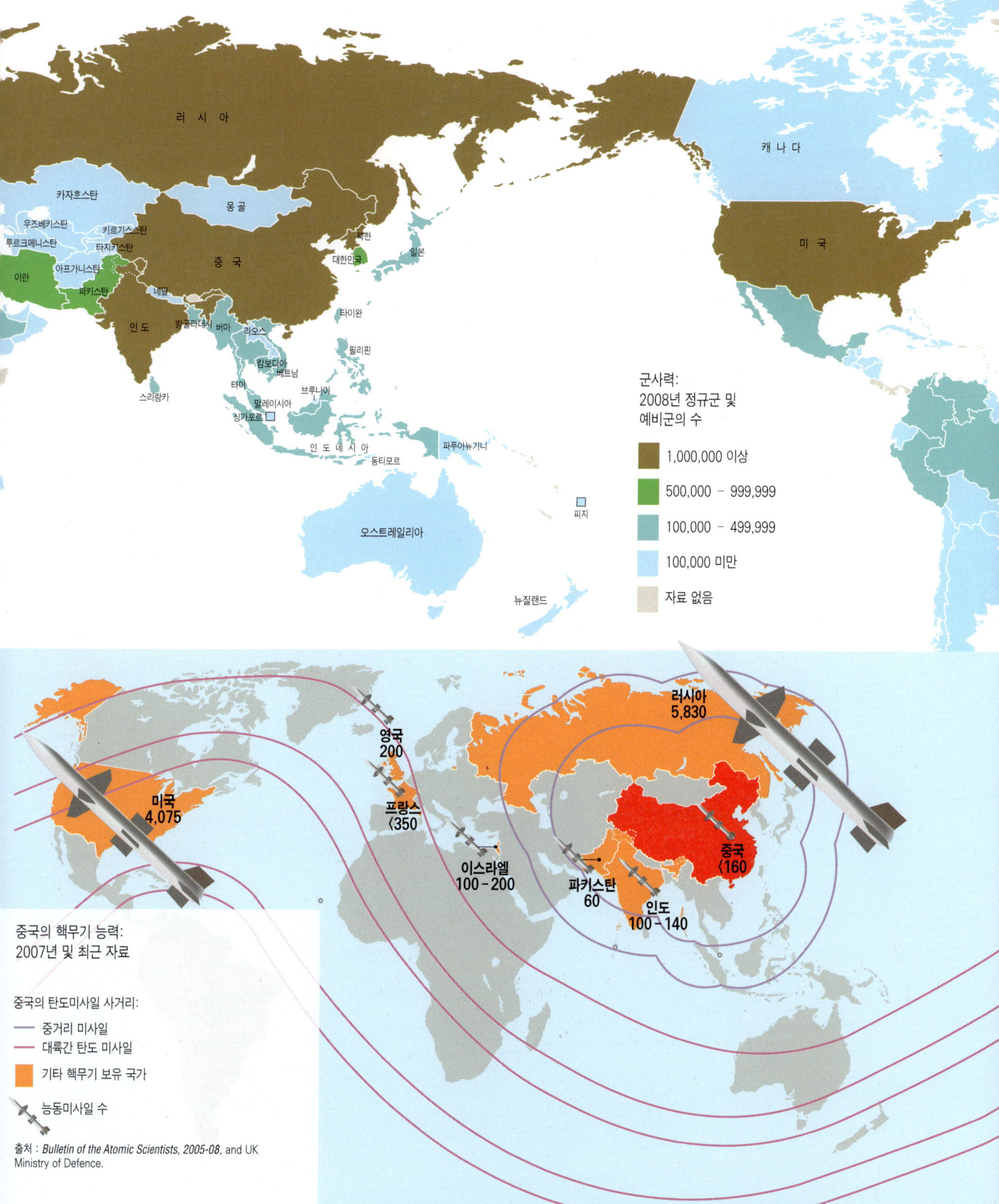

출처 : *Bulletin of the Atomic Scientists, 2005-08*, and UK Ministry of Defence.

천하제일

중국정부는 해외국가들과의 동맹이나 협상 지위를 통해 그리고 자국 국민들의 원대한 야망과 열정적인 민족주의를 고려하여 국제관계를 처리하고 있다.

아시아태평양지역에서 중국의 전체적인 지위가 강화되고, 아프리카와 남미에서 그 경제적 이익을 확대함에 따라, 이전 세계 강국들과, 그리고 미국 및 유럽의 허약한 경제적 '거인'들과 중국의 관계는 더욱더 불안정하게 되었다.

특히 미국은 중국의 의도에 깊은 의심을 가지고 있으며, 중국 국민들도 미국 및 미국의 중국에 대한 태도에 대해 양가적인 감정을 가지고 있다. 근본적으로 자유의 근원 혹은 간단히 자본주의 리더십의 원천으로 간주되던 미국은 이제 반드시 중국 정부 혹은 국내정책을 존중하지 않을 뿐만 아니라 태평양지역에서 중국의 팽창을 몹시 두려워하는 경쟁자로서 인식되고 있다. 타이완은 이 두 주요 국가의 매끄러운 관계에 있어 골칫거리로 남아있다.

또 다른 주요 논쟁점은 인권문제이다. 중국정부는 인권담론을 서구의 자유주의, 개인주의 그리고 반중국적 공격으로 간주하는데 반해, 대부분의 서구의 선진국가들은 그것을 국제표준이자 민주적 과정의 초석으로 간주한다. 이것은 중국과 서구사이의 국제관계와 상호이해에 있어서 골칫거리이다.

☞108쪽 참고.

1989-2008년 중국 국제관계의 변화

● 중국에 불리한 조치
● 중국에 유리한 조치

중국-러시아

- **2004** 전략적 에너지 거래에 합의
- **2005** 연합군사훈련을 함
- **2006** 에너지 협력을 확대함
- **2007** 40억 달러의 상업 거래가 합의됨
- **2007** 상하이협력기구가 연합군사훈련을 개최함
- **2008** 신임 러시아 대통령 드미트리 메드베데프가 카자흐스탄과 중국 방문
- **2008** 중국-러시아 국경조약 체결

중국-미국

- **2000** 클린턴이 미국의 중국과의 정상적 무역관계를 부여하는 법안에 서명
- **2001** 중국의 제트 전투기와 미국의 정찰기의 충돌
- **2001** 중국이 아프카니스탄에 대한 미국 행동을 지지함
- **2002** 대통령 조지 부시가 베이징을 방문함. 후진타오 총서기가 미국을 방문함. 미국이 동투르키스탄 이슬람 운동을 테러조직의 명단에 포함시킴. 중국이 이라크에 대한 유엔의 최후통첩에 찬성함
- **2004** 미국 국무장관 콜린 파월이 베이징을 방문하고 하나의 중국정책에 대한 약속을 재확인함
- **2004** 중국과 미국이 첫 번째 전략적 대화를 가졌으며, 그 중요성은 점점 더 높아지고 있음
- **2004** 부시가 중국을 방문함. 중국이 중미관계의 강화를 위한 5개항을 제안함
- **2005** 미국 국방장관 도널드 럼스펠드가 중국을 방문하여 양국 간의 군사교류를 강화함
- **2006** 후진타오가 미국을 방문하고 G8정상회담과 APEC경제지도자회담에서 부시대통령과 회담을 함
- **2006** 첫 번째 중미 전략적경제대화가 이루어짐
- **2006** 럼스펠트가 미국의 대중국 정책을 개입 내지 포용에서 견제/대립으로 나아가는 "컨게이지먼트(congagement)", 즉 경제적으로는 포용·협력하고, 군사적으로는 봉쇄·견제하는 전략으로 특징화함

중국-아시아태평양

- **2001** 중국과 아세안이 2010년까지 자유무역지대를 창설하기로 함
- **2002** 중국과 아세안이 남중국해를 위한 행동강령에 서명함
- **2002** 10여 년 만에 처음으로 중국 정부가 인도를 방문함
- **2003** 중국과 인도가 티벳과 실림(sillim)의 지위에 관해 사실상의 합의에 이름
- **2004** 중국이 10개의 동남아시아국가와 무역협정을 체결함
- **2005** 타이완 국민당과 중국 공산당 지도자가 1949년 이래 처음으로 회담을 가짐
- **2005** 일본의 제2차세계대전 전력을 얼버무리고 있다고 간주된 교과서를 겨냥하여 반일 항의운동이 일어남
- **2007** 원자바오 총리가 일본 의회에서 연설함
- **2008** 후진타오 주석이 1998년 이래 국가주석으로서는 처음으로 일본을 방문함
- **2008** 동중국해 지역의 가스유전에 대한 중일 간의 공동개발 협정체결
- **2008** 중국과 타이완이 상호간에 대표부를 설치하기로 함. 최초의 직항로가 개설되고, 항공과 해운의 연계를 확대하기 위한 협정이 체결됨
- **2008** 중국은 계속해서 북한의 비핵화를 위한 6자회담을 위해 중재함

중국-중남미

- **1999** 중국이 쿠바에 2개의 정보기지를 설립함
- **2004** 후진타오 주석이 아르헨티나, 브라질, 칠레와 쿠바를 방문하고, 향후 10년 동안 남미에 1000억 달러 이상을 투자하기로 약속함
- **2005** 중국이 남미의 3번째로 큰 무역 상대국이 됨
- **2006** 중국이 브라질을 유엔안전보장이사회 상임이사국으로 지원하는 데 실패함
- **2006** 중국과 미국이 이 지역에서의 중국의 역할에 대해 첫 번째 회담을 가짐
- **2008** 중국이 두 차례의 허리케인 피해를 입은 쿠바를 지원함

새 신발을 신기는 했지만 옛 길을 따른다

수 세기 동안 중국인의 해외 이민은 강한 해외의 화교사회를 만들어 왔다.

중국인의 해외이민의 역사는 복잡하다. 그러나 고용계약 노동이나 무역, 교육 및 모험과 같이 18~19세기에 중국인들이 이민을 가게 된 이유들은 오늘날도 여전히 유효하다.

중국인의 장기거주와 무역은 런던, 샌프란시스코, 파리, 쿠바의 아바나와 같은 주요도시의 차이나타운이나 덜 유명한 지역의 중국인이 집단적으로 거주하는 보통의 교외지역에서 상징으로 되었다. 유럽이나 동남아시아와 같이 인구밀도가 높은 국가들뿐만 아니라 파푸아뉴기니, 바누아투, 그리고 솔로몬제도와 같은 태평양의 작은 섬 국가들에도 화교사회는 존재한다.

이러한 대부분의 화교사회에서 각 세대의 이민자들은 서로 다른 정도의 '중국인' 정체성과 다양한 관점, 그리고 중국어 지식을 가지고 있다. 미국의 인구조사에서는 중국인, 일본인, 필리핀과 기타 사람들을 '아시아계 미국인'으로 분류한다. 이것이 무엇을 의미하는지와 그러한 전문용어가 유익한가 여부는 여전히 논쟁거리이다.

오늘날 중국경제의 성장으로 이민자들이 고국으로 회귀하고 있으며, 해외 화교들이 중국 대륙의 사업에 투자하는 흐름이 나타나고 있다.

☞108쪽 참고.

전세계의 화교 인구:
2008년 화교인구 20대 국가
(단위: 100만)
2014년 현재 해외화교의 총수는 42,504,000명(아시아: 31,008,000, 아메리카: 8,105,000, 유럽: 1,756,000, 오세아니아: 1,169,000, 아프리카: 466,000).
中華民國僑務委員會(Overseas Community Affairs Council, Republic of China)(Taiwan) 참고.

출처: 별도의 설명이 없는 한 모두
China Statistical Yearbook 2007임

화교사회
(2008년 자료)

1850년에 형성된 샌프란시스코 차이나타운은 북미지역에서 가장 클 뿐만 아니라 그 도시의 가장 인기 있는 관광명소 가운데 하나이다. 중국인의 규모는 전체시민 중 상당한 규모를 가진 소수집단이다. 화교사회에서 사용하는 언어로는 영어, 광둥방언, 푸젠방언, 광둥 쓰이방언四邑方言, Taishanese과 보통화가 있다.

쿠바 아바나 Havana

1847~1874년에 12만 명의 광둥 고용계약 노동자들이 쿠바로 와서 설탕산업에서 일하던 아프리카 흑인노예 노동을 대체하였다. 그 후 1925년까지 3만 명의 중국인이 중국에서 직접 오거나 혹은 샌프란시스코를 경유하여 들어와서 남미에서 가장 중요한 아바나 차이나 타운이 형성되었다. 1990년대 중반, 쿠바 정부가 중화인민공화국의 지원하에 중화민족지역협회와 공동으로 주변지역을 활성화시킴으로써 수십 년 동안 지속된 침체상황을 전환시키려 하고 있다.

페루 리마 Lima

중국 노동자들이 처음 페루에 도착한 것은 19세기 중반이다. 리마의 바리오 지노 Barrio Chino (중국인 지역)는 그 나라의 주요 광둥화교와 6천 개의 중국식당이 밀집되어 있는 거주지역이다. 남미로의 중국인의 이민은 현재 중국 제품의 생산을 해외로 이전하기 위한 커다란 경영활동의 일부분이다.

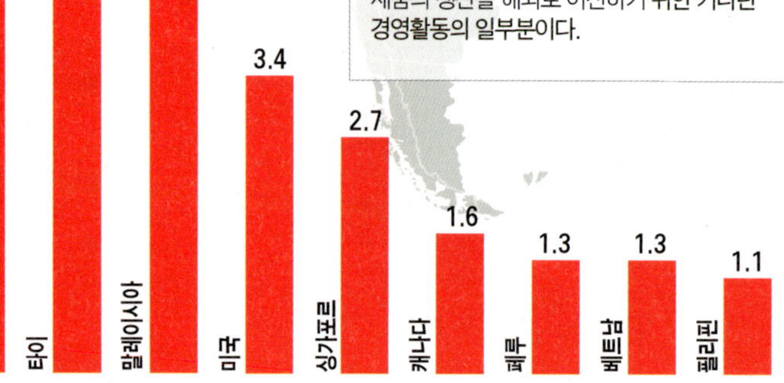

영국 리버풀Liverpool

7천 명이 넘는 리버풀의 화교사회는 유럽에서 가장 오래되었으며, 그 조상의 대부분은 19세기 후반에 도착하였다. 리버풀은 이와 같은 중국과의 오랜 유대를 통해 이득을 보고 있다. 그리고 2010년 상하이의 국제적인 세계 Expo에 "리버풀의 역사" 공간을 계획하고 있다. 뿐만 아니라 리버풀의 축구문화를 열렬한 중국인 팬 층으로 가져오려고 계획 중이다.

러시아

러시아에는 두 개의 주요 중국인 사회가 있다. 하나는 모스크바에 있고 다른 하나는 블라디보스토크 및 그 인접 도시에 있다. 중국인들이 이들 지역에 모여들게 된 것은 바로 상대적으로 높은 임금을 받을 수 있기 때문이다.

영국 런던London

런던의 중국인 거주지는 라임하우스Lime·house(런던 동부 이스트엔드East End의 한 지구이며 지저분한 빈민가로 알려져 있다)의 조선소와 연관되어 있다. 런던 소호Soho 지역의 근대적인 차이나타운은 1970년대에 해외와 중국본토의 사업가들의 투자를 유치한 상업중심지역으로 형성되었으며, 성공적으로 "차이나"의 브랜드를 대표하게 되었다. 그 거리의 중심가에는 영국에서 일자리와 인적 연계망을 위해 모여든 중국인 이민자들의 중심지일 뿐만 아니라 중국계 해외 유학생들을 위한 친숙한 만남의 장소로 유명하다.

바누아투Vanuatu

중국인들은 1840년대에 처음으로 배의 요리사나 상인으로 바누아투 섬에 도착했다. 그리고 지금은 광둥지역의 하카Hakka와 내륙 본토, 타이완, 그리고 광둥출신 중국인들이 살고 있다. 복수 국적의 중국인과 중국정부가 섬의 주요 인프라 건설에 투자하고 있다. 포트빌라Port Vila에 있는 의회 밖의 동상은 중국정부가 기부한 것으로 사회주의 리얼리스트 조각가의 작품이다.

싱가포르와 말레이시아

싱가포르는 비록 수많은 언어의 공동체 사회가 존재하기는 하지만, 민족구성에서 중국인이 70퍼센트 이상의 다수를 점하고 있는 유일한 해외 국가이다. 말레이시아에서 민족구성상 중국인의 비율은 전체 가운데 24퍼센트를 점하고 있다. 그러나 더 장기적이고 다세대로 구성되어 있기는 하지만, 싱가포르에서보다 영향력은 떨어진다. 중국어(광둥어, 보통화, 훅킨, 하카Hakka어, 하이난, 푸저우어)는 공식언어인 바하사 말레이어Bahasa Melayu에 이어 제2의 언어로서의 지위를 점하고 있다.

오스트레일리아 시드니Sydney

시드니의 차이나타운은 그러한 명칭을 갖게 된 3번째 지역이다. 이곳에 중국인들이 처음 오게 된 것은 아마 약 1788년 최초의 죄수 이주 선단(船團, first fleet)의 시기였을 것이다. 그 이후로 서태평양 림Rim과 깊은 무역관계를 지속해 오고 있다. 1901년 중국인 이민자를 반대하는 부정적인 정책에도 불구하고, 현재 시드니 인구가운데 중국인 출신은 73.7퍼센트를 점하고 있다. 딕슨Dixon 거리는 크고 다양한 사회의 중심으로서, 중국 북부의 경단(밀가루 푸딩)과 쓰촨의 매우 매운 음식을 포함한 모든 요리를 맛볼 수 있는 식당들이 즐비하다.

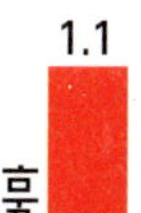

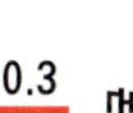

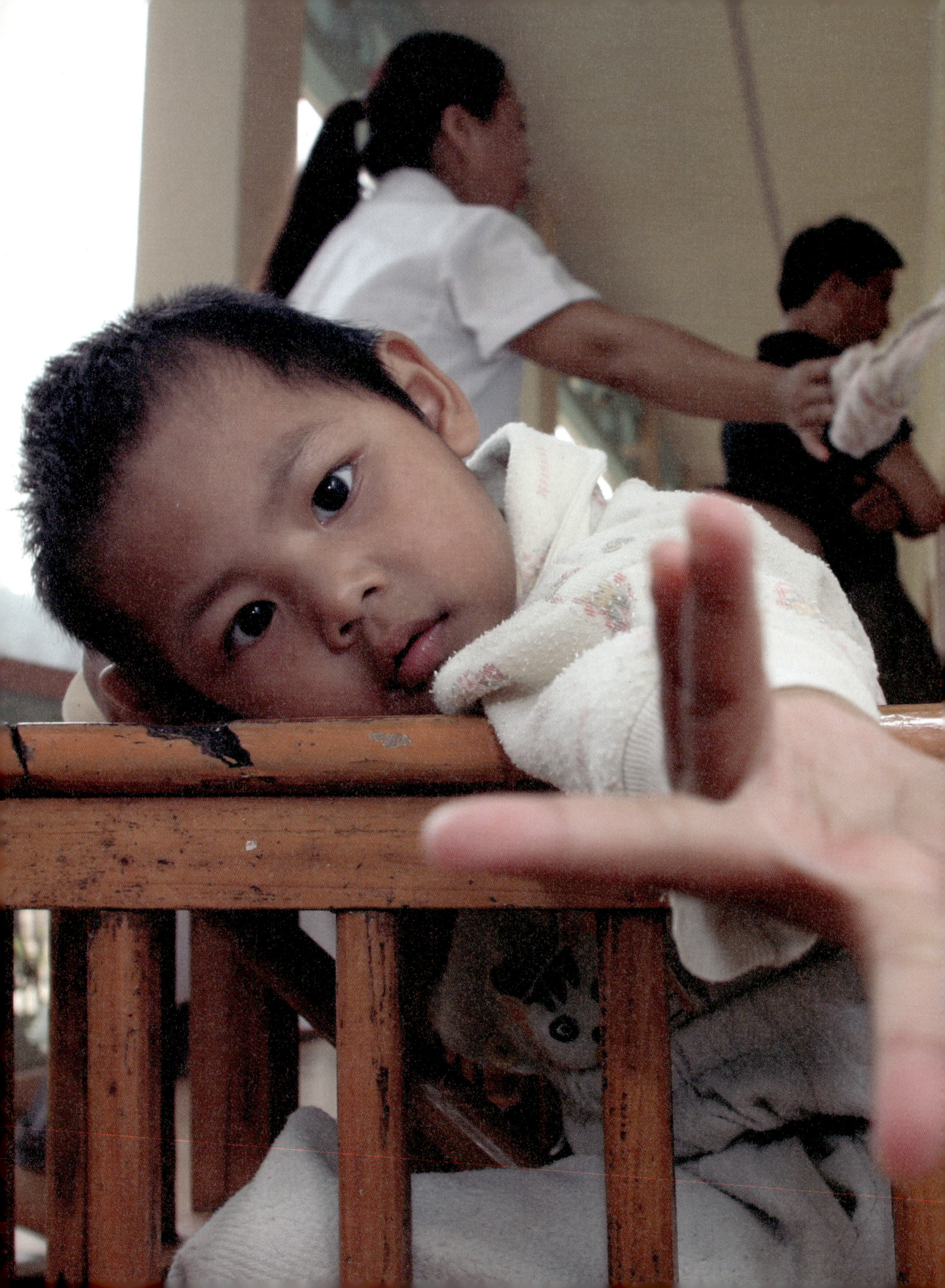

"중국성chinese-ness의 근간은 중국인으로 알려진 사람들 간에 공유된 특질들에서보다는 역사 속에서 찾는 게 더 쉽다."*
— **왕경우**王庚武, Wang Guangwu

중국은 엄청난 인구와 광대한 영토를 갖고 있다. 이 한 가지 사실이 바로 수 년 동안 중국의 잠재력과 그 도전의 가장 중요한 특징이 되어왔다. 하지만 중국을 이해하기 위해서는 중국인구가 지니고 있는 특별한 요소들을 고려해야만 한다. 즉 소수민족, 계층분화, 도농 간의 격차와 같이 정책적 의제에서 중요한 역할을 하거나 국가의 미래를 이데올로기적으로 관리함에 있어서 스스로의 대표성을 잘 대변하지 못하는 사람들을 잘 이해할 필요가 있다.

중국에 대한 조사연구는 대개 매년 발행되는 『중국통계연감中國統計年鑑』과 다양한 지역들의 주거지 등록 체계에 기록된 데이터를 바탕으로 한 농촌과 도시 생활 간의 차이들을 전제로 이루어진다. 도시 지식인들과 농민들 간의 이러한 이분법은 역사가 길며, 비록 현재 그것은 도시로의 대량 내부 유입으로 도전받고 있긴 하나 여전히 대부분의 가난한 중국인들은 농촌민이고 특권은 주로 대도시 지역들에 국한되어있다고 말하는 건 거짓이 아니다.

지난 15년에서 20년 사이에는, 중국에서 경험과 경제, 그리고 문화의 중요한 단위가 되는 성省들 간의 차이에 보다 많은 주목이 이루어져왔다. 성들은 점점 거대지역을 가로지르는 중앙의 계획 메커니즘과도 관련이 있다. 2008년에 열린 제11회 전국인민대표대회第十一回全國人民代表大會에서 원자바오溫家寶 총리는 산업 투자뿐만 아니라 사회적 지원에도 초점을 둔 서부지역 성들에 대한 개발 전략들이 강화될 것임을 단언했다.

정책 방향을 이해하는 데 언제나 매우 중요한 전국인민대표대회에서의 이 총리 발언은 또한 농촌 가족계획을 더 엄격하게 모니터링하고 한 자녀보다 많이 낳을 경우의 불이익은 완화될 것임도 강조했다. 이는 낙태 시도와 가난한 가정에서 태어난 아기들에 대한 차별적인 보육에서 보여주는 성별gender에 따른 선호 문제를 정부가 인식했음을 나타낸다.

성별에 관한 이슈들은 관련된 수많은 이유들로 인해 많은 조직과 영역에서 중요한 안건으로 다루어진다. 중국인 소녀들은 그들의 생득권birthright(태어나면서 결정되는 권리－역자 주)에 따라 사회 속에서 매우 불균등한 기대를 받는다. 지식인층의 부유한 가정들은 딸에게 더 좋은 교육과 미래 경력의 전망을 제공하기 위해 정신적으로나 재정적으로 상당한 지원을 한다. 가난하고 교육받지 못한 계층은 빈곤이나 남성 권익을 선호하는 문화, 혹은 그 모두로 인해 딸의 전망에 관해서는 포기하는 경향이 강하다. 젊은 농촌 여성들이 적은 곳에서는, 이러한 점 때문에 그들이 학대와 신체적 위험에 쉽게 노출된다. 많은 이들이 직업상의 이유로 도시로 이주한다. 이 소녀들은 일반적으로 공장이나 서비스 산업에서 평생 잡역부保女, baonü로 일하게 된다. 중국 남부의 공장 여건은 특히 조악하며, 이러한 신경제new economy**의 온상들에는 건강과 안전에 관한 주요한 문제들이 존재한다.

한족漢族 인구는 압도적인 다수를 차지하며, '중국인Chinese'이라는 용어는 한족의 많은 신념들과 사고방식들을 내포한다. 하지만 그 용어는 본래 다른 민족 집단 출신이었거나 전적으로 새로 만들어진, 혹은 재창조된 집단에 속하는 많은 이들까지도 포함한다. 실로 '중국성chinese-ness'은 언어와 문화적 관습들, 그리고 거주 장소에 따라 재조정될 수 있는 하나의 인위적 구성물이라고 주장할 수 있다. 공통적인 관습들은 거의 틀림없이 중국 각지와 그 외부에 있는 한족들 사이에서 발견되는 것만큼이나 민족적으로는 다양하지만 지리적으로 가까운 사람들 사이에서도, 즉 티베트와 간쑤Gansu, 그리고 신장과 같은 국경 도시들에서도 쉽게 발견될 것이다.

---

* 인용문 출처는 Don't Leave Home – Migration and Chinese, Times Academic Press, 2001, p.183 임.
** 첨단 · 기술 정보 통신 산업이 주도하는 경제.

종이로 불을 쌀 수 없다

세계인구의 1/5에 해당하는 13억 인구가 중국에 살고 있다.

관련된 단순한 숫자들은 삶의 모든 면에 영향을 미치고 있다. 비록 증가율을 낮아지고 있지만 인구는 여전히 계속 증가하고 있다. 인구 시계 Population Clock가 암시하는 바와 같이 이 숫자들은 실제 문제해결을 어렵게 하고 있다.

중국의 인구의 분포는 지방별로 균일하지 않다. 농촌지역의 사람들이 일자리를 찾아 읍이나 도시들 특히 동부지역의 도시로 떠남에 따라 도시지역의 인구는 더욱 과밀해지고 있다.

2000년 중국은 세계에서 가장 규모가 큰 인구조사를 실시하였다. 이 엄청난 규모의 숫자를 정확히 계산하거나 지방 공무원들의 협력을 확보하기가 어려움에도 불구하고, 그 조사는 매우 성공적인 것으로 발표되었다.

☞109쪽 참고.

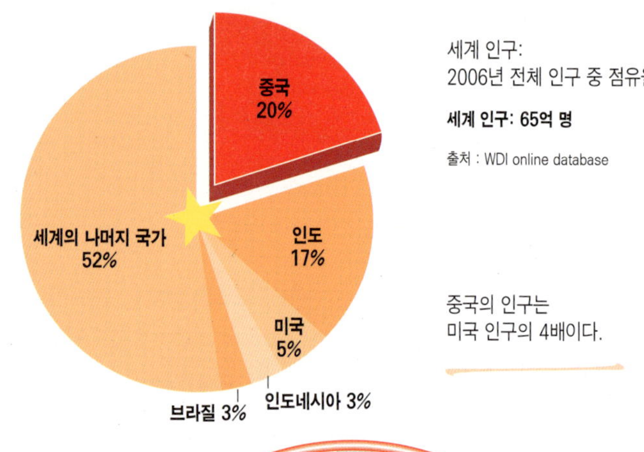

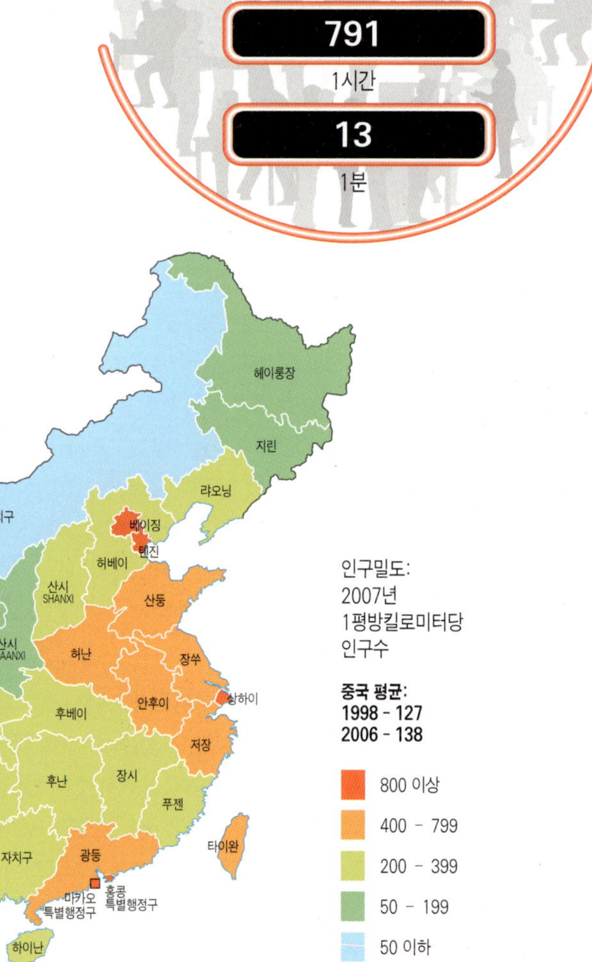

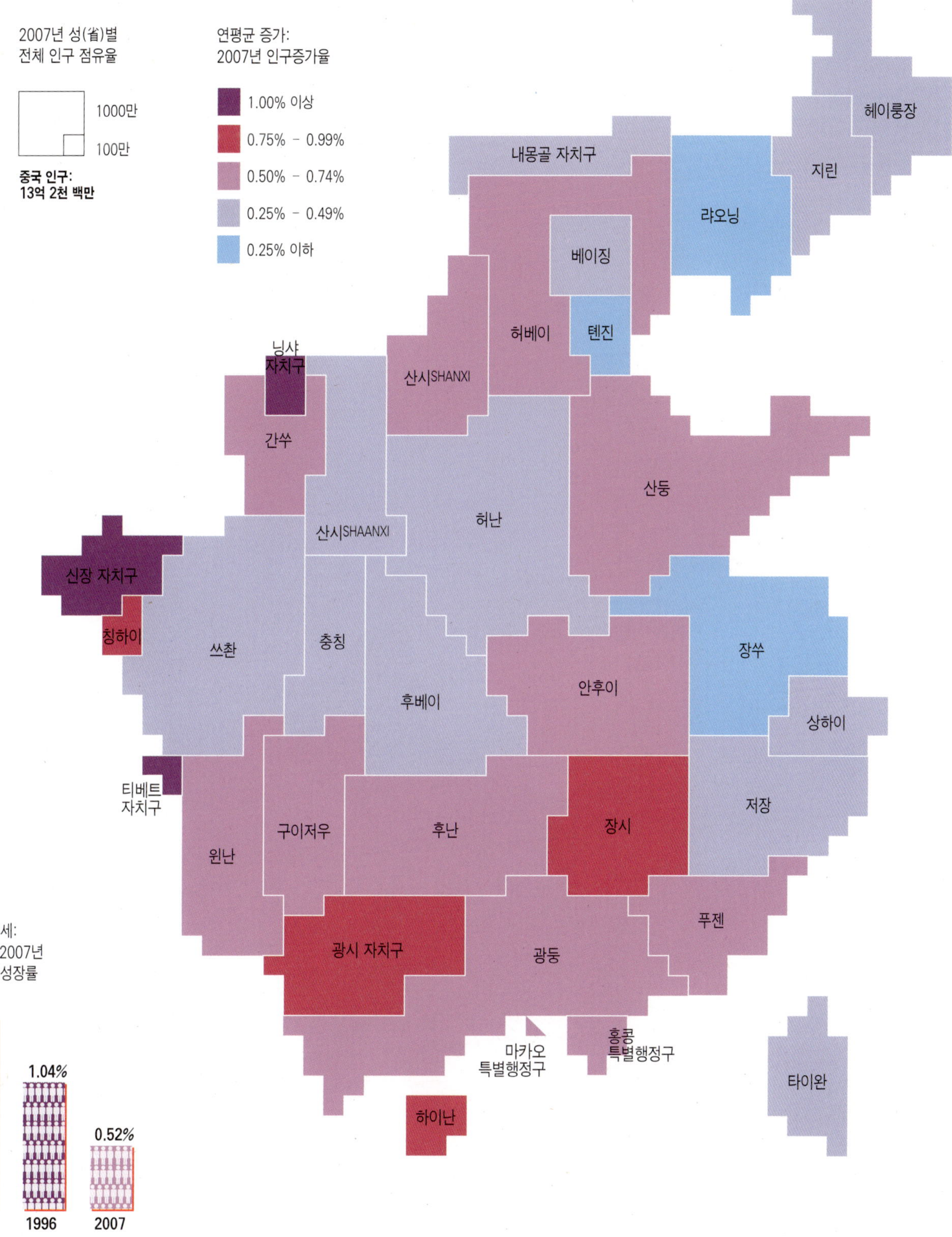

2007년 성(省)별
전체 인구 점유율

1000만
100만

중국 인구:
13억 2천 백만

연평균 증가:
2007년 인구증가율

1.00% 이상
0.75% - 0.99%
0.50% - 0.74%
0.25% - 0.49%
0.25% 이하

헤이룽장
지린
랴오닝
내몽골 자치구
베이징
톈진
허베이
산시SHANXI
닝샤 자치구
간쑤
산둥
신장 자치구
산시SHAANXI
허난
칭하이
쓰촨
충칭
장쑤
후베이
안후이
상하이
티베트 자치구
구이저우
후난
장시
저장
윈난
광시 자치구
광둥
푸젠
마카오 특별행정구
홍콩 특별행정구
타이완
하이난

증가 추세:
1996~2007년
연도별 성장률

1.56%
1.04%
0.52%
1986
1996
2007

호랑이를 키우는 것은 후환을 초래하게 될 것이다

중국에서는 여자아이보다 남자아이가 더 많다. 이러한 현상은 특히 남자아이들이 농사일에 더 적합하고, 노부모들에게 더 도움이 되는 농촌지역에서 두드러지게 나타난다.

소규모, 혹은 한 자녀 정책의 결과는 향촌지역의 여자아이에게는 매우 혹독한 것이었다. 그 곳에서 유기遺棄와 무시의 이야기는 흔한 일이며, 유괴 이야기 ― 청소년기 여자아이와 젊은 여자 ― 는 30세 이하에서 성적 차별이 광범위하게 존재함을 말해주고 있다.

법률의 집행은 지방 정부의 몫이며, 지방의 조건에 따라 다양한 형태를 띄고 있다. 점증하는 노령인구를 돌볼 사람들의 부족과 관련하여, 상하이는 제한조치를 완화하여 일부 부부가 두 자녀를 갖는 것을 허용하고 있으며, 외동딸을 가진 가정에 인센티브를 주고 있다.

현재 성비율이 최악의 상태인 지방에서 일부 향촌 여성들은 불임시술을 강요당하고 있다.

☞109쪽 참고.

젠더 평등성:
2005년 젠더관련 발전지표
(Gender-related Development Index(GDI),
즉 남녀평등지수)

젠더관련 발전지표(GDI, 즉 남녀평등지수)는 남성과 비교하여 여성의 기대수명, 교육수준과 경제적 소득을 종합한 지표이다. 수치가 높을수록 남녀평등한 사회에 가깝다.

중국은 남성보다 여성의 자살이 더 많은 유일한 국가이다.

피임:
2006년 결혼 후 피임의 책임을 진 여성의 비율

- 90% 이상
- 80% – 89%
- 70% – 79%
- 70% 미만
- 자료 없음

2001년과 2006년 사이에 여성과 남성의 불임시술은 각각 3% 감소한 반면 콘돔 사용은 5% 증가하였다.

2006년 각종 피임방법의 비중

출처 : *Women and Men in China*

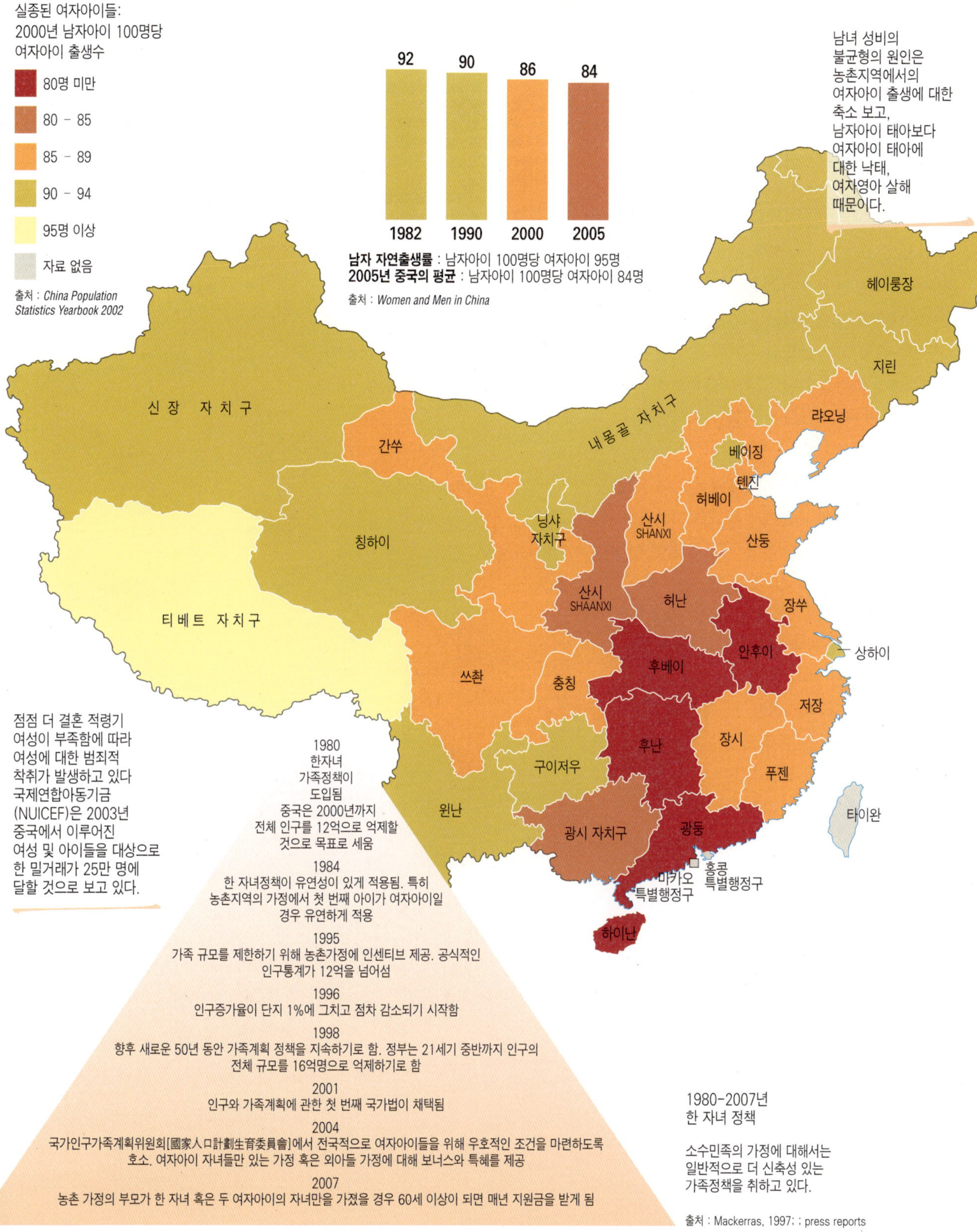
실종된 여자아이들:
2000년 남자아이 100명당
여자아이 출생수

80명 미만
80 – 85
85 – 89
90 – 94
95명 이상
자료 없음

출처 : China Population
Statistics Yearbook 2002

92 90 86 84
1982 1990 2000 2005

남자 자연출생률 : 남자아이 100명당 여자아이 95명
2005년 중국의 평균 : 남자아이 100명당 여자아이 84명

출처 : Women and Men in China

남녀 성비의
불균형의 원인은
농촌지역에서의
여자아이 출생에 대한
축소 보고,
남자아이 태아보다
여자아이 태아에
대한 낙태,
여자영아 살해
때문이다.

신 장 자 치 구
헤이룽장
지린
랴오닝
간쑤
내 몽 골 자 치 구
베이징
텐진
허베이
산시
SHANXI
산둥
닝샤
자치구
칭하이
티 베 트 자 치 구
산시
SHAANXI
허난
장쑤
상하이
쓰촨
충칭
후베이
안후이
저장
윈난
구이저우
후난
장시
푸젠
타이완
광시 자치구
광둥
마카오
특별행정구
홍콩
특별행정구
하이난

점점 더 결혼 적령기
여성이 부족함에 따라
여성에 대한 범죄적
착취가 발생하고 있다
국제연합아동기금
(NUICEF)은 2003년
중국에서 이루어진
여성 및 아이들을 대상으로
한 밀거래가 25만 명에
달할 것으로 보고 있다.

1980
한자녀
가족정책이
도입됨
중국은 2000년까지
전체 인구를 12억으로 억제할
것으로 목표로 세움

1984
한 자녀정책이 유연성이 있게 적용됨. 특히
농촌지역의 가정에서 첫 번째 아이가 여자아이일
경우 유연하게 적용

1995
가족 규모를 제한하기 위해 농촌가정에 인센티브 제공. 공식적인
인구통계가 12억을 넘어섬

1996
인구증가율이 단지 1%에 그치고 점차 감소되기 시작함

1998
향후 새로운 50년 동안 가족계획 정책을 지속하기로 함. 정부는 21세기 중반까지 인구의
전체 규모를 16억명으로 억제하기로 함

2001
인구와 가족계획에 관한 첫 번째 국가법이 채택됨

2004
국가인구가족계획위원회[國家人口計劃生育委員會]에서 전국적으로 여자아이들을 위해 우호적인 조건을 마련하도록
호소. 여자아이 자녀들만 있는 가정 혹은 외아들 가정에 대해 보너스와 특혜를 제공

2007
농촌 가정의 부모가 한 자녀 혹은 두 여자아이의 자녀만을 가졌을 경우 60세 이상이 되면 매년 지원금을 받게 됨

1980-2007년
한 자녀 정책

소수민족의 가정에 대해서는
일반적으로 더 신축성 있는
가족정책을 취하고 있다.

출처 : Mackerras, 1997; ; press reports

둥지가 전복되면 모든 알은 깨지고 만다

중국에서 90퍼센트 이상의 사람들이 한족이다. 단지 1억 명의 사람들만이 소수민족으로서 공식적으로 인정된 55개의 종족 출신이다.

광시廣西, 내몽고, 닝샤寧夏, 티베트 그리고 신장(위구르)에서는 소수민족의 강한 압박으로 인해 자치구역으로 제정되었다. 이들 지역에서는 소수민족에게 어느 정도의 정치적 권리와 문화적 권리를 부여하고 있다. 그러나 실제로는 그들은 힘이 거의 없다. 커쟈(客家)는 아직까지도 소수민족으로서의 지위를 얻지 못하고 있다.

일부 소수민족 자치구는 중국의 변경에 위치해 있어 국가안전의 측면에서 중요한 지역이다. 또 일부 소수민족 자치구들은 자원이 풍부하여 국가 경제에 있어 중요한 의미를 지니고 있다. 모든 소수민족들이 중화인민공화국의 영토 안에서 만족한 상태에 있는 것은 아니다. 티베트인들과 신장의 소수민족은 중국으로부터의 분리운동을 활발히 전개하고 있다. 당연히 분리론자들의 활동은 금지되어 있다.

☞111쪽 참고.

티베트인들 가운데 최소한 10만 명이 인도에 살고 있으며, 2만 명은 네팔에 살고 있다.

티베트의 라싸와 칭하이靑海를 연결하는 첫 번째 철도가 2007년에 완공 되어, 여행객들만이 아니라 한족의 유입을 더욱 조장하고 있는데, 현재 티베트에서 살고 있는 한족의 수는 8만 5천 명에 이른다.

1990년대 후반에 완전독립을 위한 달라이 라마의 요구는 "진정한 자치"에 대한 요구로 바뀌었다. 그리고 2008년 폭동과 그에 대한 진압에도 불구하고 여전히 그러한 요구를 견지하고 있다.

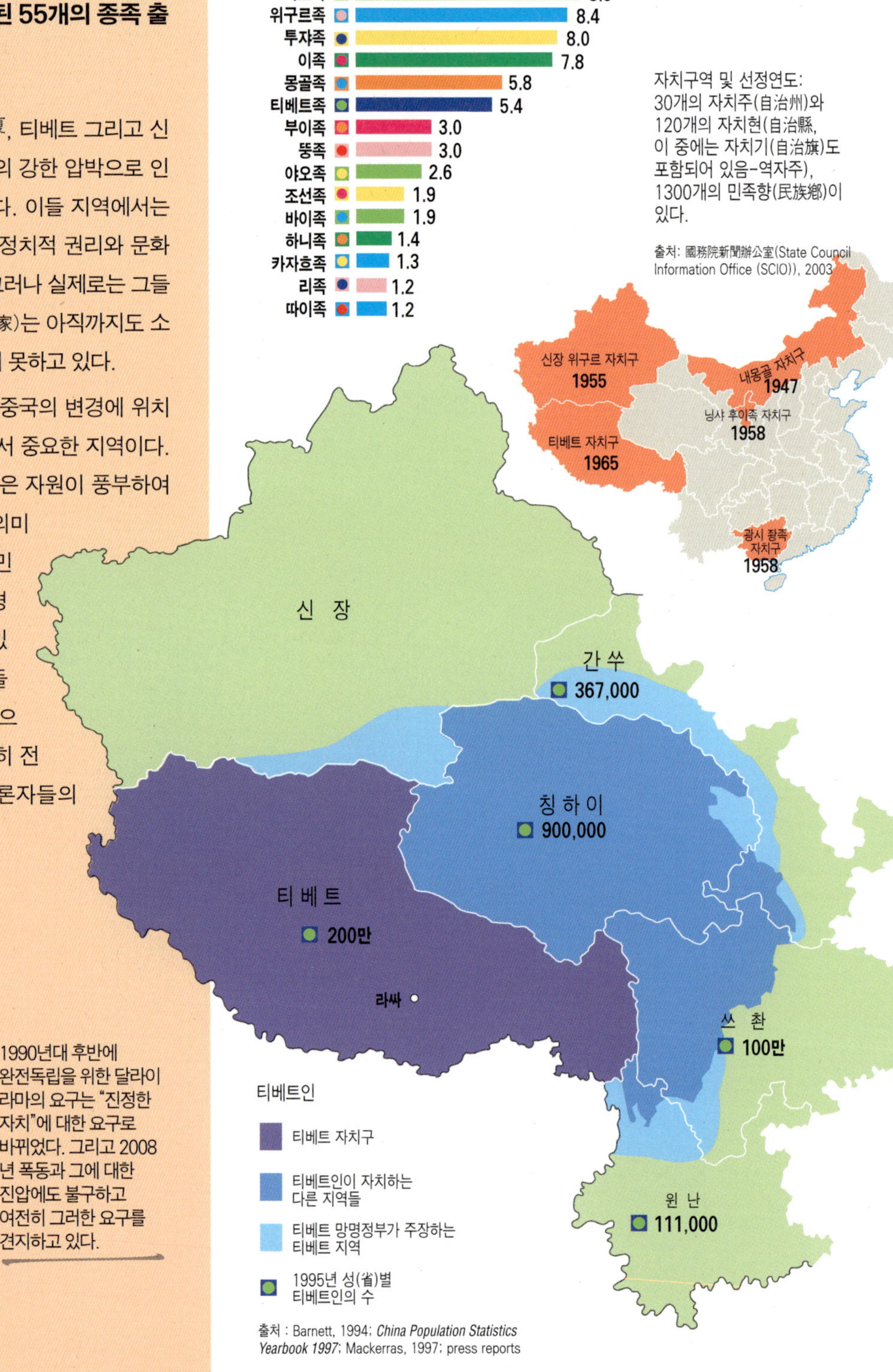

출처 : Barnett, 1994; *China Population Statistics Yearbook 1997*; Mackerras, 1997; press reports

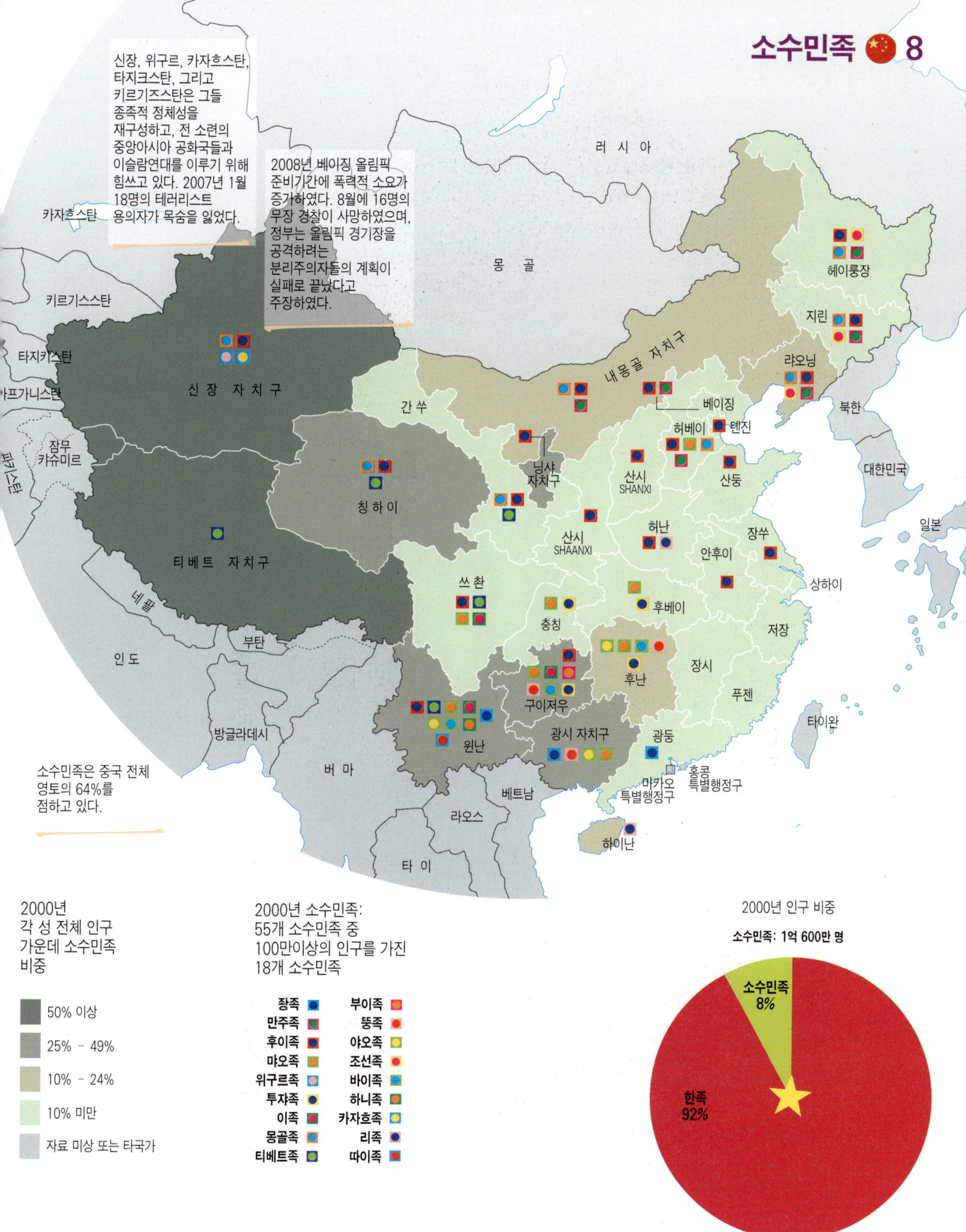
신장, 위구르, 카자흐스탄, 타지크스탄, 그리고 키르기즈스탄은 그들 종족적 정체성을 재구성하고, 전 소련의 중앙아시아 공화국들과 이슬람연대를 이루기 위해 힘쓰고 있다. 2007년 1월 18명의 테러리스트 용의자가 목숨을 잃었다.
2008년 베이징 올림픽 준비기간에 폭력적 소요가 증가하였다. 8월에 16명의 무장 경찰이 사망하였으며, 정부는 올림픽 경기장을 공격하려는 분리주의자들의 계획이 실패로 끝났다고 주장하였다.
러시아
몽골
내몽골 자치구
헤이룽장
지린
랴오닝
베이징
북한
카자흐스탄
키르기스스탄
타지키스탄
아프가니스탄
잠무 카슈미르
파키스탄
신장 자치구
간 쑤
닝샤 자치구
허베이
톈진
산시 SHANXI
산둥
대한민국
일본
칭 하 이
산시 SHAANXI
허난
장쑤
안후이
상하이
티베트 자치구
네팔
부탄
인 도
쓰 촨
충칭
후베이
후난
장시
저장
푸젠
타이완
방글라데시
버 마
윈난
구이저우
광시 자치구
광둥
마카오 특별행정구
홍콩 특별행정구
하이난
베트남
라오스
타 이
소수민족은 중국 전체 영토의 64%를 점하고 있다.

2000년 각 성 전체 인구 가운데 소수민족 비중
50% 이상
25% - 49%
10% - 24%
10% 미만
자료 미상 또는 타국가

2000년 소수민족: 55개 소수민족 중 100만이상의 인구를 가진 18개 소수민족
짱족
만주족
후이족
먀오족
위구르족
투쟈족
이족
몽골족
티베트족
부이족
뚱족
야오족
조선족
바이족
하니족
카자흐족
리족
따이족

2000년 인구 비중
소수민족: 1억 600만 명
소수민족 8%
한족 92%

일부 사람들을 더 먼저 부유하게 하라先富論

비록 중국이 2억 5천만 명을 가난에서 벗어나게 한 점에 있어서 자랑스럽게 여길 수 있지만, 대신 중국은 세계에서 가장 불평등한 사회로 남게 되었다.

중국은 경제적 발전이 잘 이루어진 중부 및 동부지역과 서부의 농촌지역 사이에 국가 자원과 재정자금의 측면에서 불균등이 깊이 자리 잡고 있다. 1978년 경제개혁 초기에 가장 먼저 수혜를 받은 지역은 농촌지역이었지만, 1985년과 1995년 사이에 도시와 농촌 간의 격차는 다시 확대되었다. 1990년대 중반이후 농촌 가정의 소비는 평균적으로 대략 도시 가정의 1/4 수준 정도이다.

당국黨國은 이 불균형 문제를 역점에 두고, 세금감축, 농촌의 부패공무원에 대한 단속, 곡물가 인상 그리고 재배법 개선을 통해 농촌인구의 소득을 향상시키는 것을 목표로 하고 있다.

☞111쪽 참고.

2005년 각 국내의 소득 혹은 소비의 불평등 정도를 나타내는 지니계수

100 = 완전불평등
0 = 완전평등

Source: : Human Development Report 2007 - 08

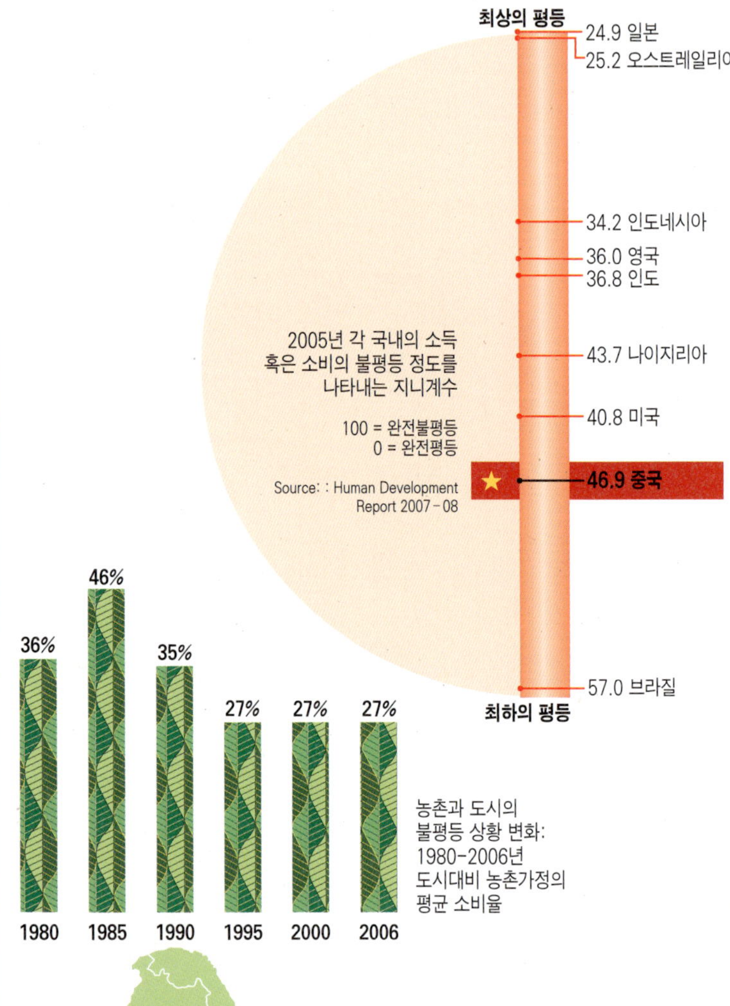

농촌과 도시의 불평등 상황 변화: 1980–2006년 도시대비 농촌가정의 평균 소비율

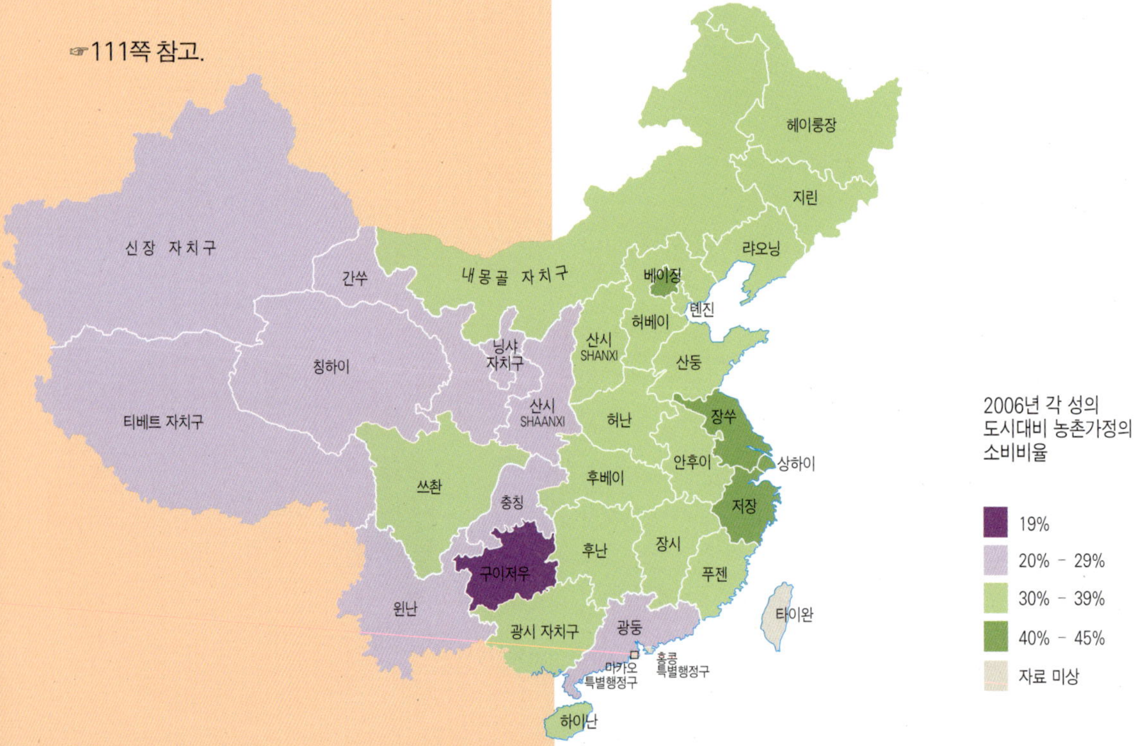

2006년 각 성의 도시대비 농촌가정의 소비비율

농촌이 대부분인
지역들은
기대수명과
교육정도의
측면에서
도시화된 지역에
많이 뒤쳐져 있다.

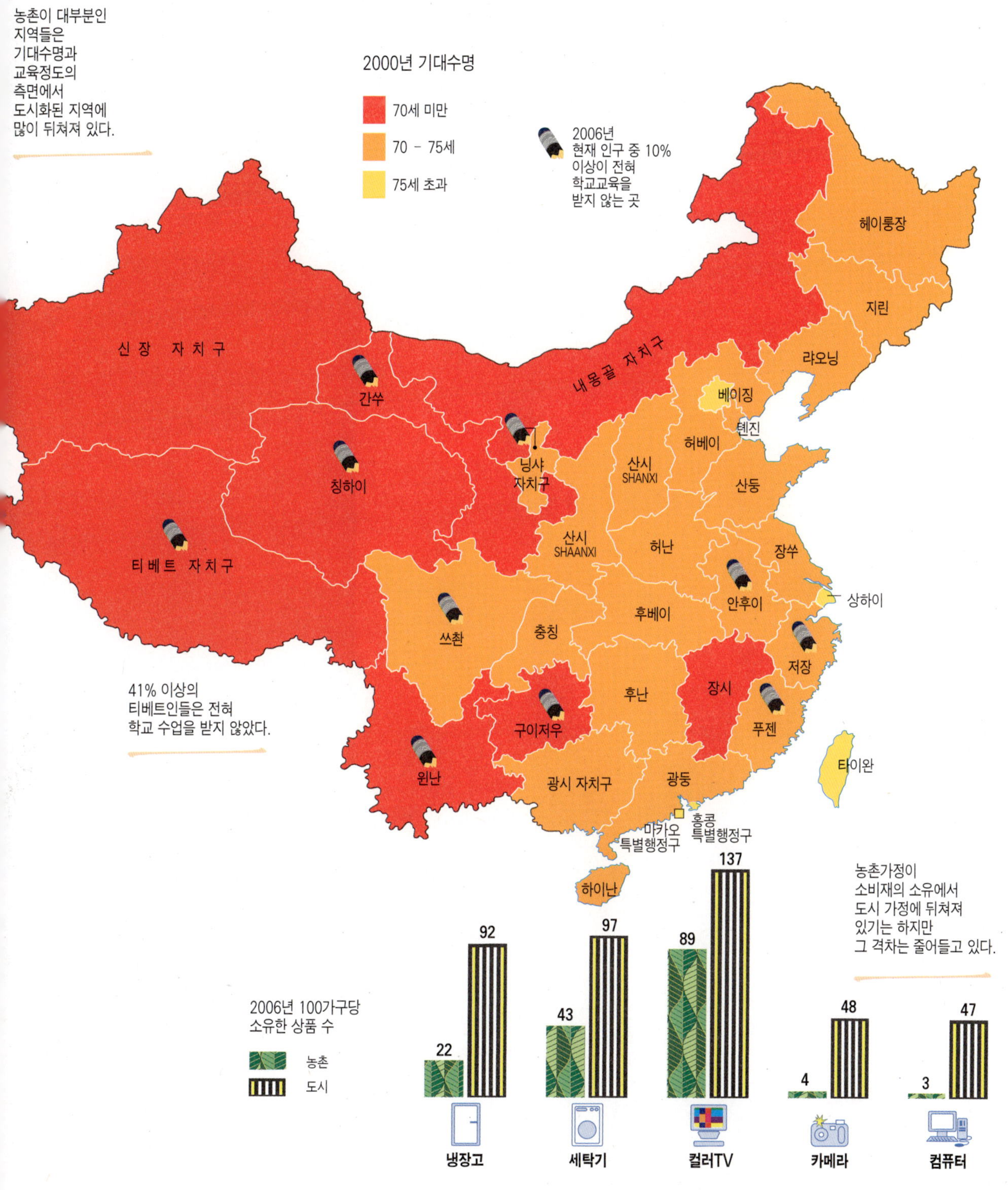

3부
경제
THE ECONOMY

중국 경제는 전 세계적인 금융 발전의 중심을 이루고 있지만, 예측이 불가하며 안정적이지도 않다. 2008년의 주가폭락으로 증명된 바 있는 전 세계 자본주의의 불안정성과 금융 부문의 명백한 취약성을 감안할 때, 중국경제와 관련하여 확신할 수 있는 것은 단지 중국이 이상적인 것으로 될 만큼 확실한 것은 아무것도 없다는 점이다. 지난 30년에 걸쳐 중국은 중앙통제경제로부터 기업 자본주의와 투자의 확장으로, 그리고 나중에는 세계의 지식과 혁신을 선도하는 중심으로서 손짓하는 미래를 향해 이행해왔다. 2008년 초에 총리는 사회적·환경적 조건들에 깊은 영향을 주고 있는 성장 속도가 사회적인 구조와 호흡을 맞출 시간이 필요하다는 뜻을 내비쳤다.

아마도 1980년대의 도시 및 농촌 사업들과 함께 시작함으로써, 중국은 기업가적인 환경을 이루고자 노력해왔고 개인들은 점차 움츠러드는 복지 상태와 사적인 부의 성장, 그리고 그런 시나리오 속에서 그들이 차지하는 위치를 생각하게 되었다. 부는 개인 차량과 사치품, 그리고 고급 주거의 수요를 창출했다. 또 그러한 부 덕분에 국가는 대규모 기반시설 프로젝트를 추진하여 고속 통신체계와 교통을 갖춘 국가를 당연히 아시안 게임과 올림픽 게임, 상하이 세계 엑스포와 같은 상징적인 사업들과 연계시킬 수 있게 되었다.

2008년 티베트의 봉기가 일어나자, 원자바오는 다시 동부 연안의 성과 서부의 자치구들 간의 기반시설 연계를 확대시킬 필요성을 강조했다. 그는 새로운 세대의 정치인으로서, 미디어와 연성 권력SOFT POWER이 국가와 경제를 강력하고 공고하게 만든다는 것을 잘 인식하고 있다. 따라서 성들을 잘 연계시키기 위한 국가의 투자는 국내 교역을 증대시킬 뿐만 아니라 상품과 사람, 그리고 수용 가능한 관념들을 이동시킴으로써 내적 안정성도 증대시킬 것이다.

중국은 2001년 세계무역기구WTO에 가입함으로써 세계 경제에 공식적으로 진입했다. 당시 중국 당국黨國: Party-State은 WTO를 가능한 한 정치적 불안을 줄이면서 강점들로부터 약점들을 걸러낼 하나의 '철거용구wrecking ball'*로 보았다. 국제 체제로의 진입은 실패를 해외 이슈 탓으로 돌리고 성공은 자국의 지혜 탓으로 돌릴 수 있는 이점을 준다. 2001년 이래로 몇 번의 중대한 순간들이 있었는데, 예를 들어 2008년 말의 시장 붕괴**는 몇 달 앞서 상하이 주식 시장들을 흔들기 시작했다. 당시 중국의 주식시장은 서구에서만큼 개인저축과의 연계성이 높지 않고, 또 상하이 주식시장이 본래 취약했다는 점은 간과한 채, 2008년 시장의 실패는 올림픽이 열린 해에 서구가 벌인 반反–중국적 행동의 또 다른 사례로 여겨졌다.

민족주의의 폭발적인 분출은 정부가 국가 경제를 관리하는 과정에서 어떤 과제들의 도전을 받을 수 있는지를 잘 보여주는 사례이다. 정부는 (대개 다른 이데올로기보다 민족주의에 기초한) 총체적인 정치권력을 보유하면서도 국가가 고립주의적인 공황상태, 혹은 재정적 권리와 사회적 권리를 놓고 벌어지는 내적 분규들을 겪지 않길 원한다. 이와 관련된 또 하나의 과제는 특히 중국의 주요 무역국들이 겪어온 수년간의 경기침체 속에서 인구 수요와 지속가능한 성장 수준의 균형을 맞추는 것이다. 추산되는 바에 따르면 중국은 단순히 재정적인 안정 속에서 국내 인구를 유지하는 데에만 적어도 연간 7퍼센트 성장이 필요하며 교육 기회와 농촌 개발, 그리고 농업 확장의 중요한 개혁들을 지속하기 위해서는 더 많은 성장이 필요하다.

---

* wrecking ball은 건물 철거 시에 사용하는 무거운 쇠공으로 보통 크레인에 매달려 사용된다.
** 2008년 미국의 금융시장의 실패로 인한 서브 프라임 위기를 가리킨다.

말은 결코 그들 뒤편의 목초를 먹지 않는다

1990년과 2007년 사이 중국의 경제는 년 평균 10퍼센트로 성장해 오고 있다.

중국 지방 전역의 경제적 균형을 위해 중국 정부는 기업들의 내륙지역으로 이전을 장려하고 '서부까지 개방'하는 데 있어 부분적으로 성공하였다. 그러나 이 지역의 노동력이 값싸기는 하지만 숙련된 노동자가 적고 운송비용이 높다. 특히 외국인 투자자들이 연해안 지역을 넘어 내륙지역에 모험적으로 투자하려는 경향은 그다지 보이지 않는다.

중국의 보기 드문 경제성장률에 대해 가장 영향을 미치는 것은 인프라 건설을 위한 국가의 대규모 투자이지만, 그것은 역으로 중앙정부의 세수를 크게 증가시켰다. 그러나 2006년부터 2007년까지 인플레이션도 급속히 증가하였는데, 이는 주로 음식가격의 상승요인에 따른 것이었다.

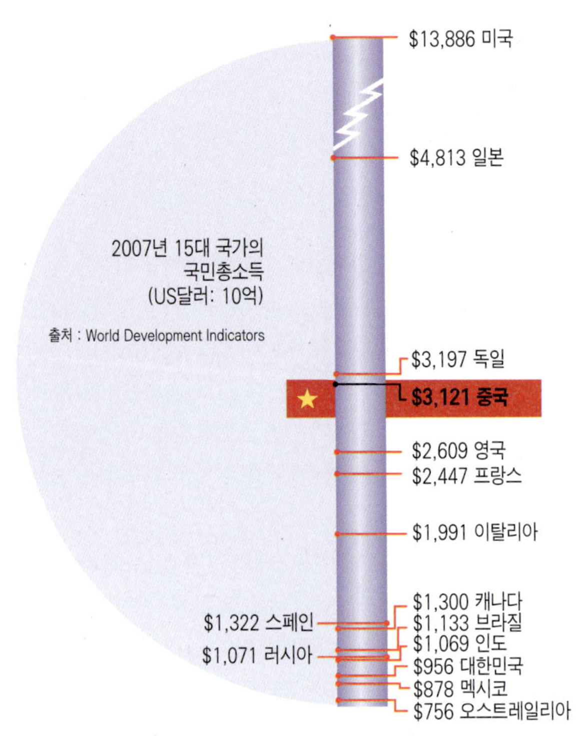

☞112쪽 참고.

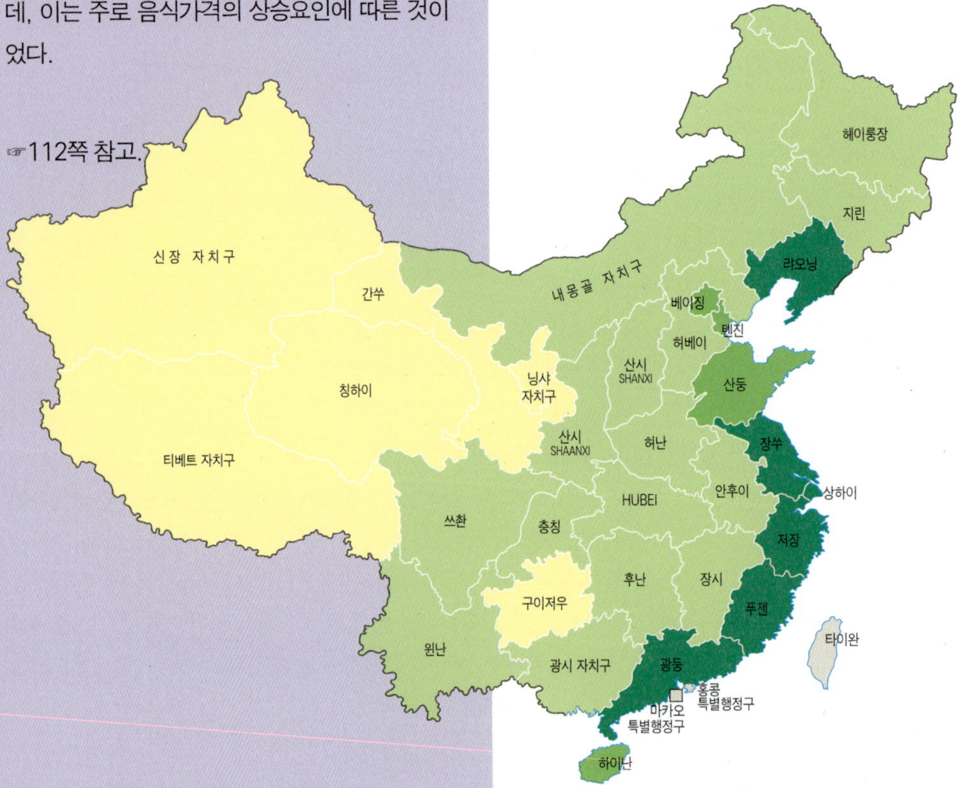

2007년 실질적으로 사용된 외국인 직접투자액 747억달러 가운데 55%가 제조업에, 그리고 23%가 부동산에 투자되었다.

2007년
외국인 직접투자
(US달러: 10억)

- $100 - $400
- $80 - $99
- $10 - $31
- $10 미만
- 자료 미상

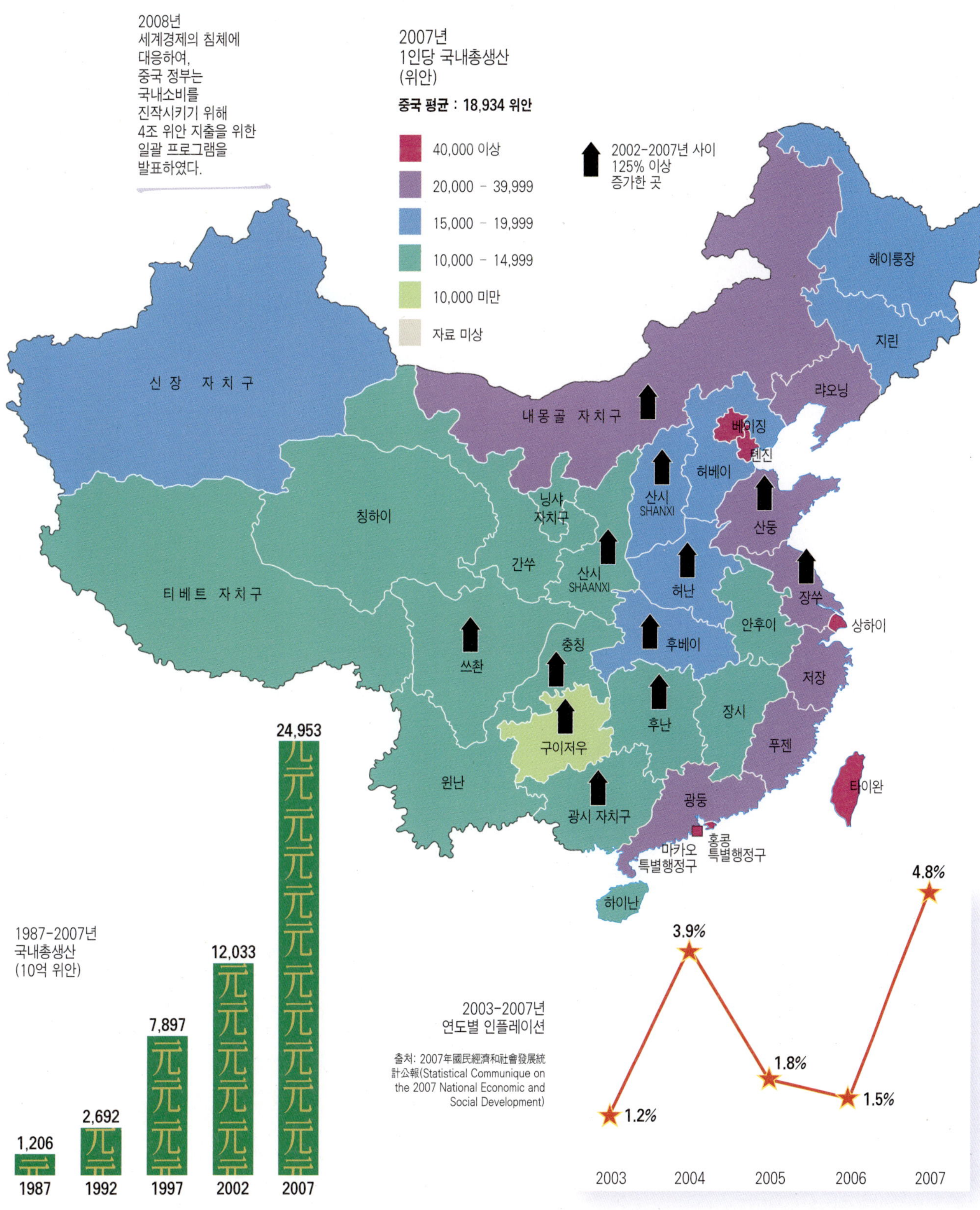
2008년
세계경제의 침체에
대응하여,
중국 정부는
국내소비를
진작시키기 위해
4조 위안 지출을 위한
일괄 프로그램을
발표하였다.

2007년
1인당 국내총생산
(위안)

중국 평균 : 18,934 위안

40,000 이상
20,000 - 39,999
15,000 - 19,999
10,000 - 14,999
10,000 미만
자료 미상

2002-2007년 사이
125% 이상
증가한 곳

신 장 자 치 구
헤이룽장
지린
랴오닝
내 몽 골 자 치 구
베이징
톈진
허베이
칭하이
닝샤
자치구
산시
SHANXI
산둥
간쑤
산시
SHAANXI
허난
장쑤
티 베 트 자 치 구
후베이
안후이
상하이
쓰촨
충칭
저장
장시
후난
푸젠
구이저우
타이완
윈난
광둥
광시 자치구
홍콩
특별행정구
마카오
특별행정구
하이난

1987-2007년
국내총생산
(10억 위안)

24,953
12,033
7,897
2,692
1,206
1,206
1987 1992 1997 2002 2007

2003-2007년
연도별 인플레이션

출처: 2007年國民經濟和社會發展統
計公報(Statistical Communique on
the 2007 National Economic and
Social Development)

1.2%
3.9%
1.8%
1.5%
4.8%
2003 2004 2005 2006 2007

황소 꼬리보다 닭 머리가 더 좋다

시장경제의 소산인 사업주는 인기있는 자기개발 지침서가 되고 있으며, 중국 서점에서 전기물이 흥행하고 있다.

국유기업들의 개혁과 폐쇄, 중국 경제의 외국 투자에 대한 개방 그리고 대대적인 주택건설의 사영화는 사업가 계층에게 많은 기회들을 제공하였다. 이 그룹은 새롭게 부유해진 사업가들과 그리고 경제개혁 속에서 도움이 될 수 있는 그들의 사업적 영민함과 정치적 관계들을 활용해 온 사람들이었다.

덩샤오핑鄧小平의 선부론에 따라 농민들은 농업에서 전문가 혹은 고급 식자재 생산으로 전환하거나 도시기업 혹은 향촌기업을 건설하였다. 야채재배를 위한 토지면적은 80퍼센트 증가하였다. 성공한 많은 사람들은 향촌 기업 경영위원회의 의장을 맡아 향촌의 지도자가 되었다.

노동자와 농민은 둘다 '두 계급, 하나의 계층'이라는 주장은 더 이상 받아들여지지 않는다. 그러나 특별히 국내이주 노동자들은 전체 계층에서 밑바닥을 형성하였다. 중국에서 계급의 분화는 매우 뚜렷하다. 부유한 도시민들은 상당한 부를 축적하고 있는 반면, 출세지향적인 도시 노동자들은 비싼 서비스와 주택을 얻기 위해 분투하고 있다.

한편 가난한 사람들은 빈곤의 굴레에서 벗어나지 못하고 있다. 그들의 곤경은 특히 개발과 산업적 농장을 위한 토지가격에 의해 더 악화되고 있다. 점증하는 법률적 유연성으로 인해 많은 기업들이 작은 구역의 토지를 전유할 수 있도록 허용되었으며, 이전 점유권을 가지고 있던 사람들은 소작인이 되거나 무소유자가 되었다. 국가에서 내세운 '조화로운 사회'라는 개념은 국민들 사이에서 점증하는 불균등의 문제를 겨냥한 것이다.

☞ 112쪽 참고.

중국인 사업가 가운데 20%가 여성이다. 2006년 처음으로 한 여성이 중국의 최고의 부호에 이름을 올리기도 하였다.

2003~2008년 사이에 중국의 100대 독지가들이 자선단체에 180억달러를 기부하였다.

2004년 중국사회과학원이 지위 혹은 신분에 따라 분류한 계층구조

1	국가와 사회 관리자
2	CEO
3	사업가(사영기업주)
4	전문적 기술자
5	사무직(기층 관리직)
6	개체호 상공업주
7	상업적 서비업 직원 및 노동자
8	산업 노동자
9	농민
10	무직, 실업, 반실업

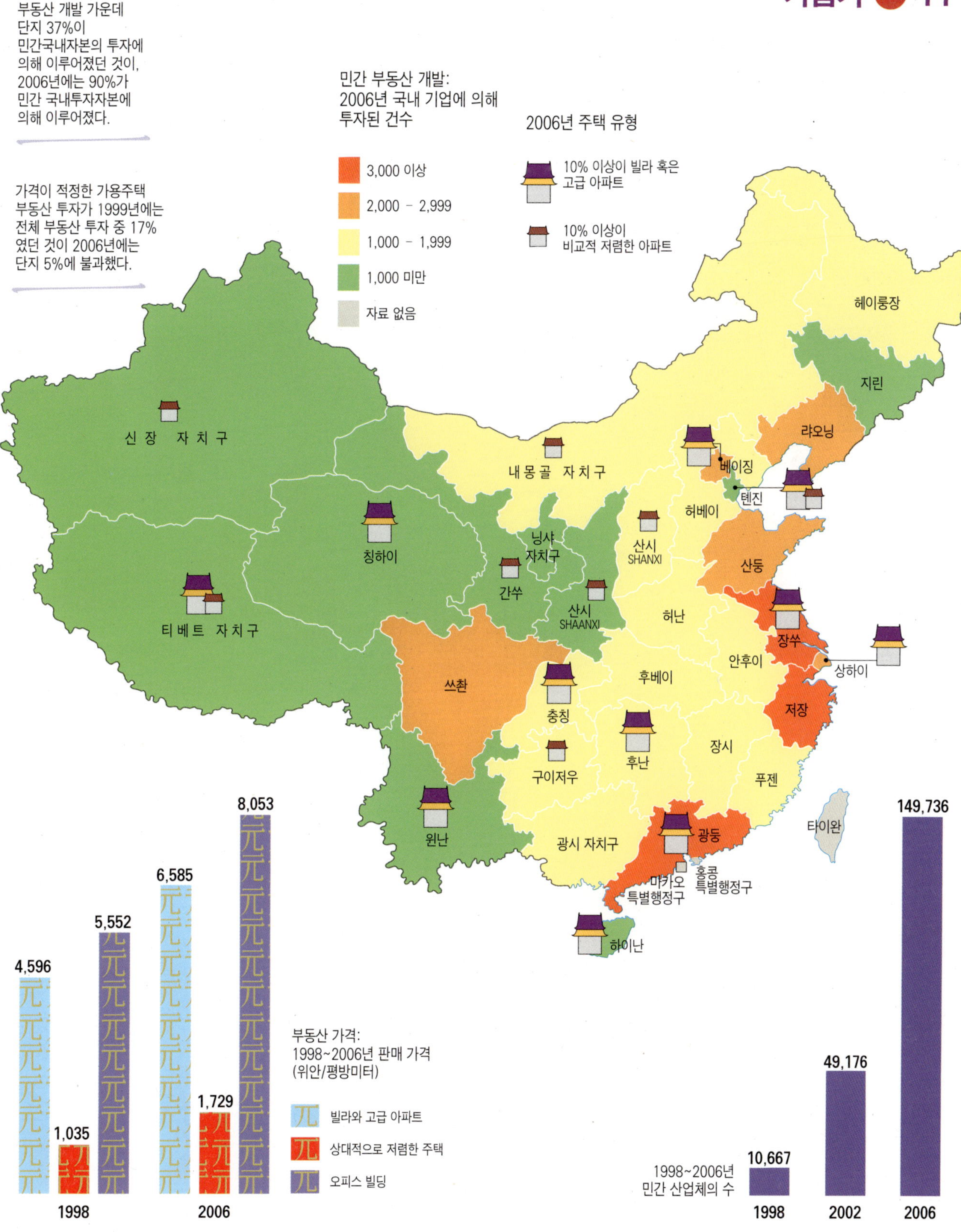

1988년에는 부동산 개발 가운데 단지 37%이 민간국내자본의 투자에 의해 이루어졌던 것이, 2006년에는 90%가 민간 국내투자자본에 의해 이루어졌다.
가격이 적정한 가용주택 부동산 투자가 1999년에는 전체 부동산 투자 중 17%였던 것이 2006년에는 단지 5%에 불과했다.
민간 부동산 개발: 2006년 국내 기업에 의해 투자된 건수
3,000 이상
2,000 - 2,999
1,000 - 1,999
1,000 미만
자료 없음
2006년 주택 유형
10% 이상이 빌라 혹은 고급 아파트
10% 이상이 비교적 저렴한 아파트
신 장 자 치 구
헤이룽장
지린
랴오닝
내 몽 골 자 치 구
베이징
톈진
허베이
칭하이
닝샤 자치구
산시 SHANXI
산둥
간쑤
산시 SHAANXI
허난
안후이
장쑤
상하이
티 베 트 자 치 구
쓰촨
충칭
후베이
저장
구이저우
후난
장시
푸젠
윈난
광시 자치구
광둥
타이완
마카오 특별행정구
홍콩 특별행정구
하이난
부동산 가격: 1998~2006년 판매 가격 (위안/평방미터)
빌라와 고급 아파트
상대적으로 저렴한 주택
오피스 빌딩
4,596
1,035
5,552
6,585
1,729
8,053
1998
2006
1998~2006년 민간 산업체의 수
10,667
49,176
149,736
1998
2002
2006

황소를 전체로 보지 않기

매년 적어도 800만 명의 사람들이 중국 노동시장에 신참자로 진입한다.

일자리 창출은 현재든 장래든 힘겨운 과제이지만, 중요한 것은 신참자의 숫자만이 아니라 어떻게 그들이 중국의 지속적인 발전을 위해 필요한 적당한 능력을 갖추도록 할 수 있는가 하는 것이다.

널리 유행하는 말 가운데 하나는 중국에는 세 가지 성, 즉 남성, 여성, 그리고 외국 박사학위 소지자가 있는 것이다. 심지어는 더욱 그럴싸한 구분법이 있다. 즉 발전하고 혼합된 경제에서 일할 수 있는 잠재력 및 훈련을 갖춘 사람들과 성취와 장기적 안정을 위한 희망이 거의 없는, 오직 숙련성이 요구되지 않는 저임금의 직업에서 밖에 일할 수 없는 사람들이 그것이다. 전국적인 임금수준은 동부 연안의 대도시 중심지역이 가장 높다.

그러나 티베트와 같이 더 가난한 지역에는 이례적인 현상이 존재한다. 그곳에서는 정부가 보조금 지원을 통해 숙련된 노동자와 기업가들의 내륙으로의 이주를 적극 권장하고 있다.

☞113쪽 참고.

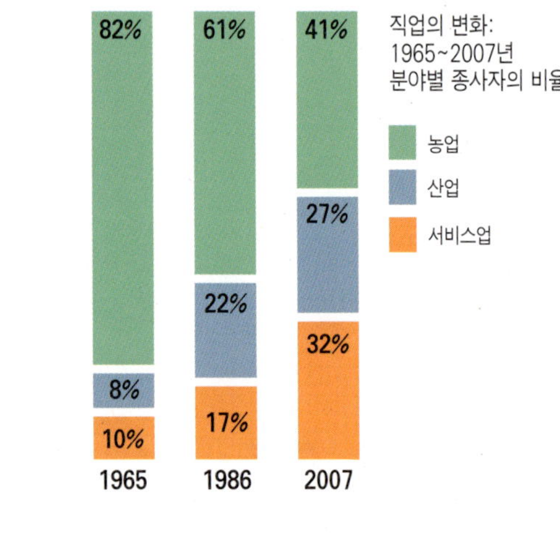

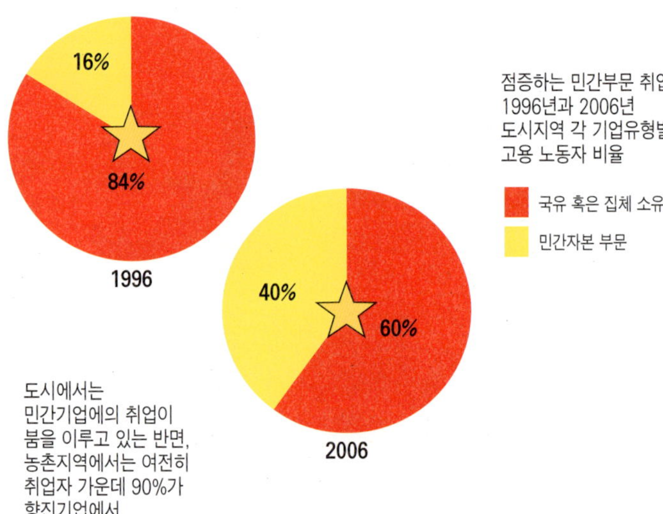

점증하는 민간부문 취업:
1996년과 2006년
도시지역 각 기업유형별
고용 노동자 비율

국유 혹은 집체 소유
민간자본 부문

도시에서는 민간기업에의 취업이 붐을 이루고 있는 반면, 농촌지역에서는 여전히 취업자 가운데 90%가 향진기업에서 종사하고 있다.

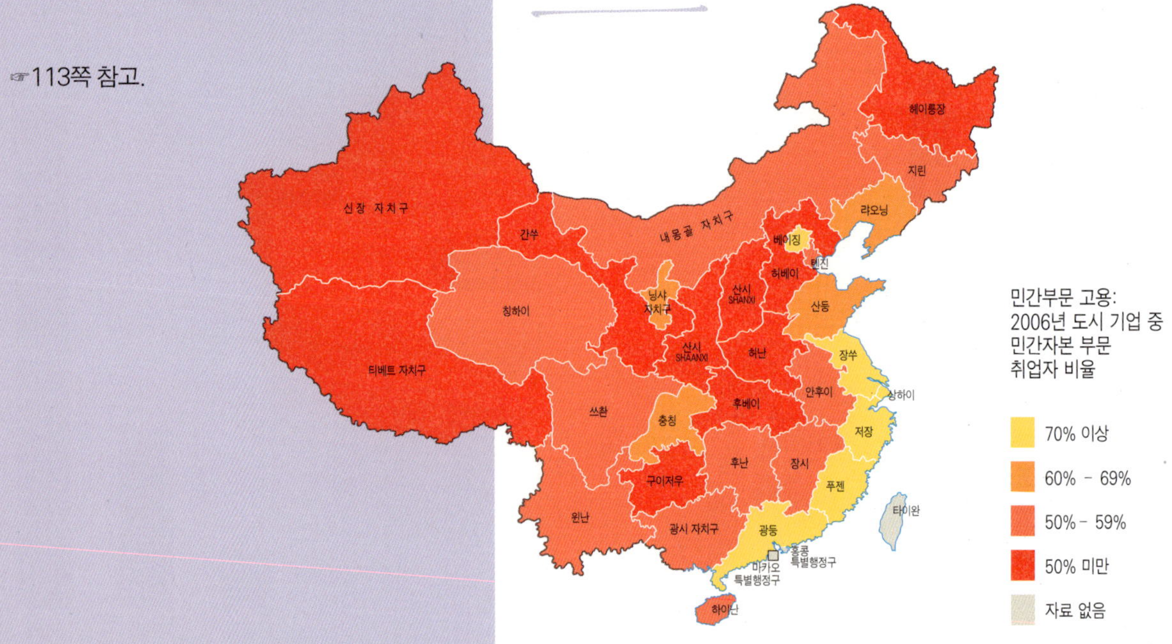

민간부문 고용:
2006년 도시 기업 중
민간자본 부문
취업자 비율

70% 이상
60% - 69%
50% - 59%
50% 미만
자료 없음

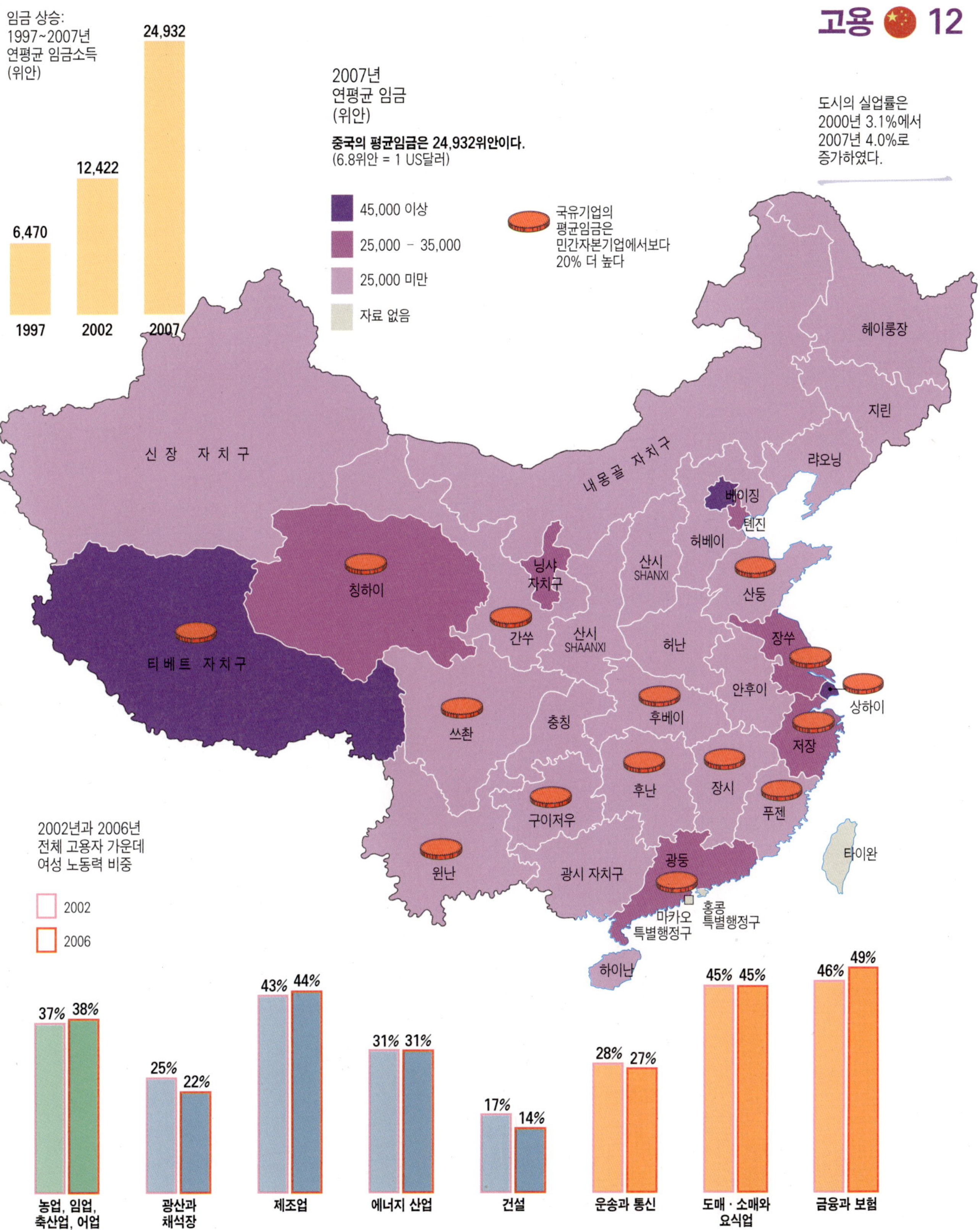

임금 상승:
1997~2007년
연평균 임금소득
(위안)
24,932
12,422
6,470
1997
2002
2007
2007년
연평균 임금
(위안)
중국의 평균임금은 24,932위안이다.
(6.8위안 = 1 US달러)
45,000 이상
25,000 - 35,000
25,000 미만
자료 없음
국유기업의
평균임금은
민간자본기업에서보다
20% 더 높다
도시의 실업률은
2000년 3.1%에서
2007년 4.0%로
증가하였다.
신 장 자 치 구
내 몽 골 자 치 구
헤이룽장
지린
랴오닝
베이징
톈진
허베이
산시
SHANXI
닝샤
자치구
칭하이
간쑤
산시
SHAANXI
산둥
장쑤
허난
안후이
상하이
티베트 자치구
쓰촨
충칭
후베이
저장
후난
장시
쓰촨
구이저우
푸젠
윈난
광시 자치구
광둥
타이완
마카오
특별행정구
홍콩
특별행정구
하이난
2002년과 2006년
전체 고용자 가운데
여성 노동력 비중
2002
2006
37% 38%
25% 22%
43% 44%
31% 31%
17% 14%
28% 27%
45% 45%
46% 49%
농업, 임업,
축산업, 어업
광산과
채석장
제조업
에너지 산업
건설
운송과 통신
도매·소매와
요식업
금융과 보험

번개는 크게 치지만
비는 많이 내린다

중국 GDP에서 농업의 비중이 감소하고 있다.

이러한 감소는 다른 산업화 중인 국가들의 흐름과 일치하지만, 중국 전체 인구에게 지속적이고 적당한 식량공급을 확보하는 것은 중국정부에게 부여된 특별히 어려운 병참학적LOGISTICAL 도전이다.

정부투자는 농촌의 신뢰와 생산성을 회복하기 위해 농업의 현대화에 초점을 맞추고 있다. 축산농(주로 공장제 축산), 그리고 사료생산과 음식산업을 위해 필요한 곡물 생산이 붐을 이루고 있는데, 이는 중국인의 식품에서 육류와 유제품에 대한 중시가 점증하고 있기 때문이다. 식용을 위한 곡식 생산량은 감소추세에 있었지만, 지금은 1990년대 중반 수준으로 오히려 늘어나고 있다.

2007년 조화로운 사회의 정책의 결과로서, 농촌인구에게 부과되던 다른 많은 세금들과 함께 2,600년간 유지해 온 농업세가 폐지되었다. 다음 해에 중국정부는 새로운 토지점유권 정책을 토론하였다. 이 정책은 토지임대 제도를 통해 보다 더 규모 있고 생산적인 농업을 창출하기 위해 소자작농을 고무하기 위한 것이다. 이러한 변화는 아직도 농민으로 분류되는 8억 명에게 영향을 미치게 될 것이다.

☞114쪽 참고.

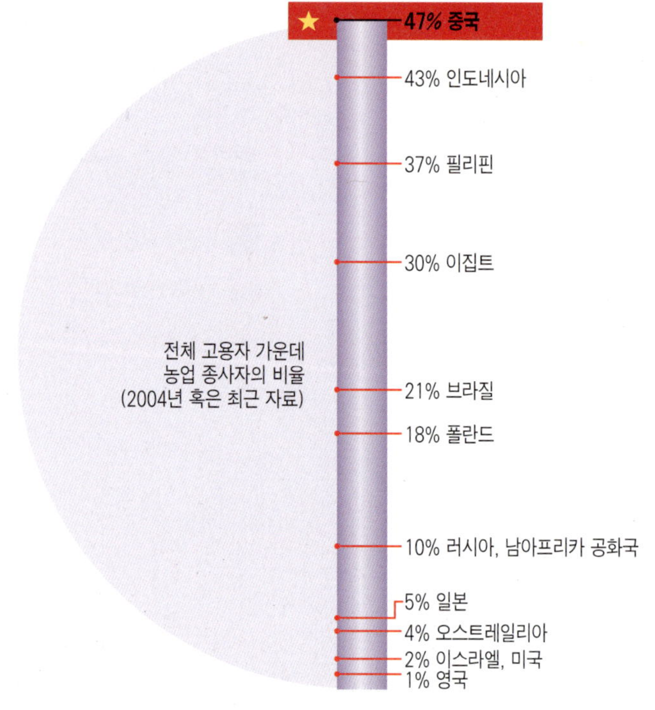

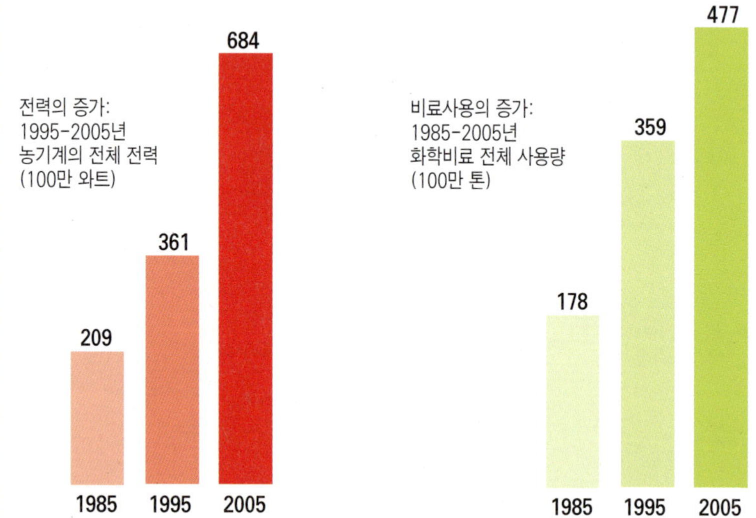

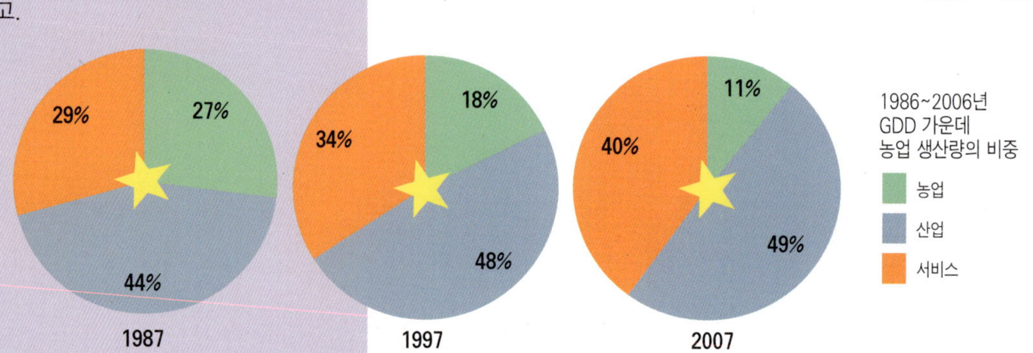

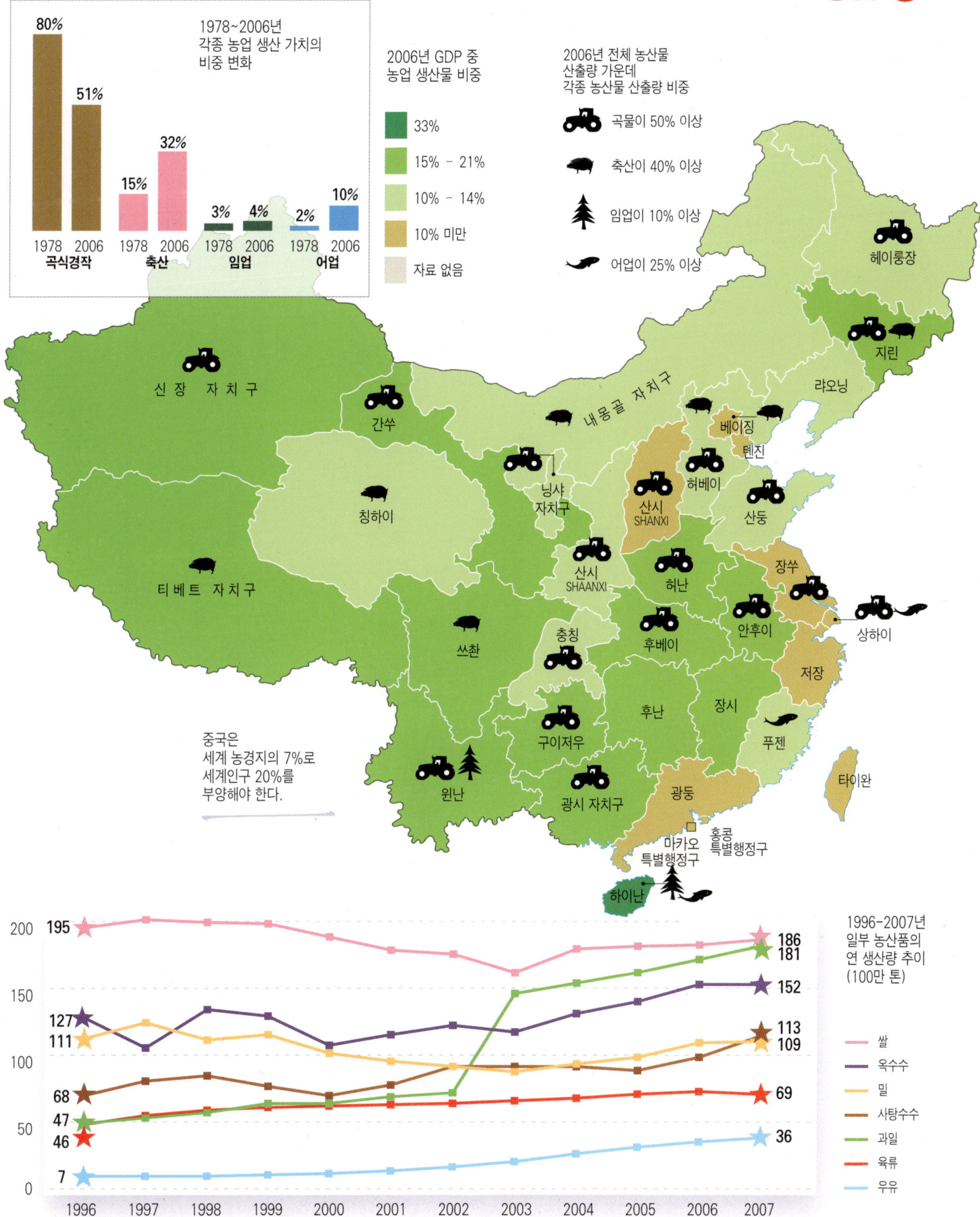
1978~2006년
각종 농업 생산 가치의
비중 변화
80%
51%
32%
15%
3%
4%
2%
10%
1978 2006
곡식경작
1978 2006
축산
1978 2006
임업
1978 2006
어업
2006년 GDP 중
농업 생산물 비중
33%
15% - 21%
10% - 14%
10% 미만
자료 없음
2006년 전체 농산물
산출량 가운데
각종 농산물 산출량 비중
곡물이 50% 이상
축산이 40% 이상
임업이 10% 이상
어업이 25% 이상
신 장 자 치 구
간쑤
칭하이
티 베 트 자 치 구
쓰촨
신장 자치구
닝샤
자치구
산시
SHAANXI
충칭
윈난
구이저우
광시 자치구
내 몽 골 자 치 구
헤이룽장
지린
랴오닝
베이징
톈진
허베이
산시
SHANXI
산둥
허난
후베이
안후이
상하이
장쑤
저장
후난
장시
푸젠
타이완
광둥
마카오
특별행정구
홍콩
특별행정구
하이난
중국은
세계 농경지의 7%로
세계인구 20%를
부양해야 한다.
1996-2007년
일부 농산품의
연 생산량 추이
(100만 톤)
200
195
186
181
152
150
127
113
111
109
100
68
69
50
47
46
36
7
0
1996 1997 1998 1999 2000 2001 2002 2003 2004 2005 2006 2007
쌀
옥수수
밀
사탕수수
과일
육류
우유

누에가 뽕잎을 먹듯이

중국의 산업생산은 수출과 국내소비를 위해 생산되는 상품들로 확장되고 있다.

생산에서 가장 높은 성장을 주도하는 것은 세 가지 핵심 소비재, 즉 PC, 핸드폰과 자동차이며, 이 세 가지는 모두 환경에 중대한 영향을 미친다.

다음으로 가장 빠른 성장세를 보이는 상품은 담배이다. 그것의 부정적 영향은 이후 수십 년 동안 국가의 건강과 보건서비스에서 감지될 것이다.

2007년 중국의 자동차 산업은 전 세계에서 3위였다. 이는 중국의 도로를 정체시키는 승용차에 대한 수요를 충족시키기에는 여전히 미흡한 수준이다. 핸드폰 산업은 전 세계적 브랜드뿐만 아니라 지역적 판매를 위해 계획된 국내 브랜드도 포함하고 있다. PC산업은 전 세계 이용자들에게 알려져 있는 레노보Lenovo와 같이, 어느 면에서는 그들의 브랜드를 세계화했다고 볼 수 있다.

☞114쪽 참고.

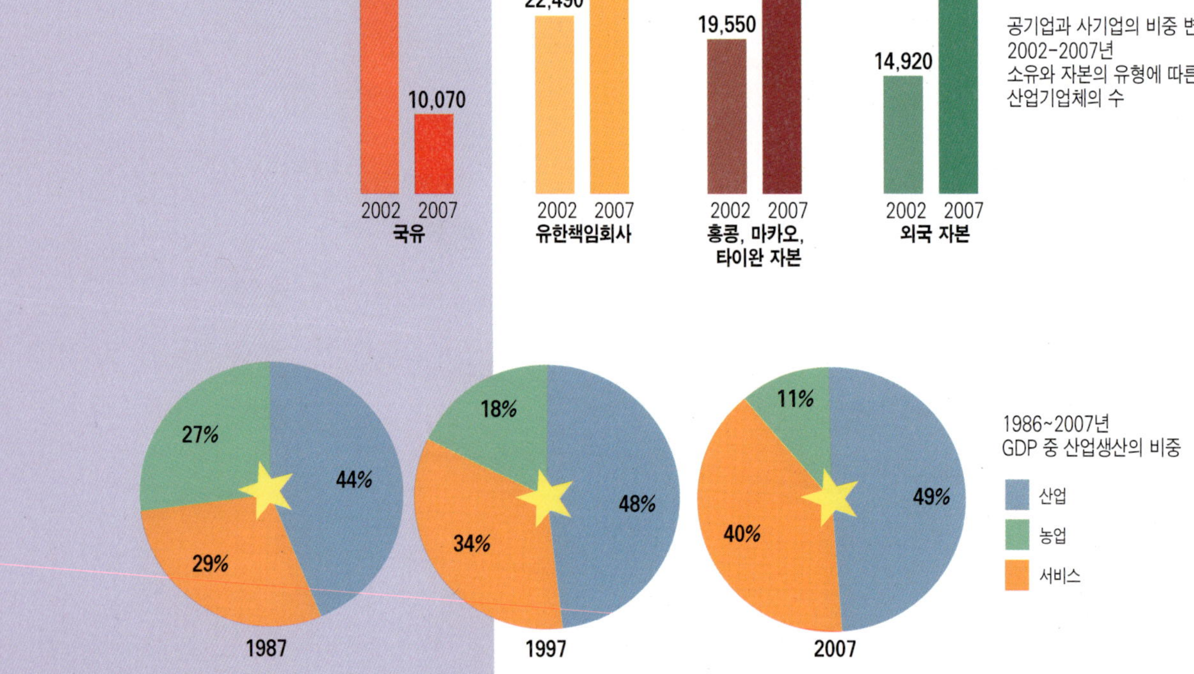

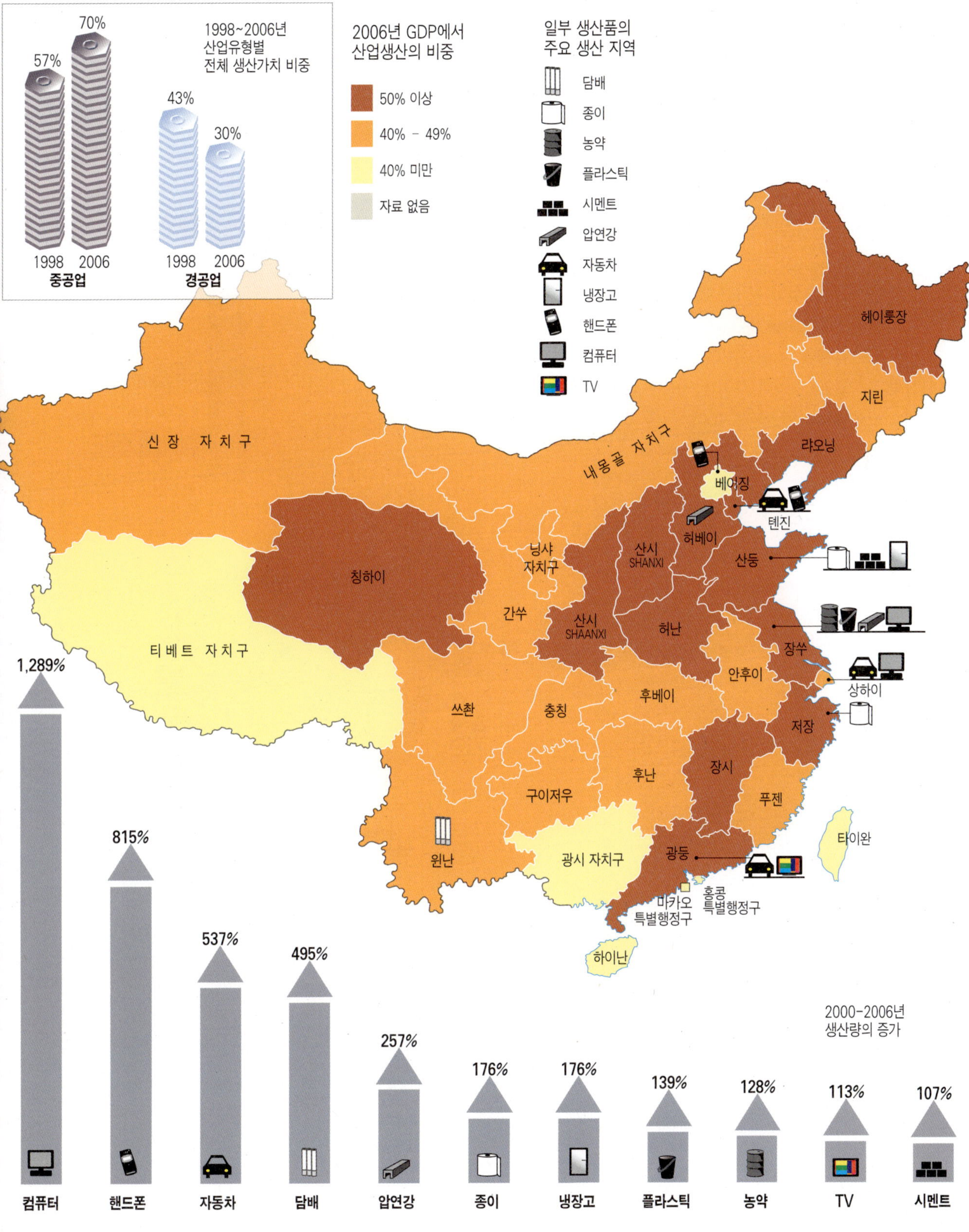
57%
70%
1998
2006
중공업
43%
30%
1998
2006
경공업
1998~2006년
산업유형별
전체 생산가치 비중

2006년 GDP에서
산업생산의 비중
50% 이상
40% – 49%
40% 미만
자료 없음

일부 생산품의
주요 생산 지역
담배
종이
농약
플라스틱
시멘트
압연강
자동차
냉장고
핸드폰
컴퓨터
TV

신 장 자 치 구
내몽골 자치구
헤이룽장
지린
랴오닝
베이징
텐진
허베이
산시
SHANXI
산둥
닝샤
자치구
칭하이
간쑤
산시
SHAANXI
허난
장쑤
안후이
상하이
저장
티 베 트 자 치 구
쓰촨
충칭
후베이
장시
푸젠
타이완
후난
윈난
구이저우
광시 자치구
광둥
마카오
특별행정구
홍콩
특별행정구
하이난

1,289%
컴퓨터
815%
핸드폰
537%
자동차
495%
담배
257%
압연강
176%
종이
176%
냉장고
139%
플라스틱
128%
농약
113%
TV
107%
시멘트

2000-2006년
생산량의 증가

쥐만 잘 잡는다면 흰 고양이든 검은 고양이든 중요하지 않다

지난 20여 년 동안 GDP에서 서비스 분야 가 점하는 비율은 10퍼센트까지 증가하였다.

이러한 성장의 대부분은 농업의 희생을 대가로 한 것처럼 보이지만, 산업과 서비스 사이의 격차도 줄어들고 있다. 그리고 중국의 경제는 점차 산업국가들과 유사해 보인다. 정부와 중국경제계에 대한 도전은 안정적인 생산 수준을 유지하는 것이다. 이는 성장을 촉진시킬 뿐만 아니라 또 재정, 교육 그리고 훈련, 복지, 부동산, 창조적 산업과 여가 및 접대와 같은 서비스 분야의 강하고 잘 정리된 토대를 구축하는 데 매우 중요하다.

글로벌 시장의 고질적인 불안정성으로 인해 가까운 장래에 서비스의 성장은 느려지게 될 것이다. 부동산 가격의 상승과 과열된 투자시장의 불안이 잘 억제되는 한, 주민의 장기적인 수요와 이익은 복잡하고 잘 관리된 서비스 환경에 달려 있다.

☞114쪽 참고.

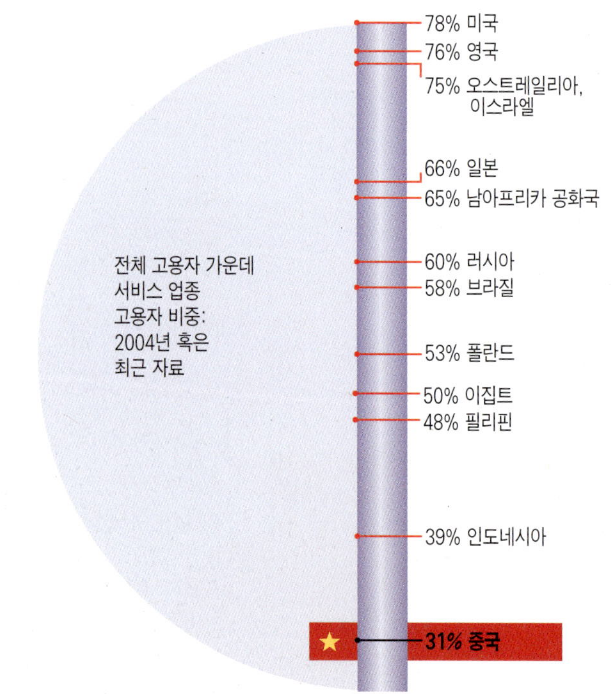

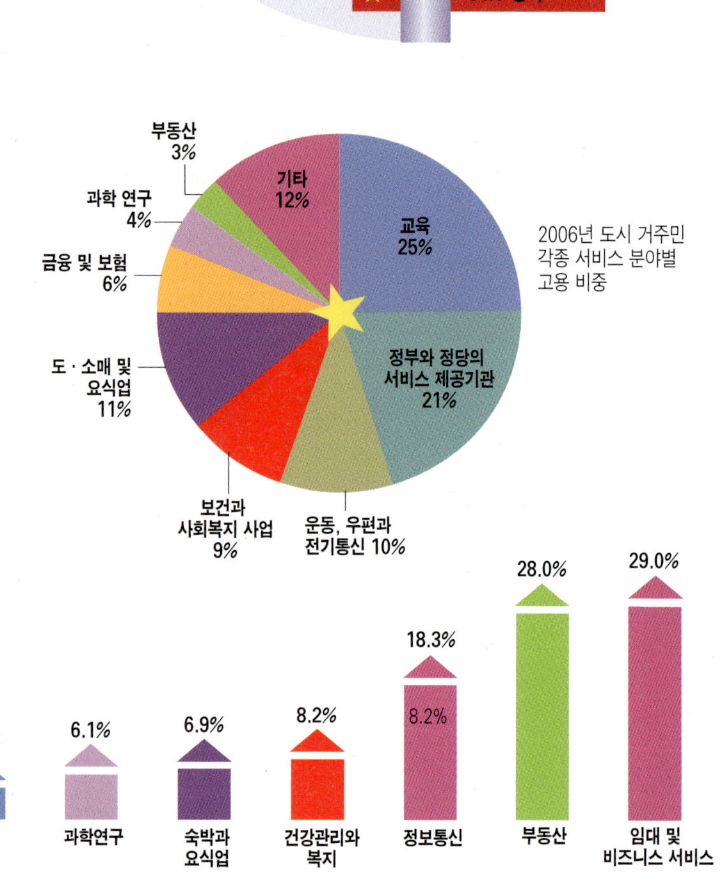

2006년 도시 거주민 각종 서비스 분야별 고용 비중

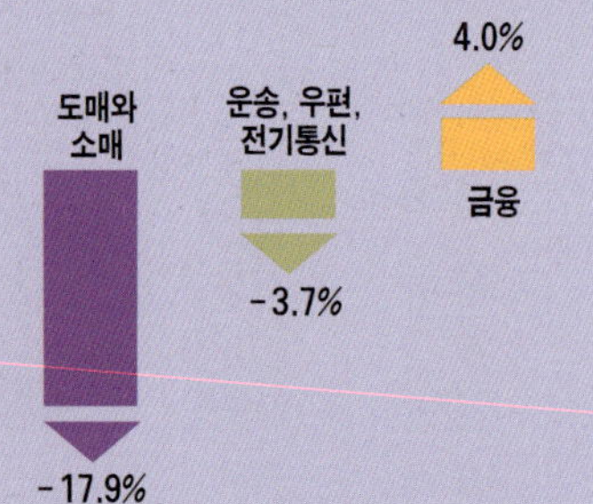

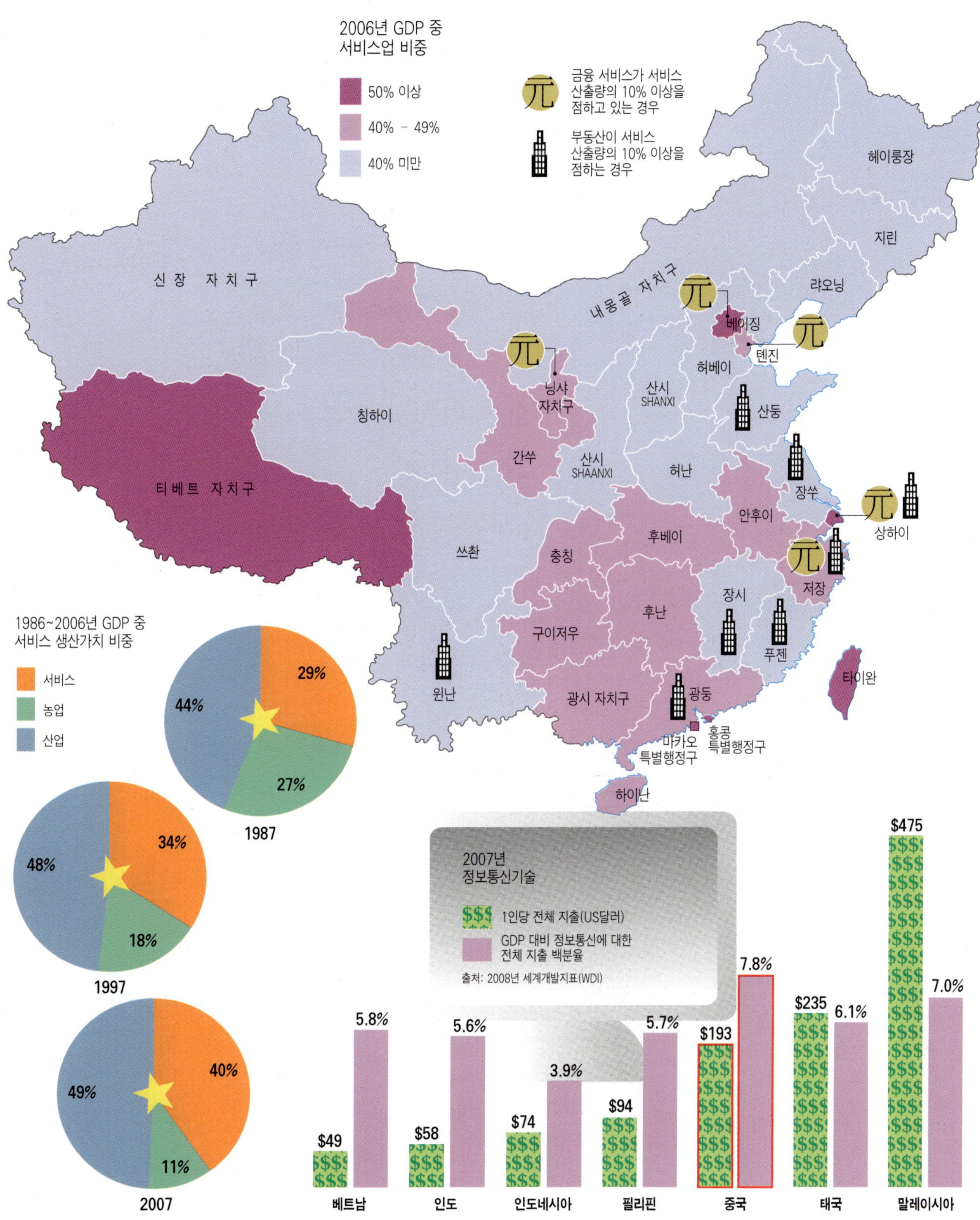

서비스 15

2006년 GDP 중
서비스업 비중

50% 이상
40% - 49%
40% 미만

금융 서비스가 서비스
산출량의 10% 이상을
점하고 있는 경우

부동산이 서비스
산출량의 10% 이상을
점하는 경우

신장 자치구
칭하이
티베트 자치구
쓰촨
윈난
닝샤 자치구
간쑤
산시 SHAANXI
충칭
구이저우
내몽골 자치구
산시 SHANXI
허난
후베이
후난
광시 자치구
허베이
베이징
톈진
산둥
안후이
장쑤
저장
장시
푸젠
광둥
마카오 특별행정구
홍콩 특별행정구
하이난
헤이룽장
지린
랴오닝
상하이
타이완

1986~2006년 GDP 중
서비스 생산가치 비중

서비스
농업
산업

29%
27%
44%
1987

34%
18%
48%
1997

40%
11%
49%
2007

2007년
정보통신기술

1인당 전체 지출(US달러)
GDP 대비 정보통신에 대한
전체 지출 백분율
출처: 2008년 세계개발지표(WDI)

5.8%
$49
베트남

5.6%
$58
인도

3.9%
$74
인도네시아

5.7%
$94
필리핀

7.8%
$193
중국

6.1%
$235
태국

7.0%
$475
말레이시아

출처: 별도의 언급이 없는 한 2007년과 2008년 『中國統計年鑑』(China Statistical Yearbook)임   49

바람이 불면 풀이 움직인다

중국 관광사업의 주요 대상은 국내 대륙 여행객들 및 그보다 수가 적기는 하지만 홍콩의 방문객들이 중심을 이루고 있다.

그들이 관광도시에서 소비하는 돈은 상당정도 관광사업의 발전을 촉진시키고 있다. 해외 중국인들의 방문을 포함하여 국제 관광이 중요하기는 하지만, 그들 대부분은 베이징이나 상하이와 같은 주요도시들에 국한되어 있다. 그리고 국제 여행은, 지역이나 전 세계에서 국가의 민족적 지위와 권위를 높이기 위한 차이나 브랜드 관리라는 더 큰 계획에서 보자면 여전히 부차적이다.

자신의 이미지를 개인 혹은 때때로 까다로운 관광객보다는 전 세계 청중과 소통시키려는 중국의 관심은 대부분 2010년 상하이 국제 Expo와 같은 이벤트의 텔레비전 방송을 통해 이루어진다. 2008년 올림픽 개최의 성공여부를 판단하는 것은 베이징 방문객의 숫자가 아니다. 오히려 방문객 숫자는 비자발급에 대한 엄격한 통제로 인해 2007년 8월보다도 확실히 줄어들었다. 그보다는 올림픽 성공여부는 전 세계의 청중들에게 중국의 국력, 능숙함과 문화적 가치에 대한 설득력 있고 강력한 메시지를 얼마나 효과적으로 전달했는가 하는 점에서 판단되어야 한다.

☞115쪽 참고.

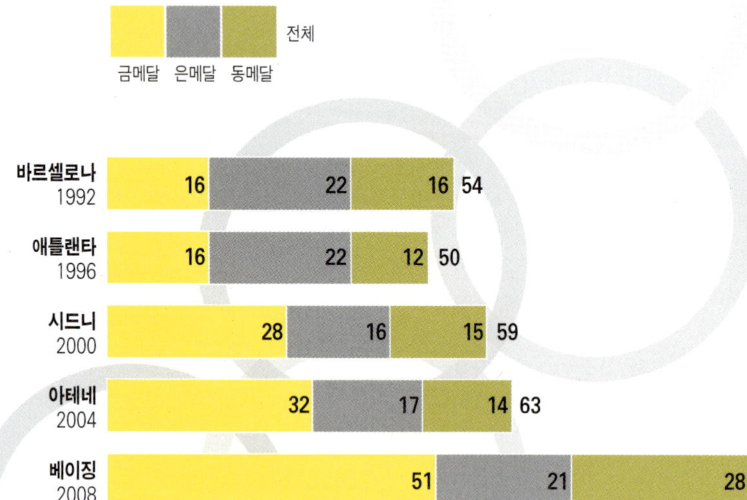

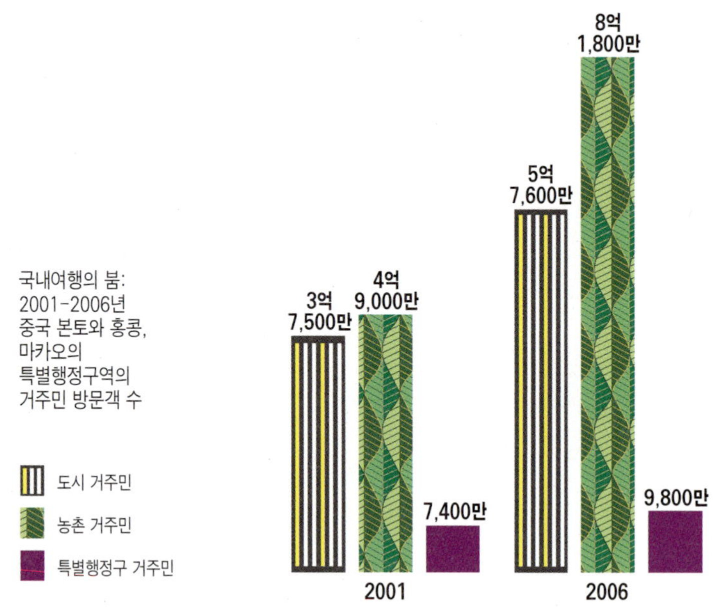

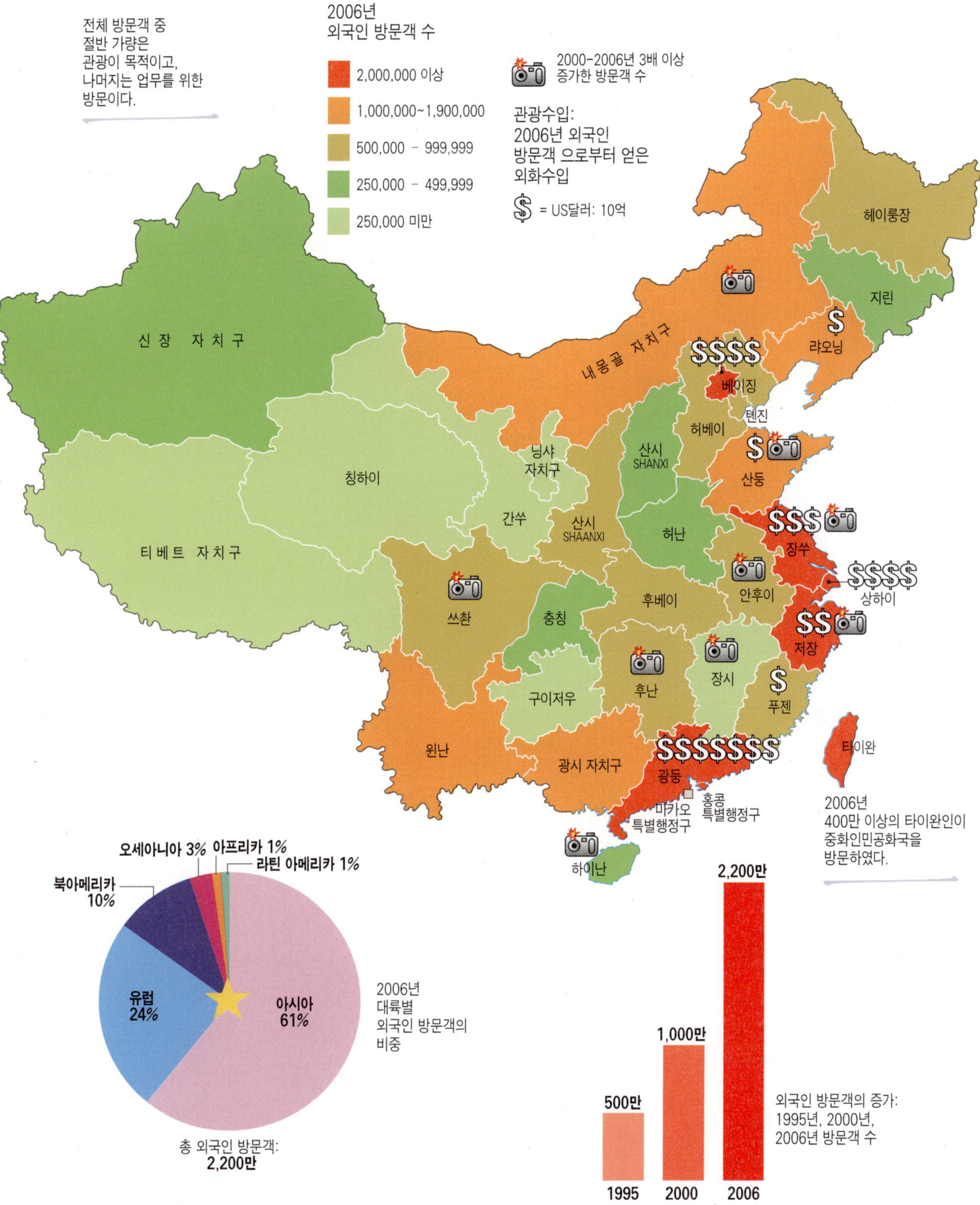
전체 방문객 중
절반 가량은
관광이 목적이고,
나머지는 업무를 위한
방문이다.
2006년
외국인 방문객 수
2,000,000 이상
1,000,000~1,900,000
500,000 - 999,999
250,000 - 499,999
250,000 미만
2000-2006년 3배 이상
증가한 방문객 수
관광수입:
2006년 외국인
방문객 으로부터 얻은
외화수입
$ = US달러: 10억
신장 자치구
내몽골 자치구
헤이룽장
지린
라오닝
베이징
허베이
톈진
산둥
닝샤
자치구
산시
SHANXI
칭하이
간쑤
산시
SHAANXI
허난
장쑤
안후이
상하이
저장
쓰촨
충칭
후베이
장시
후난
푸젠
구이저우
윈난
광시 자치구
광둥
타이완
마카오
특별행정구
홍콩
특별행정구
하이난
2006년
400만 이상의 타이완인이
중화인민공화국을
방문하였다.
오세아니아 3%
아프리카 1%
북아메리카
10%
라틴 아메리카 1%
유럽
24%
아시아
61%
2006년
대륙별
외국인 방문객의
비중
총 외국인 방문객:
2,200만
2,200만
1,000만
500만
외국인 방문객의 증가:
1995년, 2000년,
2006년 방문객 수
1995
2000
2006

무거운 것이 한 가닥 머리카락에 매달려 있다

중국 에너지 생산이 수요를 따라잡지 못했던 지난 10년 전부터 그 가능성은 더욱 높아지고 있다.

최근 몇 년간 중국의 석탄에 대한 의존이 다소 줄어들고 있지만, 그러나 석탄은 여전히 70퍼센트의 에너지를 공급하고 있다. 하지만, 중국은 세계의 가장 많은 석탄생산국이면서도 2007년 4월에는 실질적인 수입국이 되었다. 중국은 주로 오스트레일리아와 남아메리카에서 수입을 하고 있다.

중국은 2007년 세계에서 원유생산 제5위국이지만, 에너지 소비량이 너무 커서 매년 10억 배럴 이상을 수입하고 있으며, 그 수입국은 더욱 다양하게 늘어나고 있다.

중국은 세계에서 가장 큰 수력발전량을 보유하고 있다. 매우 유명한 산샤三峽댐은 2만 5천여 개 가운데 하나일 뿐이다. 중국은 2020년까지 현재보다 2배의 수력발전량을 생산하기 위해, 누장怒江(중국 티베트과 윈난, 그리고 버마의 살윈강salween으로 이어지는 강)과 란창장瀾滄江(중국 티베트과 윈난을 지나 라오스의 메콩강으로 이어지는 강) 유역을 포함하여 더 많은 수력발전 댐을 건설하려 하고 있다. 이러한 건설은 중국 및 그 하류인 이웃 동남아시아의 인간의 삶과 환경에 막대한 영향을 미치게 될 것이다.

☞ 115쪽 참고.

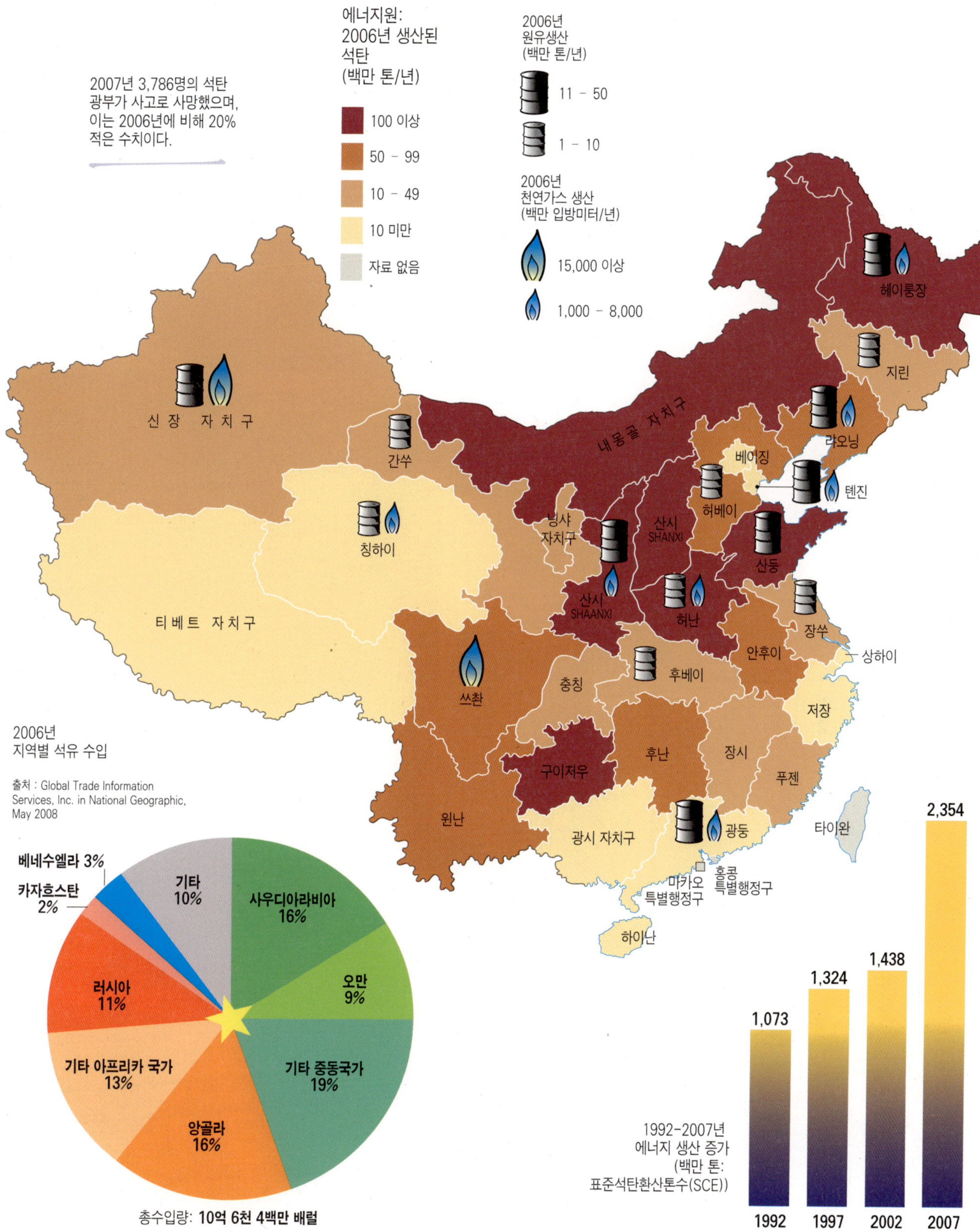
에너지원:
2006년 생산된
석탄
(백만 톤/년)
100 이상
50 - 99
10 - 49
10 미만
자료 없음
2007년 3,786명의 석탄 광부가 사고로 사망했으며, 이는 2006년에 비해 20% 적은 수치이다.
2006년 원유생산 (백만 톤/년)
11 - 50
1 - 10
2006년 천연가스 생산 (백만 입방미터/년)
15,000 이상
1,000 - 8,000
신장 자치구
간쑤
칭하이
티베트 자치구
헤이룽장
지린
랴오닝
내 몽 골 자치구
베이징
텐진
허베이
닝샤 자치구
산시 SHANXI
산둥
산시 SHAANXI
허난
장쑤
안후이
상하이
쓰촨
충칭
후베이
저장
후난
장시
푸젠
구이저우
윈난
광시 자치구
광둥
타이완
마카오 특별행정구
홍콩 특별행정구
하이난
2006년 지역별 석유 수입
출처 : Global Trade Information Services, Inc. in National Geographic, May 2008
베네수엘라 3%
카자흐스탄 2%
기타 10%
사우디아라비아 16%
오만 9%
러시아 11%
기타 중동국가 19%
기타 아프리카 국가 13%
앙골라 16%
총수입량: 10억 6천 4백만 배럴
1992-2007년 에너지 생산 증가 (백만 톤: 표준석탄환산톤수(SCE))
1,073
1,324
1,438
2,354
1992
1997
2002
2007

HAIDA
INSTALL ONLY IN THIS DIRECTION
Caution : please remove this protective film
within six months after installation
ISO14001:1996 ISO9001:2000 ISO10000.1200

세계의 전자제품 폐기물 중 75퍼센트는 중국으로 이송되어 처분된다

중국의 발전 스토리는 그에 못지않은 환경적 스트레스라는 서사적인 이야기와 결부되어 있다. 이것은 단지 개혁 시대의 한 현상인 것만이 아니라 상대적으로 제한적인 농지 비율과 높은 인구밀도를 가진 땅덩이에 오랫동안 있어왔던 특징이기도 하다. 마오주의Maoism, 모택동주의 시대에 행해진 의도적인 삼림벌채는 북부의 사막화를 격화시켰고 게다가 가장 물이 부족한 곳에서 집중적으로 물을 사용하는 오늘날의 농경법은 베이징과 같은 도시들의 지속적인 생존에 거대한 장애가 되고 있다.

이론적으로는 경제의 성장이 보다 효율적인 기반시설과 더 깔끔한 청정 산업들, 그리고 물과 연료와 같은 핵심 자원들의 통합 관리를 지원한다. 이러한 이상적 전망이 관련 정부 부처들과 개개인 국민에게 극히 중요하다 할지라도, 실제적으로는 낮은 수준의 환경 기반시설과 높은 수준의 산업적·농업적 영향이 많은 지역에서 상황을 극도로 악화시켜가고 있다.

이용 가능한 깨끗한 식수는 인간의 삶의 질과 그 가능성을 가늠하는 척도다. 그것은 국경과 문화, 공동체, 지역권, 그리고 언어 집단들을 구분하는 기준이 되기도 한다. 그리고 물은 전력을 생산하는 데에도 사용된다. 중국의 남쪽 인접 국가들인 라오스와 태국, 그리고 베트남은 중국의 새로운 수력발전 댐들이 그들의 생계와 문화에 피해를 줄 것을 우려한다. 현재의 댐들은 2008년에 그 지역에서 큰 홍수를 야기한 여러 원인들 가운데 하나이다. 상호협력적인 과학적 연구를 통해 이런 이슈들을 탐구하기를 꺼리는 중국 정부의 태도는 의심을 증대시켰다. 중국 내에서도, '북부의 가뭄, 남부의 홍수'라는 극한적 기후패턴은 계속될 걸로 예측된다.

홍수는 다년간 중국에서 대량으로 발생해왔고, 그 문제들을 악화시킬 가능성이 매우 높은 댐 기술의 영향은 중국의 인구와 국토를 위협하는 환경 위험의 여러 원인들 가운데 하나이다. 그 댐 전략은 보다 큰 전국적 개발 전략 — 서부대개발西部大開發 : Go West 캠페인 — 의 일부에 불과하며, 이 전략은 지역적으로 배후지들을 개발할 기회들을 열어주고자 계획되었음에도 환경에 거대한 압박을 주고 있다. 비평가들은 쓰레기 마을의 출현과 생태-난민, 그리고 중국과 세계 각지에서 온 폐기물 처리에 기초한 미시경제에 주목해왔다.

하지만 서부대개발 캠페인이 환경적인 이유로 중단될 것 같지는 않다. 그것은 경제적 불평등, 특히 소수민족들 사이의 경제적 불평등을 관리하기 위한 정부의 주요 전략이다. 하지만 그로 인한 문제들은 엄청나다. 서쪽 후미지역은 벌채가 이루어지고 있어 삼림이 소실될 위협에 처해있고, 물은 중공업을 위해 유용되고 있다. 지나친 대기 및 지하수원 오염을 막기 위한 규정들이 있지만, 그런 좋은 의도를 실행하기 위한 기반시설은 없다.

하지만 희망의 여지는 있다. 중국은 환경부문에서 매우 빠르게 도약중인 경제국이며, 많은 정치인과 기업가, 과학자, 그리고 평범한 소비자들은 급속한 개발에 따른 문제들을 잘 인식하고 있다. 그들의 노력을 언급하지 않으면 안 된다. 태양 에너지의 선구자들이 튼튼한 기반을 닦고 있으며, 상하이의 충밍Chongming 섬 생태도시가 새로운 도시개발업자들과 지역정부를 위해 의미있는 하나의 사례를 제공하고 있다. 2007년 3월에는 정보산업부中國信息産業部, Ministry for Information Industries를 통해 전자제품 폐기물을 통제하는 법이 제정되었다. 그러한 정치적 의지는 존재하지만, 환경적 이슈들에 관해 정부가 보이는 투명성의 부족은 많은 중국 환경론자들의 지성에 반하여 개발의 압력과 결탁 관계에 있다고 말하는 게 옳을 것이다.

돈은 신(神)들조차도 움직이게 할 수 있다

중국은 세계 역사상 가장 큰 규모로 국내 이주가 이루어지고 있다. 일자리를 찾아 1억2천만 명의 사람들이 도시로 이주하였고, 8천만 명의 사람들이 작은 읍으로 이주하였다.

향후 10년내 중국의 대부분의 농촌사회는 도시사회로 변화하게 될 것이다. 그리고 2020년까지 적어도 60퍼센트의 인구가 도시나 읍에서 살게 될 것이다.

농민들은 더 나은 삶을 위해 그 토지를 떠나고 있다. 농민 이주민, 즉 농민공은 도시에서 진행되는 거대한 건설계획을 위한 대부분의 노동력을 충당하고 있다. 그중 2008년 베이징 올림픽과 2010년 상하이 EXPO를 위한 건설은 가장 극적인 장면이다. 그들은 저임금을 받으면서 장시간의 노동에 종사하고 있으며, 비좁고 최저의 조건 속에서 살고 있지만, 그럭저럭 그들의 고향으로 보낼 돈을 모으고 있다. 이러한 방식으로 동부연해안 지역의 경제 붐의 효과는 느리지만 조금씩 농촌으로 흘러들고 있다.

급등하는 도시인구는 자원과 환경문제를 야기하고 있다. 거주지역을 공식적으로 규정하는 후커우戶口제도 때문에 농민공들은 주택과 복지혜택을 요구하기가 어렵다. 그러나 그 후커우에 대한 통제는 완화되고 있으며 노동을 보호하기 위한 법률적 조치들이 발효되었다. 또한 농민공들도 스스로 해결책을 찾고 있다. 예를들어 농민공들은 약 30만에서 50만 명에 상당하는 아이들을 위해 베이징에 학교를 세웠다.

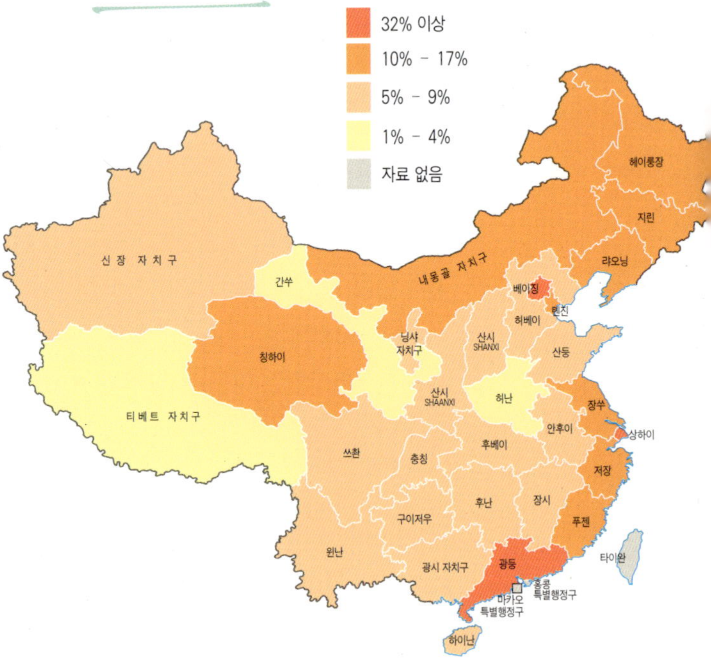

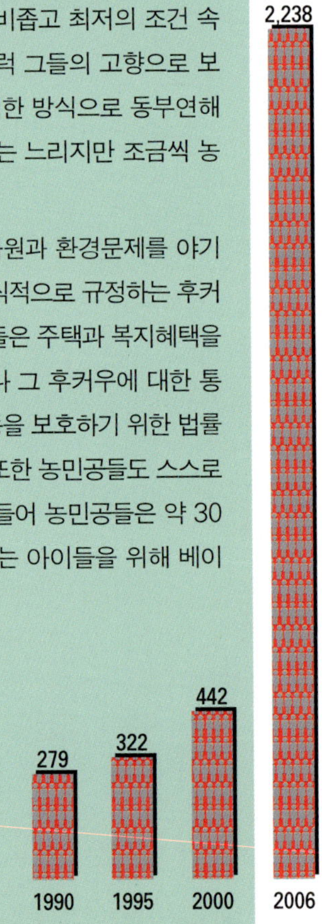

☞116쪽 참고.

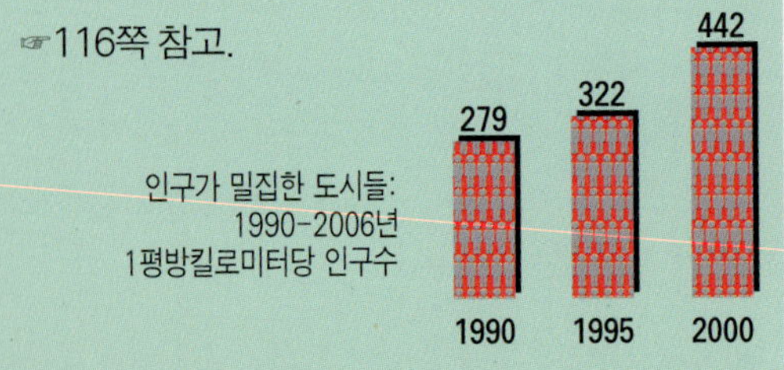

경쟁 도시들:
2006년 규모 비교

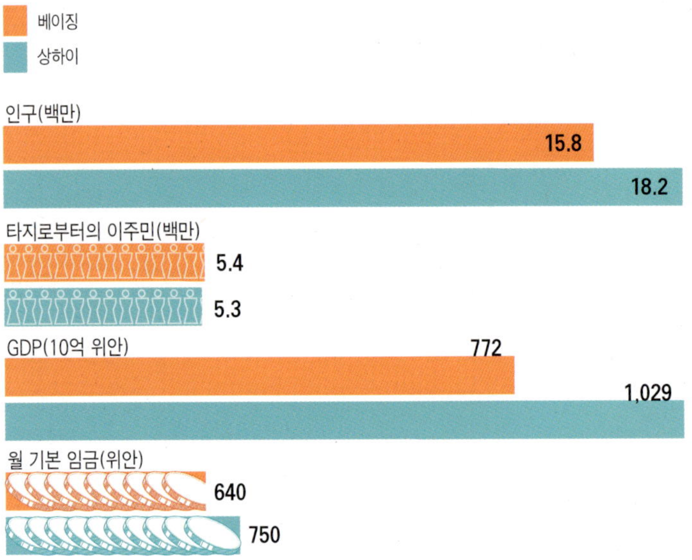

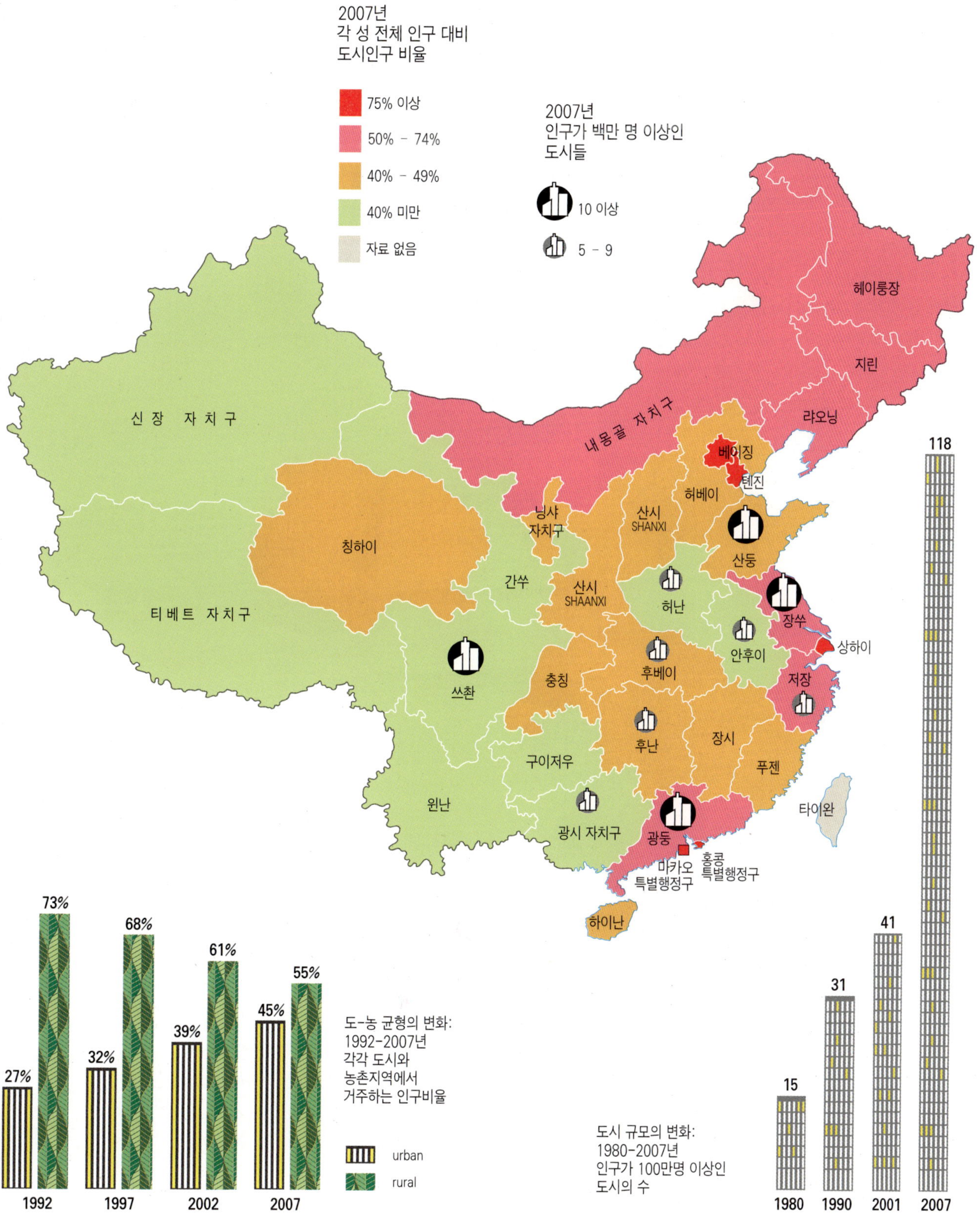
2007년
각 성 전체 인구 대비
도시인구 비율

75% 이상
50% - 74%
40% - 49%
40% 미만
자료 없음

2007년
인구가 백만 명 이상인
도시들

10 이상
5 - 9

신장 자치구
티베트 자치구
칭하이
간쑤
닝샤 자치구
내몽골 자치구
헤이룽장
지린
랴오닝
베이징
톈진
허베이
산시 SHANXI
산둥
산시 SHAANXI
허난
안후이
장쑤
상하이
저장
충칭
후베이
쓰촨
후난
장시
푸젠
구이저우
윈난
광시 자치구
광둥
마카오 특별행정구
홍콩 특별행정구
타이완
하이난

도-농 균형의 변화:
1992-2007년
각각 도시와
농촌지역에서
거주하는 인구비율

urban
rural

27%
73%
32%
68%
39%
61%
45%
55%

1992
1997
2002
2007

도시 규모의 변화:
1980-2007년
인구가 100만명 이상인
도시의 수

15
31
41
118

1980
1990
2001
2007

서부여행 : 네 바퀴는 상황이 양호하지만 두 바퀴는 나쁘다

중국 도시, 특히 동부 연안의 도시들에서 자동차류 교통량의 증가는 급속한 현대화의 추진, 그리고 발전에 수반되는 위험성들을 나타낸다.

주요 도시에서 방출되는 배기가스의 90%는 자동차에 의해서 배출되며, 자동차 사고는 일상화되고 있고, 고가 자동차의 소유도 증가추세에 있다. 중국은 2007년 890만 대의 자동차를 생산했다. 그리고 자가용 소유자는 전년도인 2006년도에 비해 27퍼센트 증가하였다. 베이징에서만 매일 1천 대의 새로운 자동차가 도로 위를 달리고 있다.

항공여행 또한 점점 대중화되고 있으며, 더욱더 빈번하게 중국의 방대한 지역을 가로지르는 교통수단으로 이용되고 있다. 내국인 승객들이 중국 항공여행자의 90퍼센트 이상을 점하고 있다.

☞117쪽 참고.

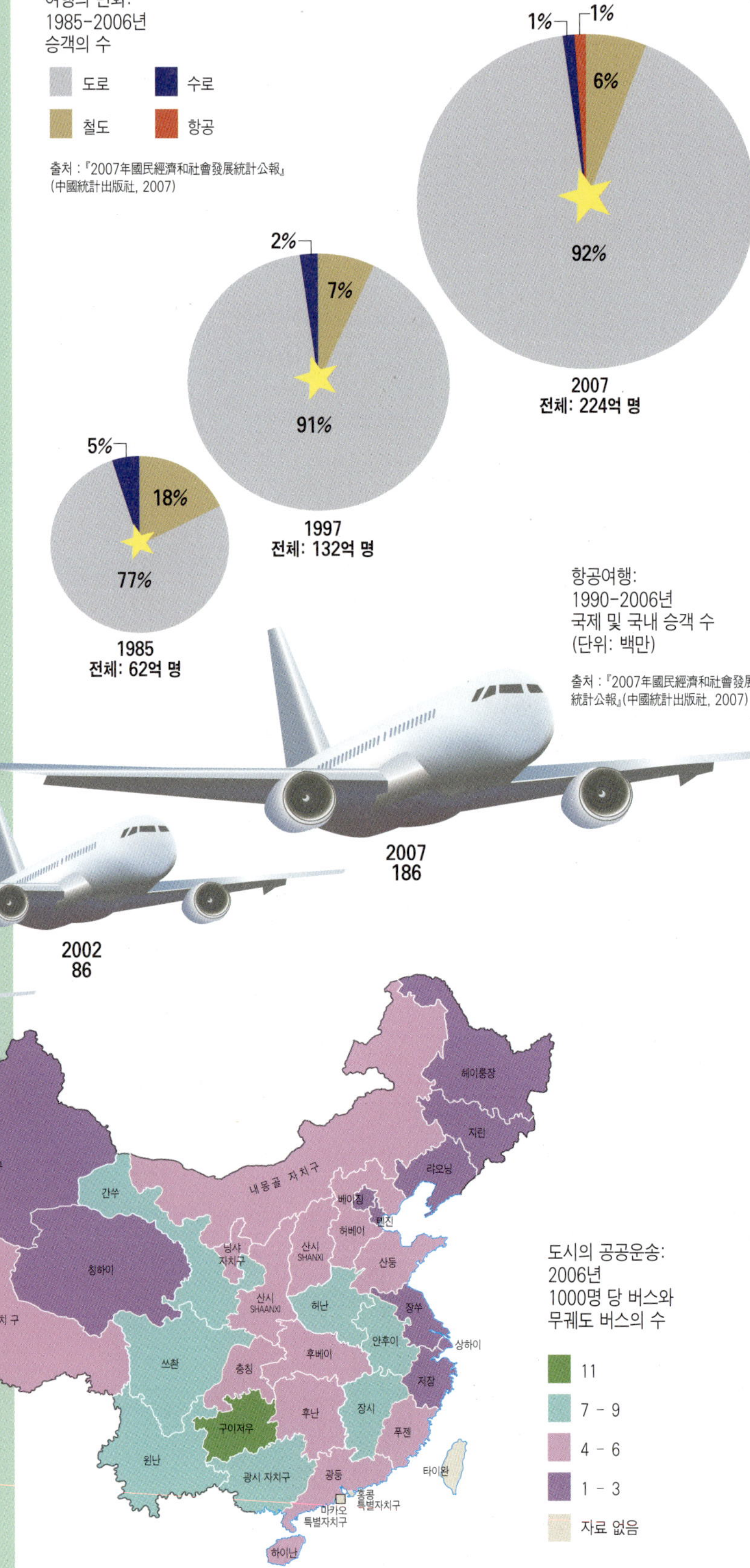

개인차량 수송:
2007년 10,000명당 소유한
승용차 수
중국 평균: 175

1,200 이상
300 - 525
100 - 230
50 - 99
50 미만
자료 없음

2002-2007년
사적 소유의
승용차의 증가

300% 이상
200% 이상

신장 자치구
헤이룽장
지린
랴오닝
내몽골 자치구
베이징
허베이
톈진
산둥
칭하이
닝샤 자치구
산시 SHANXI
간쑤
산시 SHAANXI
허난
장쑤
안후이
상하이
티베트 자치구
쓰촨
충칭
후베이
저장
윈난
구이저우
후난
장시
푸젠
타이완
광시 자치구
광둥
마카오 특별행정구
홍콩 특별행정구
하이난

2001년에서
2006년 사이에
대규모 도로건설
계획에 의해 중국
도로의 길이가
2배로 늘어났다.

자가용 수는
급속도로
증가하고 있지만,
교통사고의
사망자 수는
감소하고 있다.

2004년에서
2007년 사이에
중국 도로상의
승용차 수는 2배로
증가하였다.

교통사고 사망:
2006년 100만명당
사망자 수
중국 평균: 68

191
100 - 135
50 - 99
50 미만
자료 없음

하늘은 맑고, 물은 깨끗하다. 베이징은 점점 더 아름다워지고 있다

중국의 가장 중요한 딜레마는 환경보호와 경제성장 사이의 모순이다.

공기오염이 산업의 확대 및 자동차 소유의 급속한 증가에 따라 증가하고 있다. 그리고 스모그는 이제 중국 대부분 도시에서 흔히 볼 수 있는 현상이 되었다. 2008년 올림픽 준비를 위해 산업시설들은 그 도시에서 이주하거나 운행이 중지되었으며, 공기의 질을 개선하기 위해 자동차 이용에도 제한조치가 이루어지고 있다.

중국의 환경보호부中華人民共和國環境保護部는 수많은 혁신적인 정책들을 통해 오염문제를 다루려 하고 있다. 그러나 이것을 전국적으로 시행하는 데는 한계가 있다. 단지 환경보호법과 규제들 가운데 약 10퍼센트만이 실제적으로 강화되었다. 그러나 공기 및 수질오염에 반대하는, 세인들의 주목을 끄는 일부 항의운동과 수천 건의 보다 작은 규모의 항의운동들이 보여주는 바와 같이 환경오염에 대한 일반 대중들의 반대는 점증하고 있다.

눈에 보이지 않는 이산화탄소 배출은 중국에서 덜 주목을 받고 있지만, 2007년 중국은 명확하지는 않지만 세계 최대 온실가스 배출국인 미국을 초월했다는 평가를 받았다. 하지만 1인당 배출량은 여전히 상대적으로 양호한 편이다.

☞117쪽 참고.

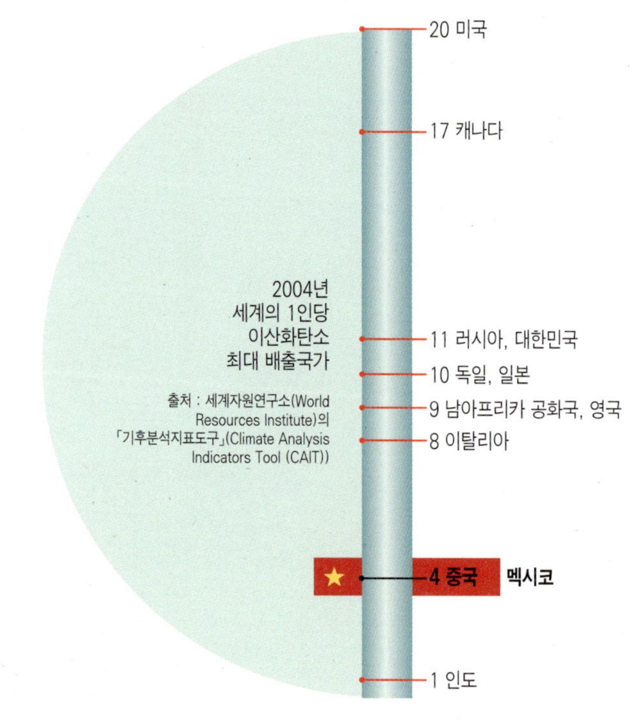

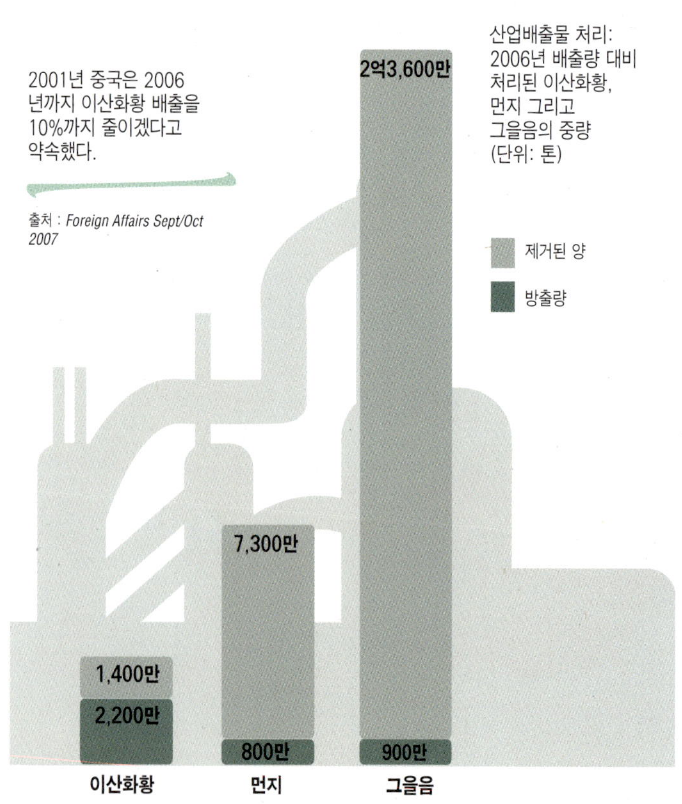

세계 보건 기구(World Health Organization)의 중대한 공기오염 국가에 대한 잠정적인 시정 목표는 1평방미터당 70 마이크로그램($\mu g/m^3$)이었다. 2006년 중국에서는 단지 두 도시만이 그 목표를 달성했다.

더러운 공기:
2006년 이산화황, 그을음과 먼지의 배출량
(단위: 1000톤)

산업배출 공기:
2002-2006년 배출된 오염된 공기의 양
(단위: 10억 입방미터)

정부의 연구에 따르면 매년 400,000명 가량이 실외공기의 오염으로 조기에 사망하고 있다.

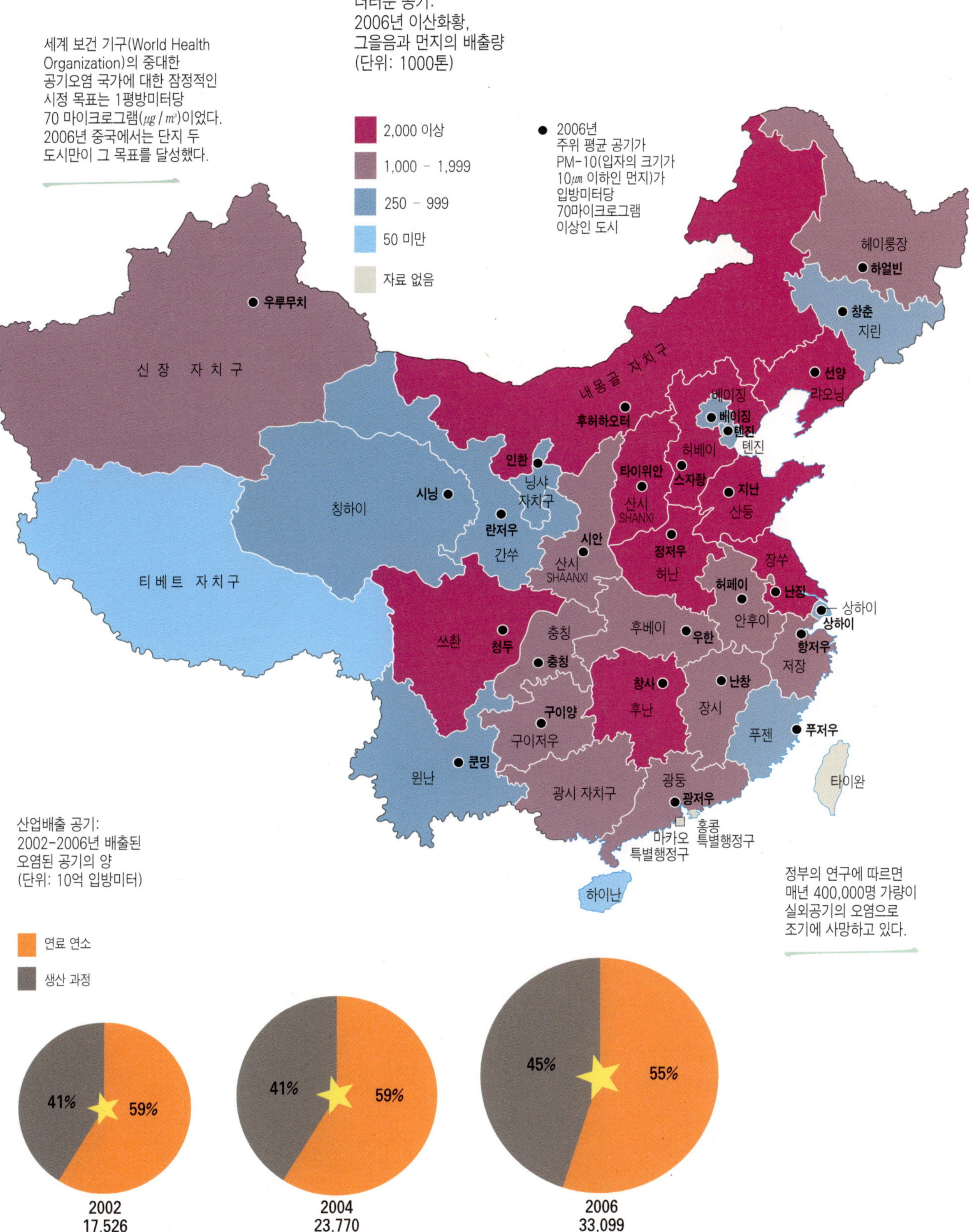

목이 마르기 전까지는 우물을 파지 않는다

중국은 물 공급의 양과 질의 측면에서 모두 위기에 직면해 있다.

중국 전체 인구의 절반이 거주하고 있는 동북 지역은 국가 전체의 수자원 가운데 15%에 의존해 있다. 산업과 농업 모두 많은 양의 용수를 필요로 하고 있으며, 지속불가능한 속도로 지하수를 개발하고 있다. 지하수면은 급속하게 낮아지고 있고, 수많은 영세 농민들은 우물을 위해 깊이 파는 것을 힘겨워 하고 있다. 남쪽의 물을 북쪽으로 끌어오기 위한 남수북조南水北調정책이 진행중에 있지만, 이 공정은 단지 물 부족 지역 중 일부지역에게 공급할 수 있을 뿐만 아니라 그로 인해 남부의 농촌지역에 더 많은 문제를 야기할 수도 있다.

만약 수많은 중국의 강에 물을 공급하고 있는 서남 산악지대의 빙하들이 계속해서 현재의 속도(매년 50평방마일)로 줄어든다면 장기적으로 더 큰 문제가 발생할 수 있다. 이러한 거대한 자연 저장량의 감소는, 점증하는 인구가 이미 수자원의 압박을 불러일으킬 것으로 예상되는 시점에서 중국의 물 공급에 심각한 영향을 미치게 될 것이다.

중국의 강과 호수는 산업폐수로 점점 오염되어, 물고기를 죽이고 식수를 오염시키고 있으며, 그 물을 마시고 사용하는 사람들의 심각한 건강문제를 일으키고 있다. 이것은 농촌지역에서 특히 문제가 되고 있다. 농촌지역에서 약 3억2천만 명이 깨끗한 식수를 공급받지 못하고 있다.

☞118쪽 참고.

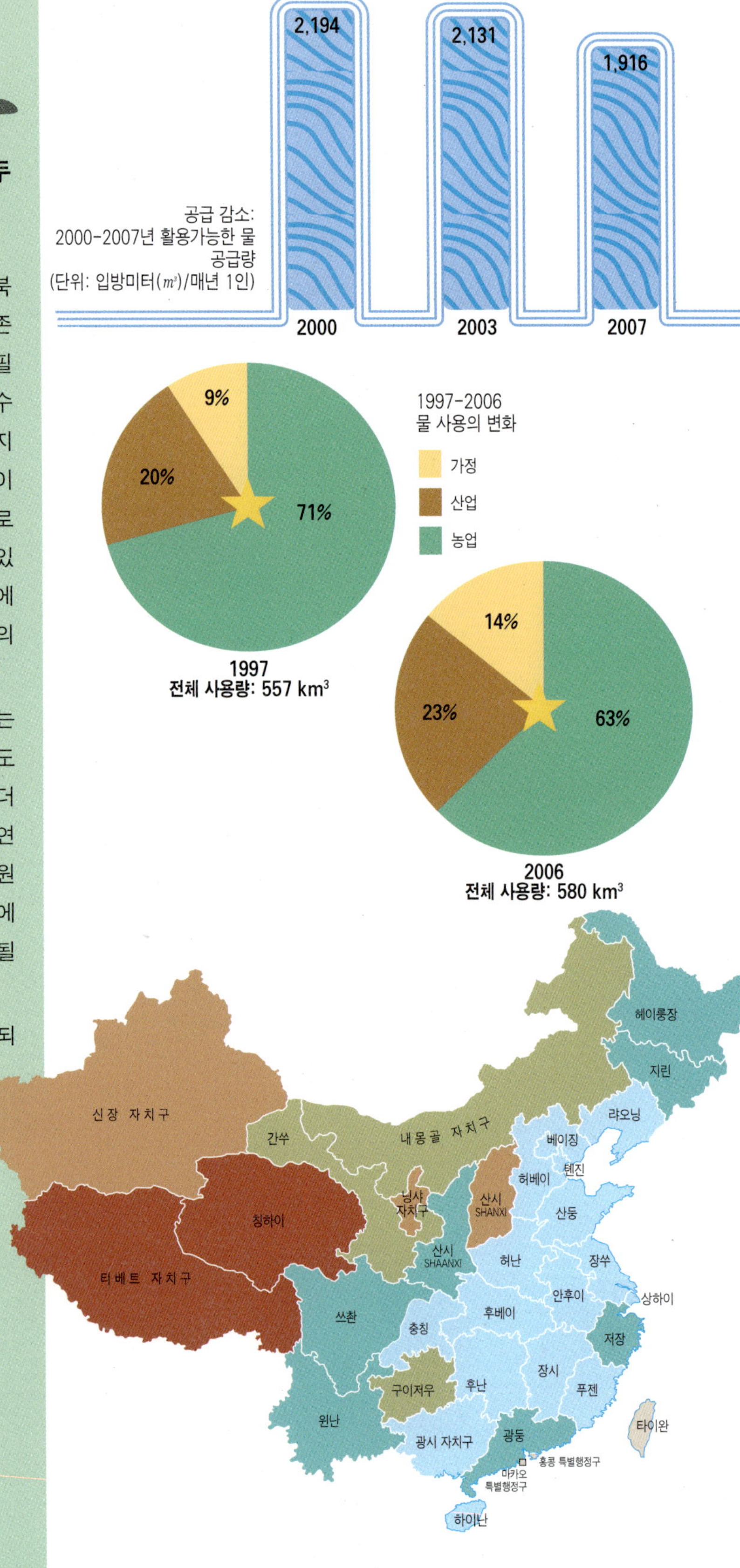

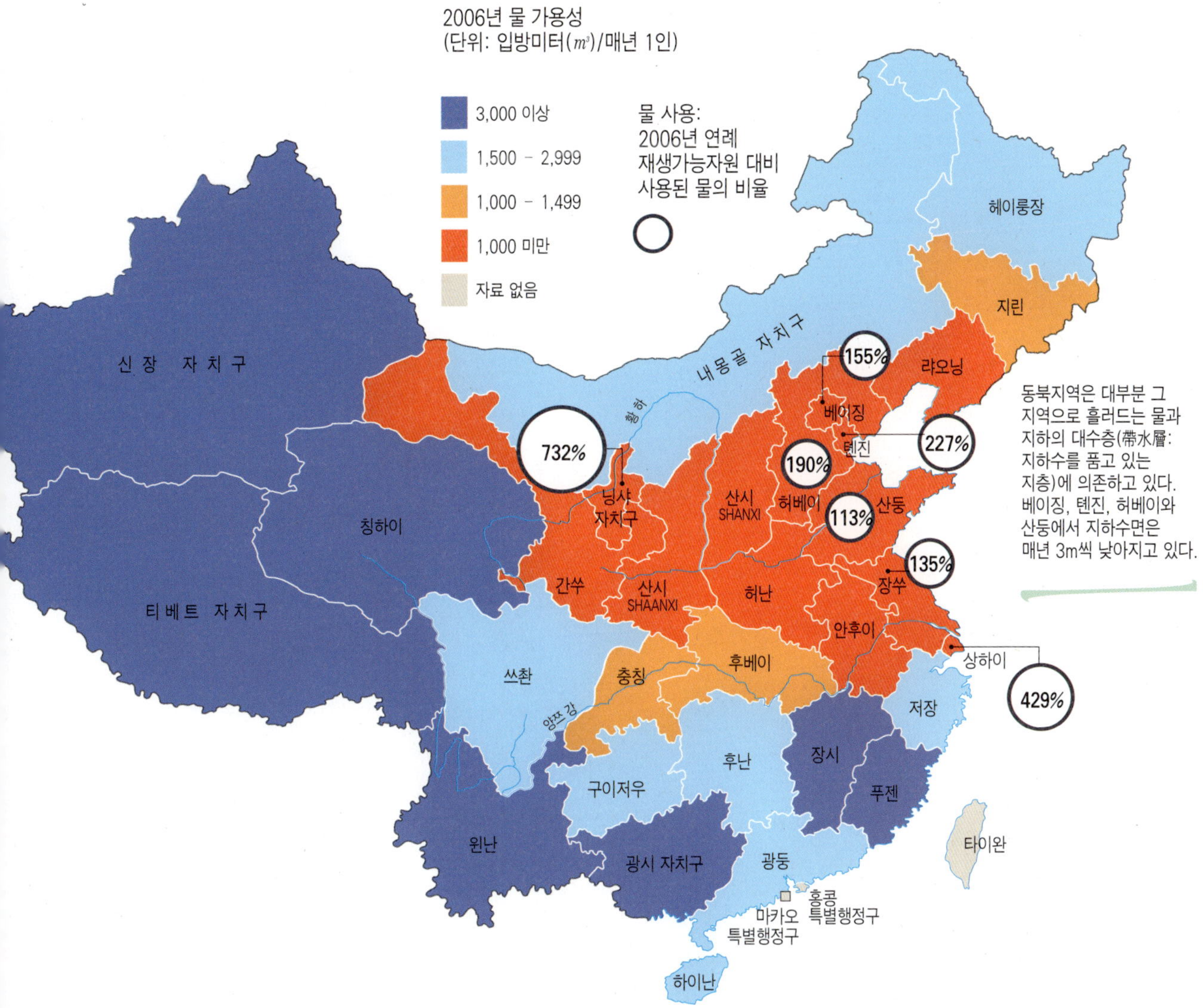

2006년 물 가용성
(단위: 입방미터(m³)/매년 1인)
3,000 이상
1,500 - 2,999
1,000 - 1,499
1,000 미만
자료 없음
물 사용:
2006년 연례
재생가능자원 대비
사용된 물의 비율
헤이룽장
지린
내몽골 자치구
랴오닝
신장 자치구
155%
베이징
톈진
227%
732%
190%
닝샤 자치구
산시 SHANXI
허베이
113%
산둥
칭하이
135%
장쑤
간쑤
산시 SHAANXI
허난
티베트 자치구
안후이
상하이
쓰촨
충칭
후베이
429%
양쯔 강
저장
장시
후난
구이저우
푸젠
타이완
윈난
광시 자치구
광둥
홍콩 특별행정구
마카오 특별행정구
하이난
황하

동북지역은 대부분 그 지역으로 흘러드는 물과 지하의 대수층(帶水層: 지하수를 품고 있는 지층)에 의존하고 있다. 베이징, 톈진, 허베이와 산둥에서 지하수면은 매년 3m씩 낮아지고 있다.

양쯔강의 물을 황하로 끌어들이는 웅대한 계획에 따른 작업이 진행 중이다. 동쪽 수로는 2008년에 완성할 계획이며, 1,200km의 운하를 포함하고 있는 중앙 수로는 2030년에, 그리고 높은 고도에 위치한 서쪽 수로는 2050년에 완성할 계획이다.

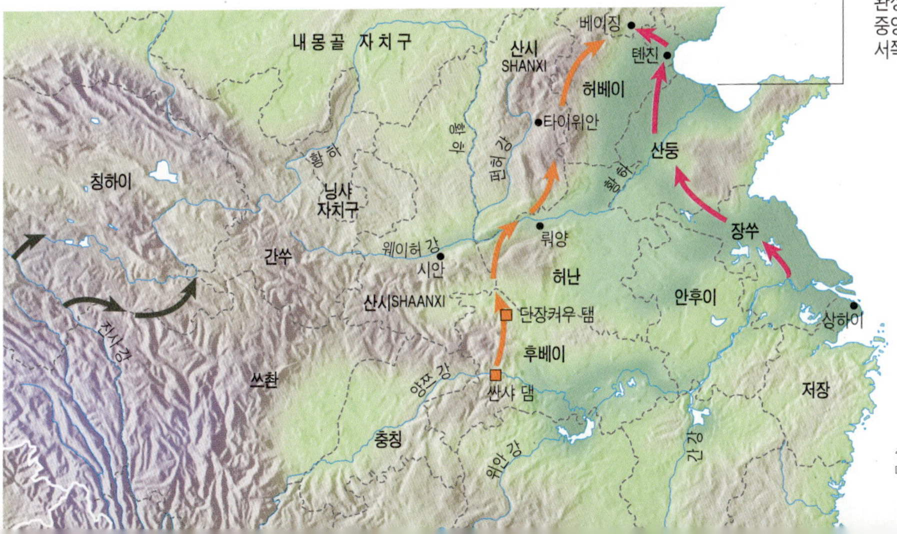

내몽골 자치구
산시 SHANXI
베이징
톈진
허베이
타이위안
칭하이
황하
닝샤 자치구
산둥
간쑤
웨이허 강
시안
뤄양
허난
장쑤
산시SHAANXI
단장커우 댐
안후이
상하이
쓰촨
후베이
양쯔 강
싼샤 댐
저장
충칭
진사강
위안 강
간강
북방을 향하는 수로
강
성(省) 경계
남수북조(南水北調):
동쪽 수로
중앙 수로
서쪽 수로

출처 : www.water-technology.net

출처: 별도의 언급이 없는 한 2007년과 2008년 『中國統計年鑑』(*China Statistical Yearbook*)임

2006년에 기록된
9만 건의 시위는
1994년에 일어난
시위의 9배 수치이다

중국의 정치개혁은 급속한 경제적 구조조정과 보조를 맞춰오지 못했다. 중국공산당은 군 통수권을 포함한 권력의 독점과 더불어 억압과 인권학대가 이루어지는 권위주의 국가를 유지해오고 있다. 그럼에도 몇몇 중요한 변화들이 중국의 정치적 발전을 이루고 있다.

첫째, 경제개혁과 정치개혁의 간극은 의도적인 정책이다. 계획경제와 중앙통제경제로부터 벗어난 시장주도 경제로의 이행이 혁명을 새롭게 바꾸어 가고 있다. 중국당국의 지배층이 정치적 안정과 시장 개혁의 우선순위를 동등하다고 보는 건 놀라운 일이 아니다. 심지어 '사회적 조화'에 대한 요청조차도 '과학적 발전'에 대한 선호 속에서 억제되어왔다. 하지만 격동과 혼란으로 점철된 근대 중국사에 비춰볼 때 정치적 안정은 그 자체로 가치가 있음을 기억하는 게 중요하다.

둘째, 정치개혁의 과정은 복잡한 성격을 보여준다. 관료제는 현대화되어 왔고 교육과 훈련, 그리고 관료들의 능력은 점점 더 전문화되고 있다. 공산당은 또한 장쩌민江澤民의 '삼개대표사상三個代表思想'에 따라 당 대표제의 확장을 시도했는데, 그것은 기업가들과 더 많은 지식인들에게 당원 자격을 허용하는 것이었다. 하지만 권력은 여전히 소수 엘리트의 손에 굳게 쥐어져있다. 이는 제4세대 당국黨國 지도자들의 일방적인 직위 승계와 그들의 권력 강화, 그리고 전前 당국 주석이었던 장쩌민이 중앙군사위원회 주석으로서의 공식 직위를 당시 당국 총서기이자 국가 주석이었던 후진타오胡錦濤에게 물려주고 점진적으로 이선 후퇴한 것을 통해서도 분명히 알 수 있다. 제5세대 지도자들은 이미 2012년의 자연스러운 권력이양을 위해 세심하게 준비하고 있는 중이다.

2008년 10월에 열린 제17회 공산당대회는 농촌 자치 및 농민들의 민주적 권리의 향상을 과시했지만, 아직껏 진전이 이루어진 증거는 거의 없다. 기층의 향촌에서는 1988년 이래로 기초 단체장들을 직접 선출해 왔지만, 이러한 선거는 보다 상위의 행정단위로까지 확산되지 않았다. 도시에서는 지역주민위원회〔居民委員會〕들이 1950년대에 비해 서비스 공급 등 방면에서 더 많은 책임을 가지며, 더 젊은 고학력의 지도자들을 선출하고 있다. 게다가 주민들의 공동주택 건축조합housing association들이 그들의 물권을 보호하고 진전시키고자 활성화되어왔다. 비록 이런 기층 활동들은 참여활동을 위해 좋은 징조이긴 하지만, 많은 활동은 공산당의 통제 범위에 의존할 것이다.

셋째, 시장주도 경제의 급속한 성장과 함께 생산자들과 소비자들은 자기들의 이익을 대변하고, 증진시키며 변호할 조직들을 형성해왔다. 중국에서는 이런 조직들이 주로 상업적이고 직업적인 연합들로서 법적으로 승인받기 위해서는 정부에 등록해야 한다. 게다가 공산당 중앙 조직이나 대중 조직, 정부가 지원하는 비정부기구NGO와 독립적인 비정부기구, 공식조직과 지하조직이 존재한다. 또한 농민과 노동자, 연금수령자, 그리고 소수민족이 조직하는 종종 자발적이고 대개는 국지적인 시위운동 등이 날로 증가하고 있다. 그런 운동들은 체제를 위협하지는 않지만 공공 질서에 영향을 주고 정치적 안정성을 악화시킨다.

또 하나 주목할 현상은 조직된 이익집단들과 함께 하는 정치적인 운동들이 시민사회를 진전시키고 풍요롭게 한다는 점이다. 권위적인 당국(黨國) 체제에서 시민사회 발전이 근본적 변화의 조짐이든 아니든 간에, 그것은 정치적 활동과 갈등, 그리고 참여를 위한 중요한 하나의 장이다.

국민은 물이고 통치자는 배이다.
물은 배를 띄울 수도 있지만
그것을 전복시킬 수도 있다

중국은 일당체제이다. 최고 권력은 중국공산당 중앙정치국 상무위원회에 의해서 행사된다.

중앙정치국 상무위원회는 궁극적으로 당의 권력독점 유지를 위해 책임을 지고 있다. 그 위원회의 9명의 위원들은 인민대표회의와 정부, 그리고 군사위원회와 군대의 최고 직책을 맡음으로서 당의 권력독점을 보증한다.

그들은 당이 그들에게 부여한 권한에 의해 통치한다. 중국공산당 전국대표대회는 매 5년만다 개최되어 중앙위원을 선출한다. 현재 중앙위원은 204명으로 구성되어 있으며, 그들이 결국 중앙정치국위원中央政治局委員 25명을 선출한다.

☞118쪽 참고.

☞2017년 현재 조직도는 129쪽 참고.

2008년
중앙정부 권력구조

출처 : Marc Blecher, *China Against the Tides: Restructuring Through Revolution, Radicalism and Reform*, Second Edition(A&C Black, 2003)

➡ 지도 · 감독

➡ 영향력

➡ 선출

입법부

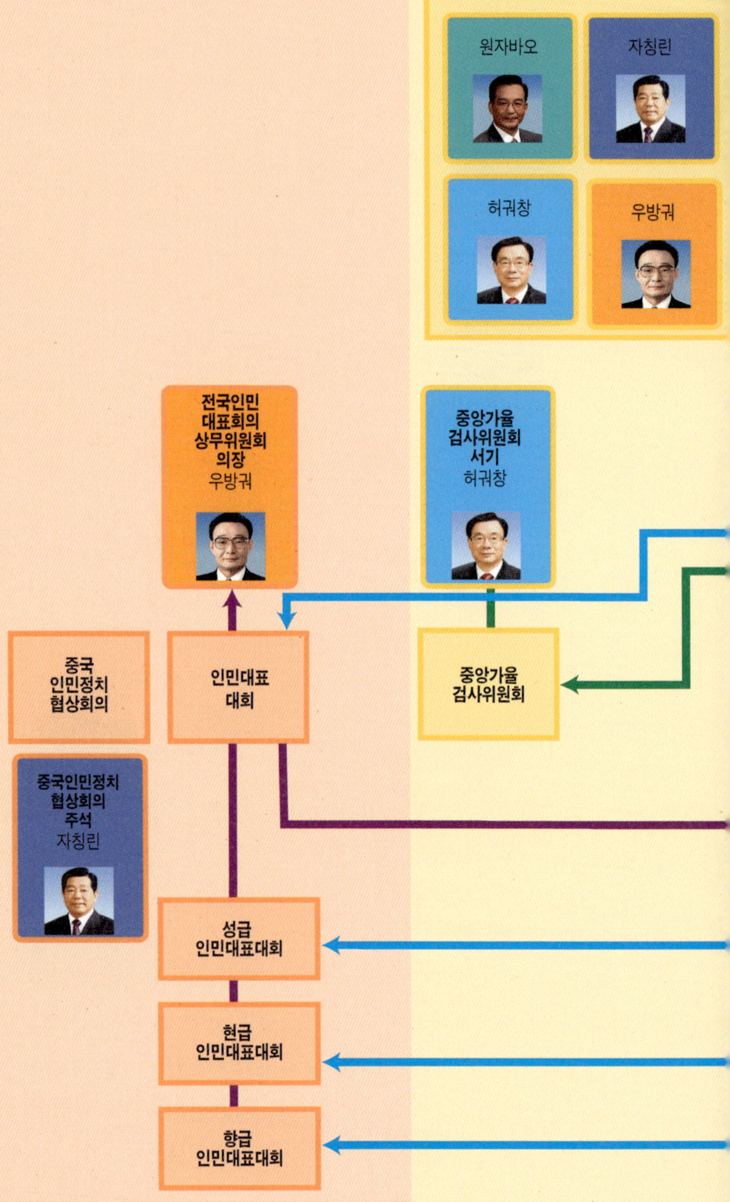

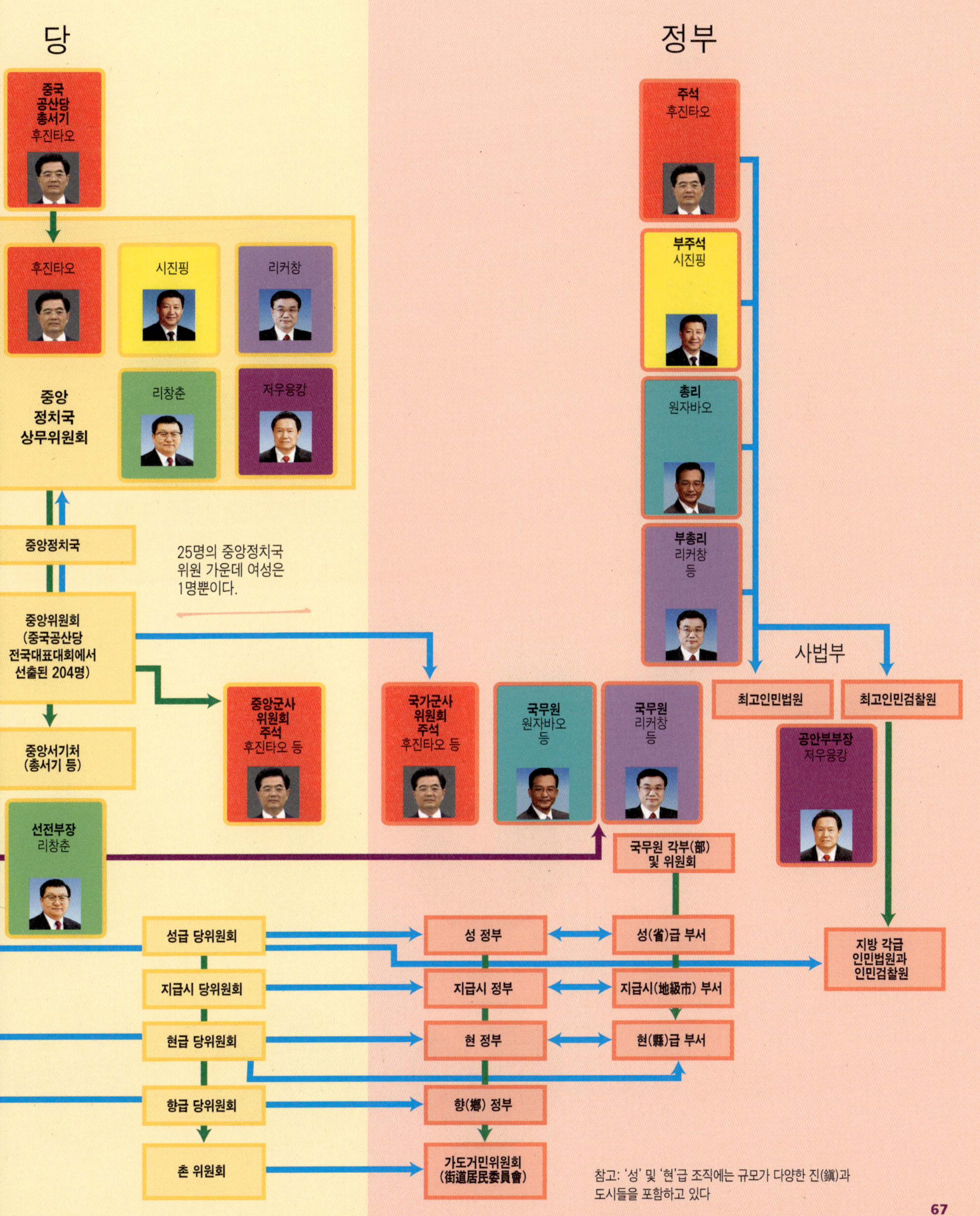
당
정부

중국
공산당
총서기
후진타오

후진타오
시진핑
리커창
리창춘
저우융캉

중앙
정치국
상무위원회

중앙정치국

중앙위원회
(중국공산당
전국대표대회에서
선출된 204명)

중앙서기처
(총서기 등)

선전부장
리창춘

중앙군사
위원회
주석
후진타오 등

25명의 중앙정치국
위원 가운데 여성은
1명뿐이다.

주석
후진타오

부주석
시진핑

총리
원자바오

부총리
리커창
등

국가군사
위원회
주석
후진타오 등

국무원
원자바오
등

국무원
리커창
등

사법부

최고인민법원
최고인민검찰원

공안부부장
저우융캉

국무원 각부(部)
및 위원회

성급 당위원회
성 정부
성(省)급 부서

지급시 당위원회
지급시 정부
지급시(地級市) 부서

현급 당위원회
현 정부
현(縣)급 부서

향급 당위원회
향(鄕) 정부

촌 위원회
가도거민위원회
(街道居民委員會)

지방 각급
인민법원과
인민검찰원

참고: '성' 및 '현'급 조직에는 규모가 다양한 진(鎭)과
도시들을 포함하고 있다

호랑이의 궁둥이는 건드려지지 않을 것이다

중국공산당은 세계에서 가장 강력한 정치 정당이다.

중국공산당은 비록 당원이 전체 국민의 6%도 채 안되지만, 가장 강력한 권력을 유지하고 있다. 수많은 사람들이 입당을 지원하고 있지만 엄격한 선발 절차를 통과하지 못한다.

당원들은 지속적으로 당 학교를 통해 당 원리와 과정들에 대해 훈련과 교육을 받는다. 당 학교는 당의 각급 위원회마다 설립되어 있다. 베이징에 소재한 당 중앙학교는 네트워킹을 위한 기회를 제공하는 중요한 곳일 뿐만 아니라 중요한 정책과 결정들을 발표하는 곳이기도 하다.

공산당 전국대표대회는 매 5년마다 개최되며, 당의 조직체계를 통해 선출된 2천여 명의 대표자들이 참석한다. 중국공산당은 2007년 가을에 열린 17차 당대표대회의 구성원 중 30%가 기층에서 선발되어 가장 대표성을 지니게 되었다고 주장했다. 그러나 당대표들 가운데 90%는 여전히 고등교육을 받은 사람들이었다.

8개의 군소 민주당파들은 공산당의 지도하에 당국黨國을 위해 전문지식과 자문을 제공한다. 그 특징들 가운데 하나는 여성비율이 상대적으로 높다는 것이다. 이는 공산당내의 정책결정 과정에서 여성의 비율이 매우 낮은 것과 매우 대조적이다.

☞119쪽 참고.

☞당 중앙 지도자그룹의 2017년 구성표는 129쪽 참고.

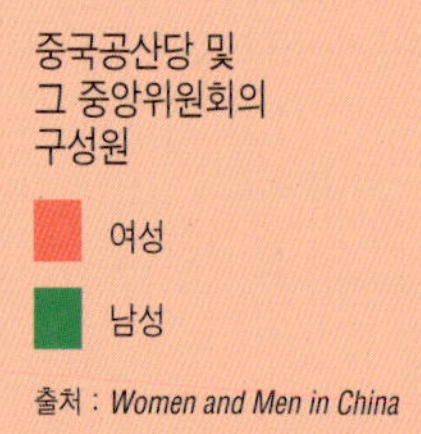

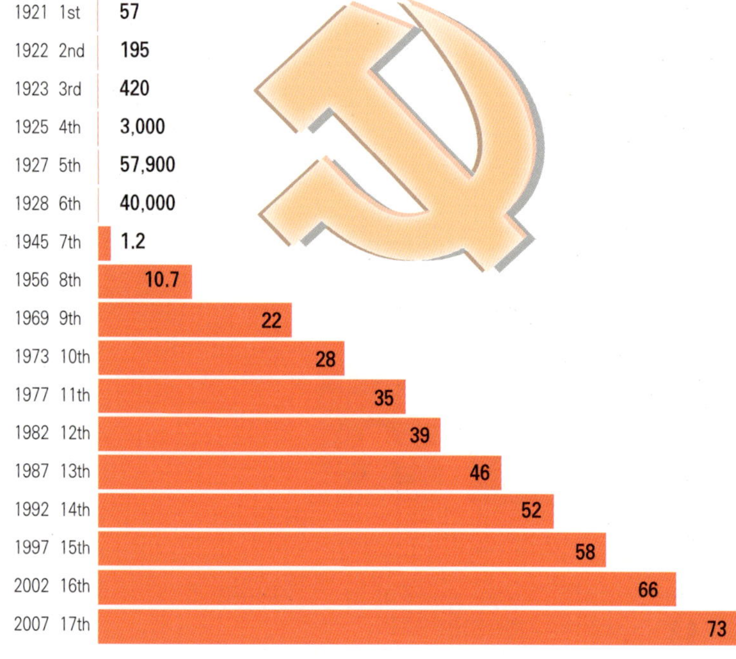

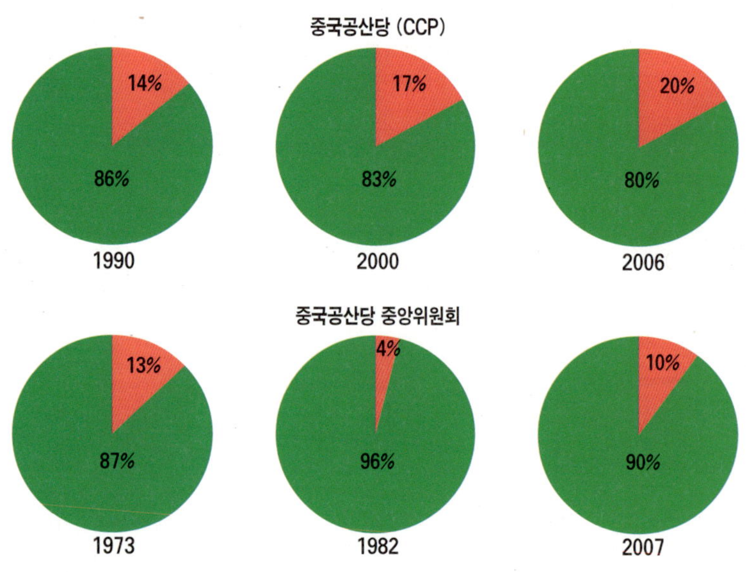

당 중앙에는 지도자 그룹으로 알려진, 거의 상임에 가까운 8명의 그룹이 있다. 그들은 정치국 상무위원회와 당서기처 中共中央書記處에 직접 보고하며, 상무위원회의 한 멤버가 이끈다.

그 그룹들은 비공식적이기는 하지만 중국에서 가장 강력한 조직들 가운데 하나로 간주할 수 있다. 그들은 미디어에서 보도되지 않으며, 조직체계상에도 나타나 있지 않다.

2008년 중반 지도자 그룹과 분야별 책임자

출처 : Alice Miller, China Leadership Monitor, N° 26, Fall 2008

타이완 민주 자치 동맹(台灣民主自治同盟)
당원: 평화적인 통일을 위해 활동하는 타이완 출신
2,000

중국치공당(中國致公黨)
당원: 중국으로 회귀한 화교 및 그 가족들
2,800

중국국민당 혁명위원회(中國國民黨革命委員會)
당원: 이전에 빈곤구제와 보건 및 학교설립 등에 종사했던 인물 및 그 가족들
34%　66%　82,000

중국농공민주당(中國農工民主黨)
당원: 의학, 위생, 과학기술 종사자
49%　51%　100,000

중국민주촉진회(中國民主促進會)
당원: 교육, 문화와 출판분야 종사자
47%　53%　103,000

구삼학사(九三學社)
당원: 과학기술 관련 인사들
36%　64%　105,000

중국민주건국회(中國民主建國會)
당원: 사업, 연구와 정부에서 종사하는 사람들
31%　69%　108,000

중국민주동맹(中國民主同盟)
당원: 자연과학 및 사회과학을 연구하는 지식인
38%　62%　182,000

2006년 중국공산당 지도하의 각 '민주당파'

여성
남성

출처 : www.cppcc.gov.cn

무기를 첨단화하고 말들을 살찌운다

인민해방군은 두 개의 중앙군사위원회를 통해 당국黨國에 의해 통제되며, 두 위원회의 주석은 모두 당국의 대표인 후진타오가 맡고 있다.

그러나 당국과 인민해방군의 관계는 상징적이다. 왜냐하면 당국은 궁극적으로 국내안정과 국제무대에서 중국의 파워를 드러냄에 있어서 인민해방군에 의지하고 있는 반면에 인민해방군은 자신의 대규모의 현대화 계획을 위해서 당국에 의지하고 있기 때문이다.

지난 15년 동안 국방예산의 실질적인 증가는 이러한 지지를 증명해 준다. 그러나 군사력 강화의 직접적인 목표 대상은 단지 160km의 타이완 해협이다. 그렇지만, 이것은 국가의 안전이나 힘보다도 국가적 자부심과 더 관계가 있어 보인다.

☞120쪽 참고.

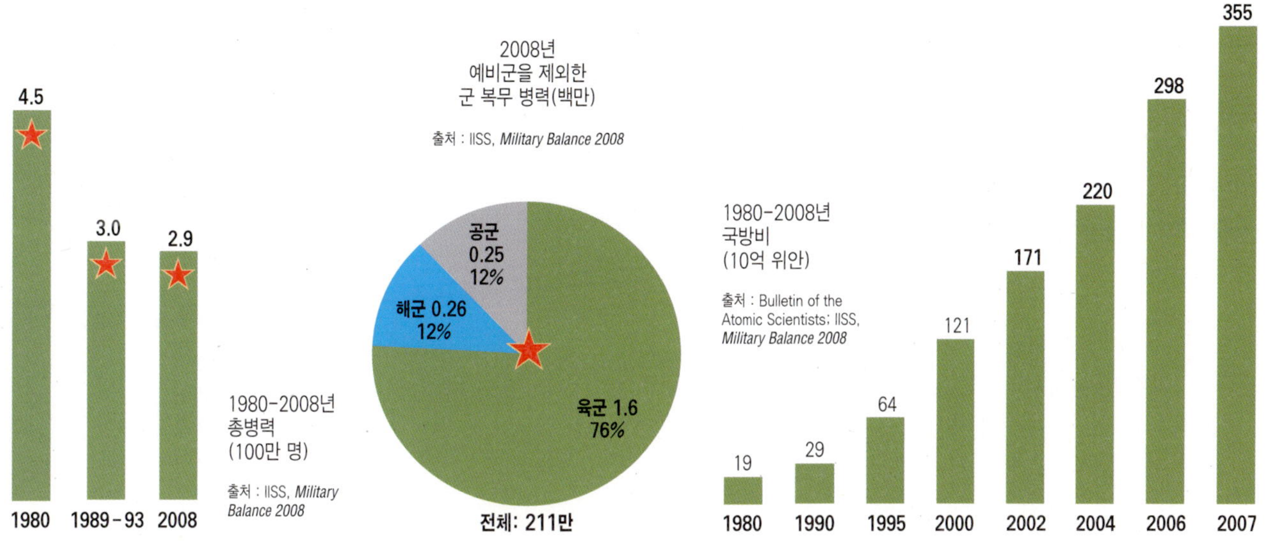

2008년 중국과 타이완 비교

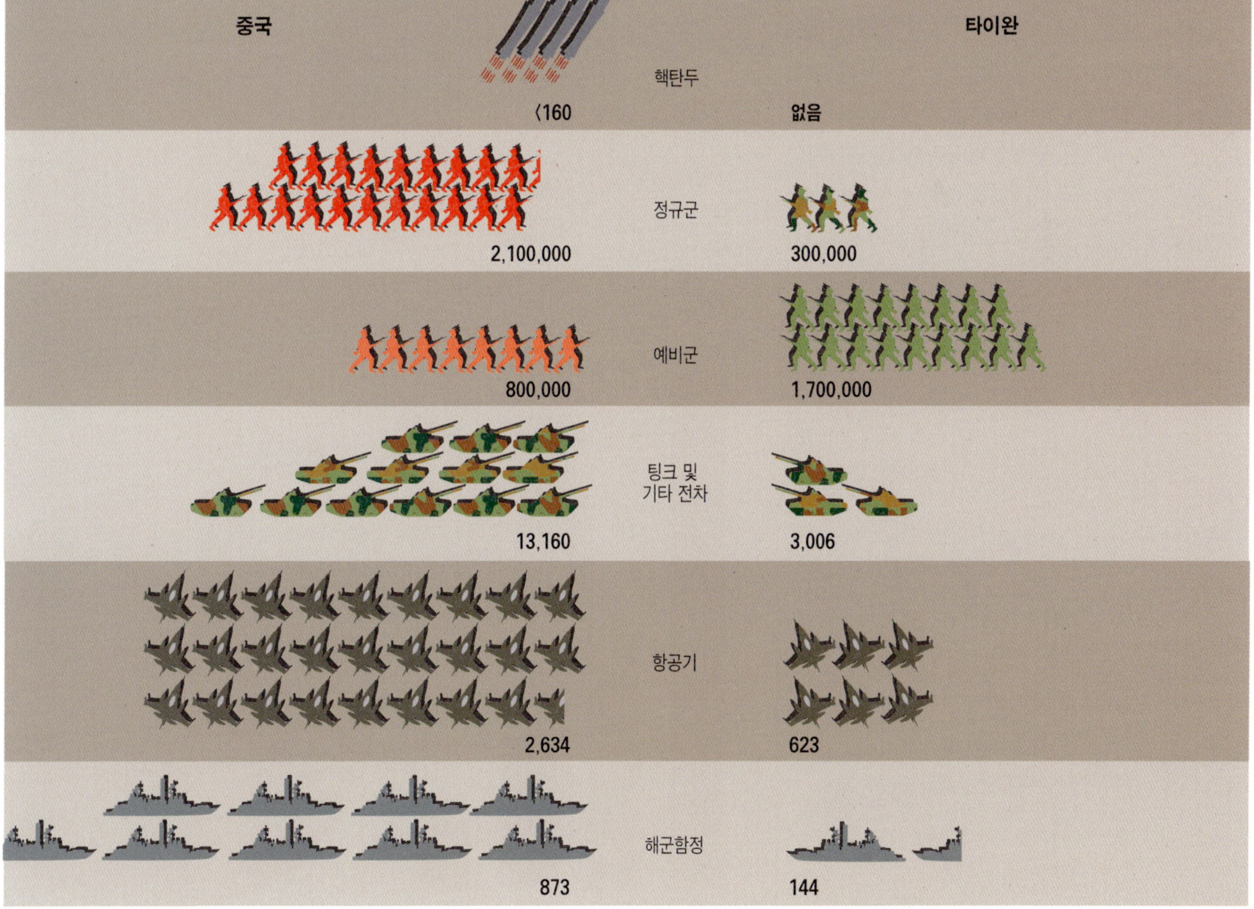

	중국	타이완
핵탄두	⟨160	없음
정규군	2,100,000	300,000
예비군	800,000	1,700,000
팅크 및 기타 전차	13,160	3,006
항공기	2,634	623
해군함정	873	144

산과 강들은 옮기기 쉽지만 인간의 본성을 바꾸기는 불가능하다

경제개혁시기에 중국은 마오쩌둥의 '인치人治'의 원리에서 '법치法治'의 원리로 바꾸는 법률 중심, 그리고 헌법과 실행에 있어서 법치를 중시하는 방향을 향해 중요한 조치를 취하였다.

그러나 당의 무게는 여전히 법률체계 위에 어렴풋이 남아있다. 시민들은 점차적으로 분쟁을 해결하기 위해 법정으로 향하고 있고, 민법과 상법의 집행이 상당정도 전문적 수준에 도달하기는 했지만, 형사관련 사법제도는 또 다른 문제이다. 피고들에게 부여된 권리는 종종 제한을 받는다. 그리고 피고측 변호사는 차별을 당하거나 괴롭힘을 당할 수 있다.

당국은 경제·정치적인 안정을 유지하는 것에 사로잡혀 있다. 시장 개혁이래로 떠들썩한 대형 부패사건이 수없이 발생하였다. 최근 뇌물수수로 유죄판결을 받은 전 베이징 부시장은 올림픽 게임을 위한 건설과 관련이 있다. 사회적 조화는 어떤 희생을 치르더라도 결국 강화되고 있는 중이다. 항의운동과 시위들이 폭력적으로 억압되고 청원자들이 잔인하게 대우를 받는 것은 결코 드문 일이 아니다.

☞120쪽 참고.

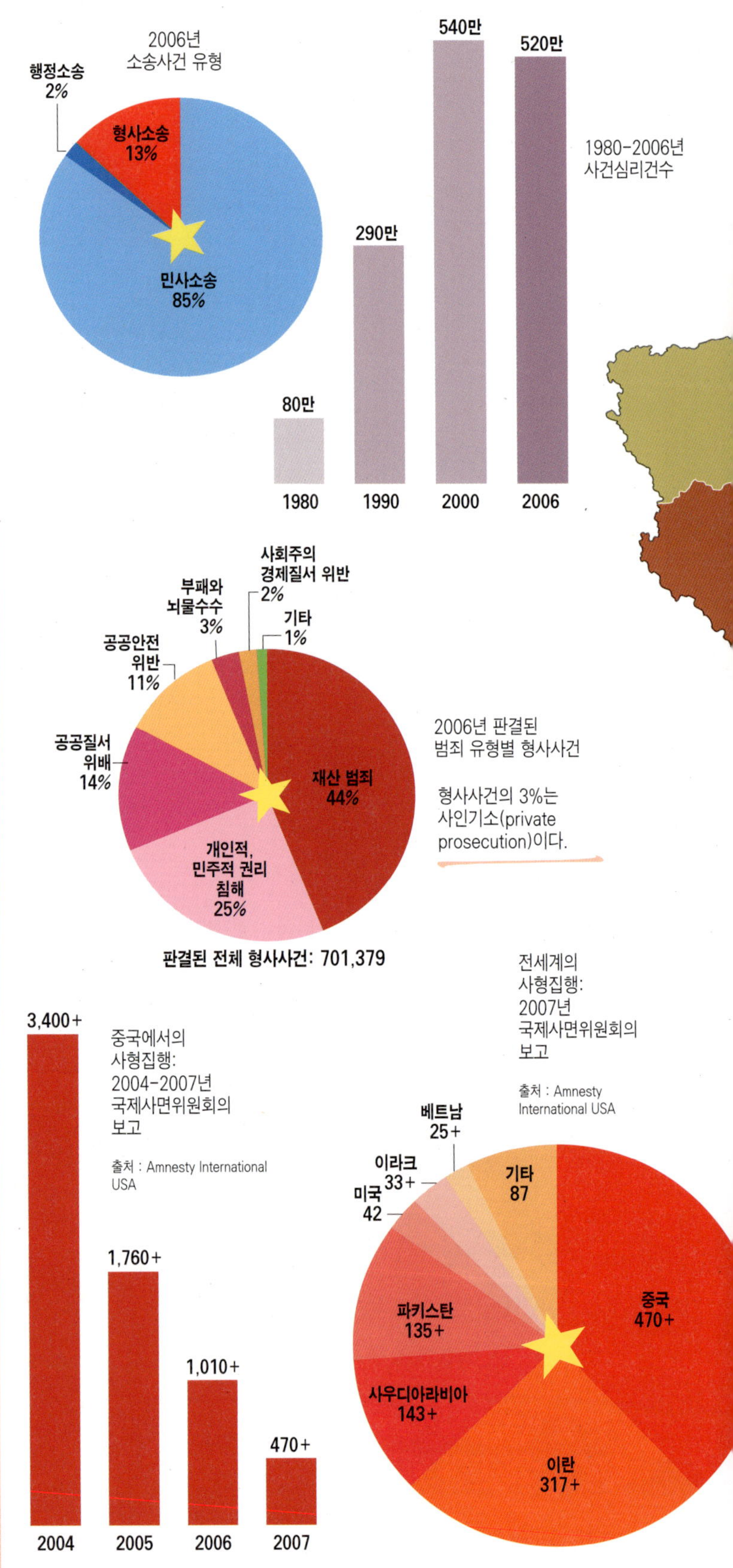

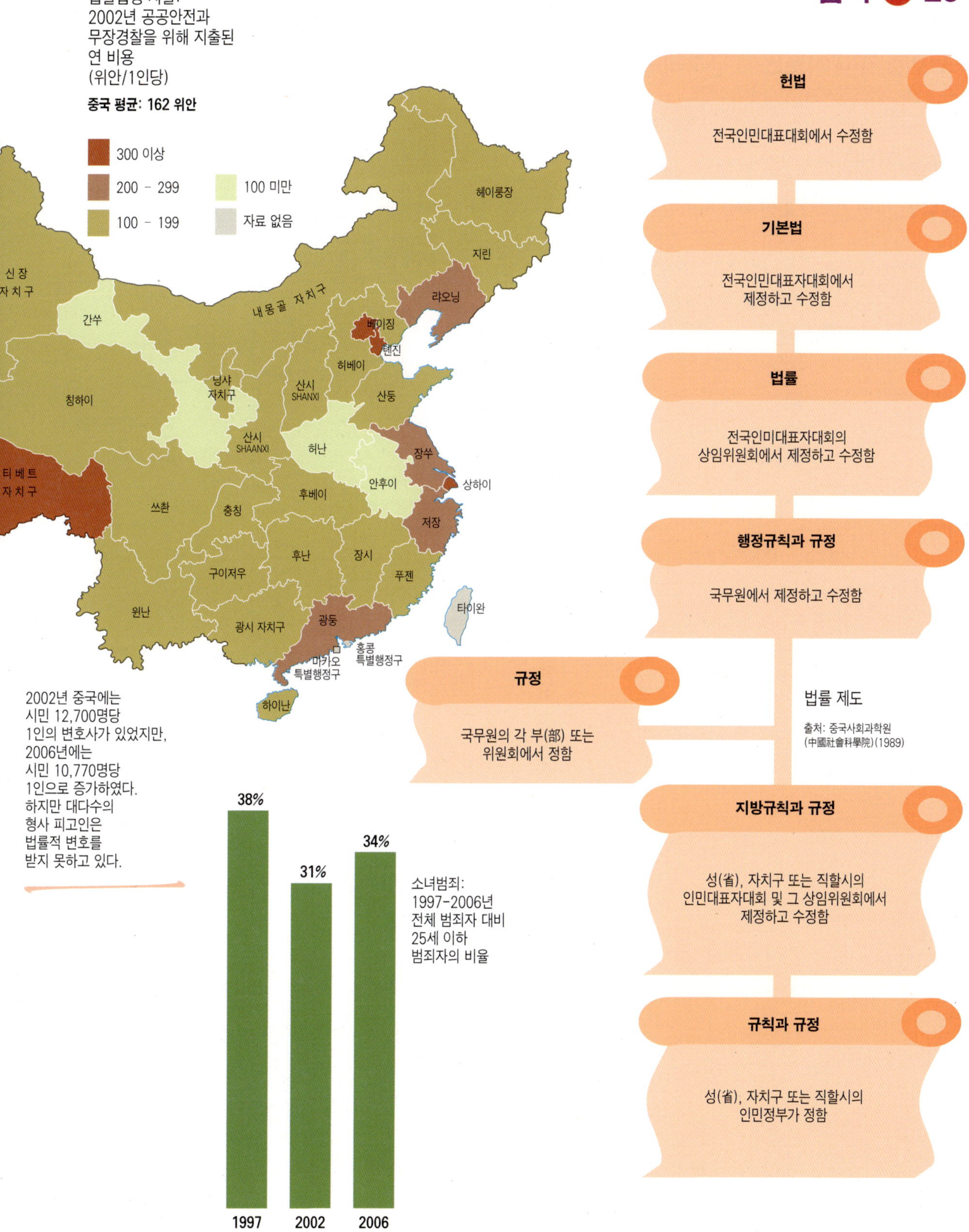
법률집행 지출:
2002년 공공안전과
무장경찰을 위해 지출된
연 비용
(위안/1인당)

중국 평균: 162 위안

300 이상
200 – 299
100 – 199
100 미만
자료 없음

신장 자치구
간쑤
내몽골 자치구
헤이룽장
지린
랴오닝
베이징
톈진
허베이
칭하이
닝샤 자치구
산시 SHANXI
산둥
티베트 자치구
산시 SHAANXI
허난
장수
상하이
쓰촨
충칭
후베이
안후이
저장
구이저우
후난
장시
푸젠
윈난
광시 자치구
광둥
타이완
마카오 특별행정구
홍콩 특별행정구
하이난

2002년 중국에는
시민 12,700명당
1인의 변호사가 있었지만,
2006년에는
시민 10,770명당
1인으로 증가하였다.
하지만 대다수의
형사 피고인은
법률적 변호를
받지 못하고 있다.

38%
31%
34%
1997 2002 2006

소녀범죄:
1997-2006년
전체 범죄자 대비
25세 이하
범죄자의 비율

헌법
전국인민대표대회에서 수정함

기본법
전국인민대표자대회에서
제정하고 수정함

법률
전국인미대표자대회의
상임위원회에서 제정하고 수정함

행정규칙과 규정
국무원에서 제정하고 수정함

규정
국무원의 각 부(部) 또는
위원회에서 정함

법률 제도

출처: 중국사회과학원
(中國社會科學院)(1989)

지방규칙과 규정
성(省), 자치구 또는 직할시의
인민대표자대회 및 그 상임위원회에서
제정하고 수정함

규칙과 규정
성(省), 자치구 또는 직할시의
인민정부가 정함

"국민을 위해 권력을 사용하고,
국민을 위해 동정심을 보여주고,
국민을 위해 이로움을 구하라 權爲
民所用, 情爲民所系, 利爲民所謀"

— 후진타오

중국은 30년 전보다 훨씬 열린 사회이다.

개인적인 자유는 재산권의 확대, 이주의 자유, 기술적 혁신, 그리고 정치적 견해의 표현에 대한 더 관용적인 태도를 통해 확대되어왔다. 최근 16만 8천 개로 추산되는 점증하는 사회단체의 숫자는 시민사회가 뿌리를 내릴 수도 있음을 말해준다.

이러한 조직들이 공식적으로 등록된 것은 틀림없지만, 그 가운데는 장애자 권리 개선을 위한 운동을 성공적으로 전개하였던 단체와 같은 시민단체들이 포함되어 있다. 그러나 그 단체들의 성격은 다양하다. 쓰촨지역 지진이 발생했을 때 보여준 자선단체의 성금은 반체제 인사의 억압과 티베트, 신장의 소수민족에 대한 억압에 대항하는 것과 좋은 대비를 보여주는 것이라 할 수 있다.

☞121쪽 참고.

1994-2006년
토지전용,
부패와 환경문제로
인해 야기된
항의시위와 폭동

출처 : *Economist*

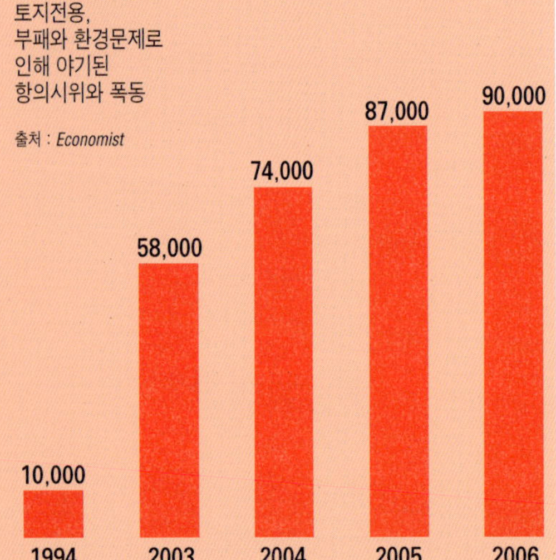

지적자유
1957 – 2008

■ 자유 고취 조치
■ 자유 억압 조치

1957	중국 지식인들은 마오쩌둥에 의해 공산당을 비판하도록 격려받았으며, 공산당의 통치 권리를 공격하였다.
1957~58	지식인에 대한 엄중단속.
1966~78	문화대혁명으로 지식인에 대한 억압이 더 심해졌다.
1978	베이징에 민주의 벽이 세워지고, 그 위에 시민들이 정치적 팸플릿들을 붙이도록 고무시켰다.
1979	민주의 벽이 폐쇄되었다.
1989	톈안먼 광장의 민주화 운동이 잔인하게 탄압되었다.
1997	성적 권리운동이 조직되었다.
1999	파룬궁 法輪功이 광신적 종교에 대한 법률에 의해 금지되었다.
2000	당원 자격이 기업가, 지식인, 그리고 과학자들에게까지 허용되었다.
2002	경제적 이익 때문에 정부에서 인터넷을 증진시켰지만 정보에 대한 통제를 시행하였다.
2004	국가헌법의 개정으로 인권이 보장되고, 사적 재산이 보호되었다.
2004	장애인의 권리에 관한 법률이 개정되었다.
2004	HIV / AIDS를 가진 사람들에 대한 차별이 금지되었다.
2005	정부가 처음으로 민주에 관한 백서를 발간하였지만 정치개혁이라 할 만한 것이 거의 제안되지 않았다.
2006	이전에 금지되었던 유교가 정부에 위해 고취되었다.
2007	조화로운 사회주의 사회가 불평등 문제를 겨냥하여 제기되었지만 시민의 권리의 확장보다도 사회적 안정이 더 강조되었다.
2008	베이징 올림픽으로 인해 세계가 중국의 인권 억압에 주목하게 되었다.

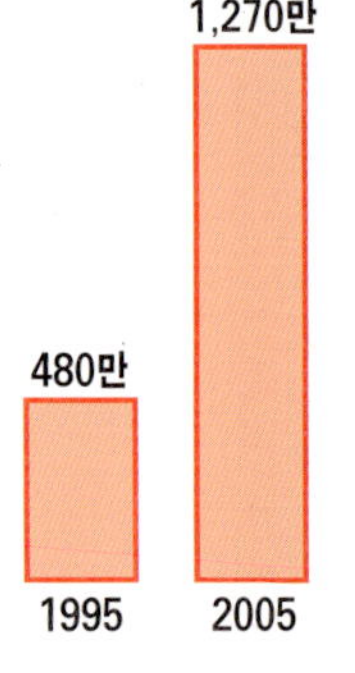

1995년과 2005년
억울함을 나타내기 위해
베이징 또는
성(省) 정부 소재지인
성회(省會)를 방문한
탄원자들의 수

탄원활동은
2008년 올림픽
준비기간에
엄격히 제한되었다.

단체 및 그것의
당국(黨國)과의 관계

당국(黨國)

중국청년공산당연맹
(中國靑年共產黨聯盟)

중국청년공산당연맹은
중국공산당이 이끄는 대중적
청년조직이다. 구성원 대부분이
고등학교 졸업자로 구성되어 있으며,
그 조직의 지부는 민간대학과
대학교에도 설립되어 있다.
중국청년공산당연맹은
당의 리더십을 위한
중요한 훈련장이다.

2006년
구성원

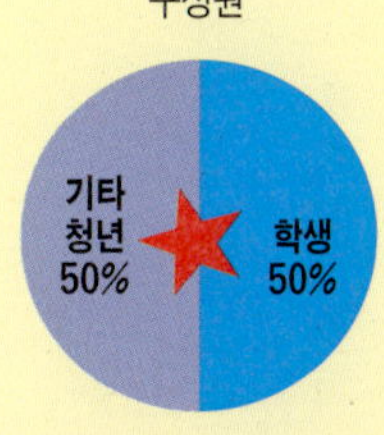

중화전국총공회
(中華全國總工會)

구성원: 2006년 현재 170만명
유일하게 합법적인 노동조합 조직이다.
중국의 노동조합은 단일 기업에서
노동자들을 대표하는 직업별
노동조합연맹과 특수 직능그룹을
대표하는 전국 산업별
노동조합이 있다.

2006년 구성원
남녀비율

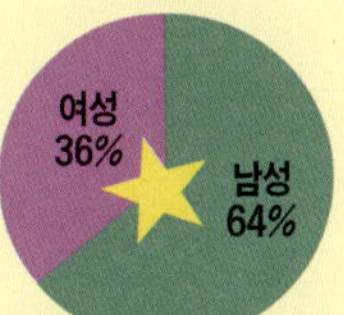

월 마트, 맥도날드, 그리고 KFC, 피자헛을
운영하는 얌 브랜드(yum brand)와
같은 수백개의 큰 회사들은
노조설립을 허용하고 있다

중화전국부녀연합회
(中華全國婦女聯合會)

100만 명 이상의 지방 대표위원들과
연맹들을 보유하고 있음

이 단체의 목적은 여성의 권익을 보호하고
남녀 간의 평등을 증진시키는 것이다.

2006년 중화전국부녀연합회
상근직원의 정치 가입

전체 상근직원 수:
75,236

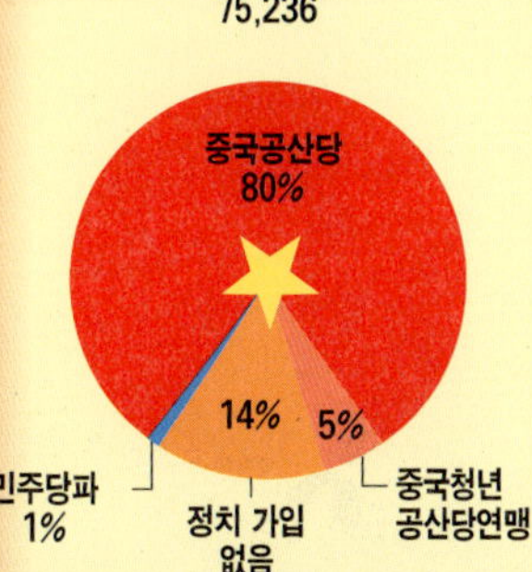

공식적으로 승인된 사회단체
전문가 조직들, 교육기관들, 사회봉사, 법률서비스, 자선단체, 기금, 문화단체, 5대 '공식' 종교 단체, 국제적 NGO, 시민단체

비공식적 사회단체
지역환경단체, 여성연합, 노인회, 기공(氣功)단련단체, 공동체운동

불법단체
민주화운동, 중국가정교회
(中國家庭敎會)와 같은
비공식 종교단체,
파룬궁과 같은 광신적 단체.
이러한 단체들은 지위가 불안정하며
일반적으로 정부가 허용하지 않는다.

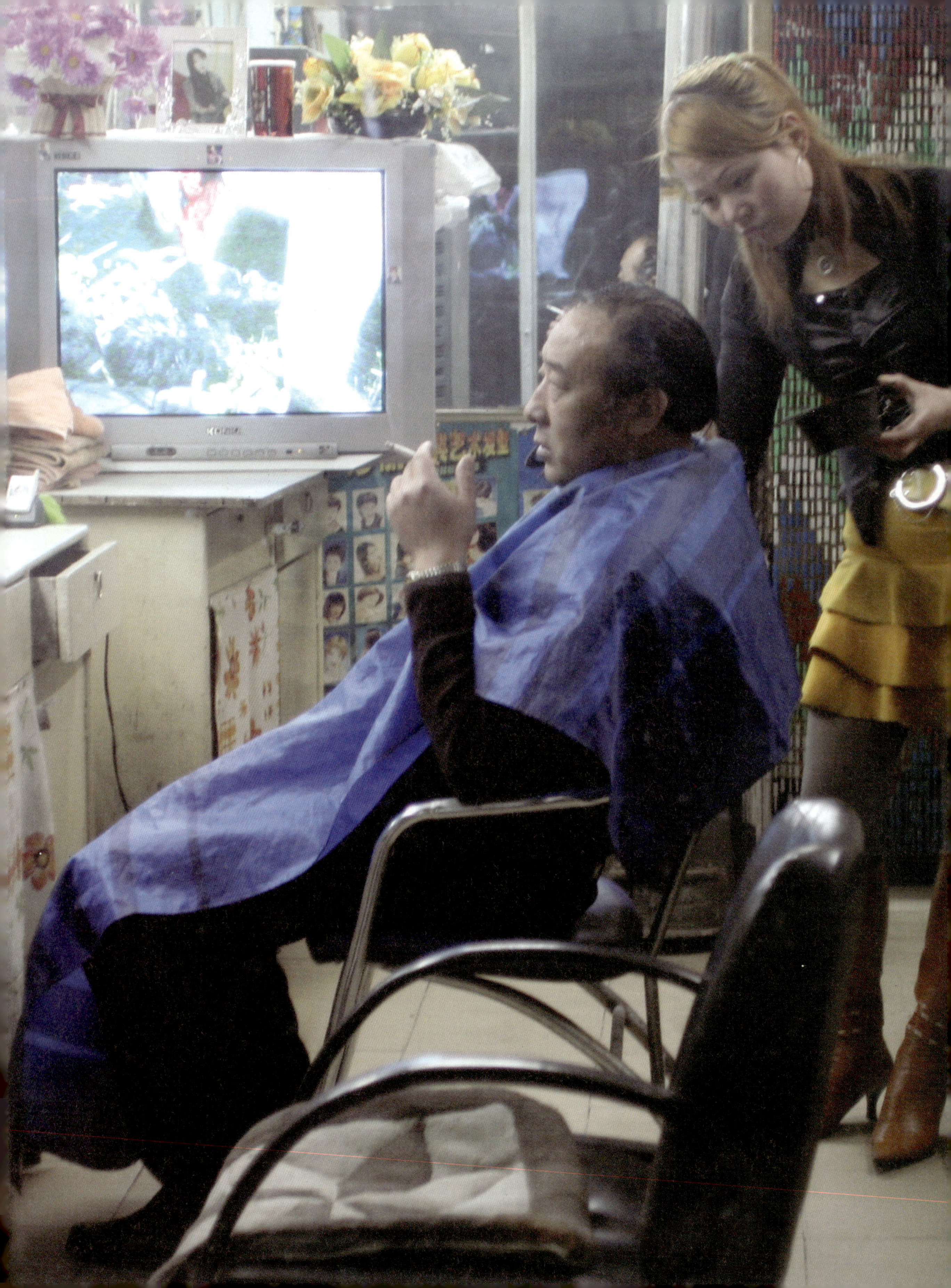

6부

중국에서의 생활
LIVING IN CHINA

중국의 현대화는 중국 국민과 사회 구조에 있어 엄청난 변화들을 가져왔다. 빠른 속도의 변화가 지속되면서 당연하게도 승자와 패자가 각각 출현했다. 대부분의 중국인들은 예전보다 더 부유하지만, 일부는 다른 일부보다 훨씬 더 부유하다. 일부 극히 부유한 사업가들은 현재 확실한 자녀 교육을 통해 자기 가족의 정치적·사회적 지위를 공고히 하고 있다. 다른 일부 중국인들은 비취업인구이거나, 최소한의 생계유지만을 위한 임금을 받고 일하며, 그들이 이런 새로운 기업가적 세계 속에서 가치를 지니는지 여부조차 확신하지 못한다. 그럼에도 아마 대부분의 도시 인구는 중간 소득의 노동자들로서 그들의 삶에 불어닥친 새로운 재정적 난관에 적면하여 계속 분투하고 있다. 진보와 개혁에 관한 모든 이야기에는 고난과 퇴보의 이야기가 있게 마련이다.

빈곤층 중에서도 가장 가난한 극빈층은 1억5천만 명의 남녀 이주 노동자들로서, 주로 향촌에 호적을 둔 7억 3천만 명의 농민의 일부이며 그들의 소작 농지에서 벌 수 있는 것보다 많은 돈을 벌기 위해 도시로 온 사람들이다. 현재 정부가 소작농들이 땅을 팔거나 임대할 수 있게 하는 계획을 하고 있어 이런 상황은 변할지도 모른다. 일부는 향촌 지역에 남아 향촌 활동에서 자신들의 이익을 증대시키는 길을 선택할 수 있고, 다른 일부는 모두 팔고서 도시로 이주할 수도 있다. 그렇게 되면 그들을 보다 더 효율적으로 지원하기 위해 1950년대의 오래된 호적등록 정책에 대한 조정이 불가피하게 될 것이다. 세계 어디든 빈부 격차가 격심한 곳에서 사회적 질서와 조화를 유지하고자 하는 정부는 그런 불평등을 줄이고 그 영향을 완화할 방법들을 찾아야 한다.

이주 노동자의 상황은 향촌 인구의 규모와 농업 경제의 취약성, 그리고 국가의 문화적 다양성에서 비롯된다. 베이징과 톈진Tianjin, 충칭Chongqing, 그리고 상하이와 같은 대도시들 간에는 엄청난 차이들이 있지만, 이런 차이는 성들과 지역의 경계를 넘어서면 기하급수적으로 증가한다. 홍콩특별행정구에서의 평범한 생활은 산시Shaanxi에서의 생활이나 신장과 같은 반-자치구semi-autonomous region에서의 '평범한' 생활과는 엄청나게 다르다.

중국은 몇 가지 명확하게 확정된 과제들에 직면해 있다. (현재는 완화된) 한자녀 정책의 성과들에도 불구하고, 현재 건강하게 먹여 살려야 할 인구가 여전히 13억 명이다. 도시의 부모들은 아이들이 과식과 영양부족, 그리고 운동 부족의 패스트푸드 중독자 대열에 합류해감에 따라 새롭게 비만의 위험에 대한 인식을 높여 가고 있다. 오늘날 중국에서의 삶이 보여주는 한 가지 주요한 특징은 불확실성이다. 종교가 급속히 늘어가고 있고, 비공식적이고 논쟁적인 수치이긴 하나 총 1억 명의 기독교인들이 현재 기존의 불교와 도교, 그리고 이슬람교 인구들에 대항하고 있다.

하지만 아마도 중국의 변화하는 사회를 특징짓는 가장 주요한 것은 미디어의 성장이다. 텔레비전은 어딜 가나 있으며, 스포츠는 주요한 이목을 끄는 대상이다. 인터넷 사용은 빠르게 늘어나고 있고, 대부분의 네티즌들이 mp3 음악 다운로드를 선호하며, 웹상의 토론 공간net-forum들을 인터넷 매체의 주요 용도로 활용한다. 중국의 미디어의 미래, 그리고 실로 그 완전히 창의적인 영역이야말로 중국 사회를 더 폭넓게 예측할 수 있는 열쇠이다. 중국의 미디어는 자유세계의 미디어 영역들과는 다른 규정들 하에서 운영된다. 이것이 어떤 흥미로운 내용과 좋은 보도를 배제시키는 건 아니지만, 그것은 한편으로 해외문물의 수입에 문호를 개방하면서도 다른 한편으로는 국민들에게 핵심적인 정보를 차단하며, 이것이 다시 불확실성을 낳고 가능성을 억누른다.

동가식서가숙東家食西家宿
동쪽 집에서 먹고 서쪽 집에서 잔다

중국의 한 자녀정책은 인구의 고령화를 초래하였다.

1980년대와 1990년대, 중국의 가계에서 가장 놀라운 변화는 한 자녀 정책으로 인해 머리가 무거워진 가족구조였다. 지금 그 정책의 효과는 반半민영화된 산업경제 및 제조업의 결과와 결합하여 성인노동인구에 의존하는 은퇴한 노령층의 증가를 불러왔다.

이것은 연금을 충분히 지급하지 못하는 상황에서 조기 은퇴의 실행으로 더욱 악화되었다. 많은 50대의 도시 사람들은 공원에서 전통적인 노래를 부르고 춤추는 것을 즐기거나 혼자 노는 그들의 손자(녀)를 돌보는 것 이외에 달리 기대할 만한 것이 전혀 없다.

사적 재산 소유자의 증가는 또한 값비싼 모험이며, 한 때 정부주택의 주민 위원회를 통해 영향력을 추구했을지도 모를 '노동하는 중간계급'의 사람들이 재산소유자 위원회에 더욱 참여하도록 이끌었다.

☞121쪽 참고.

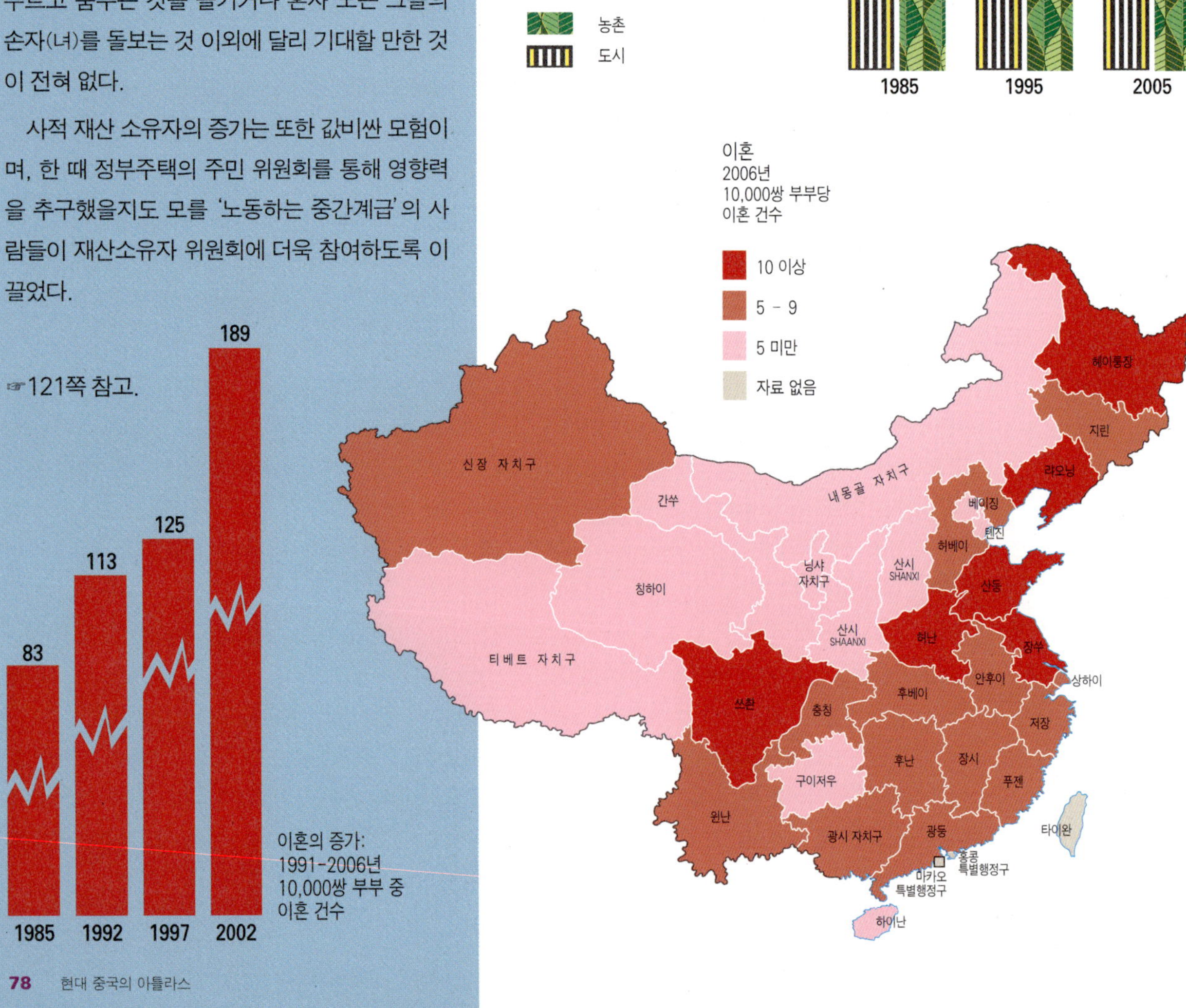

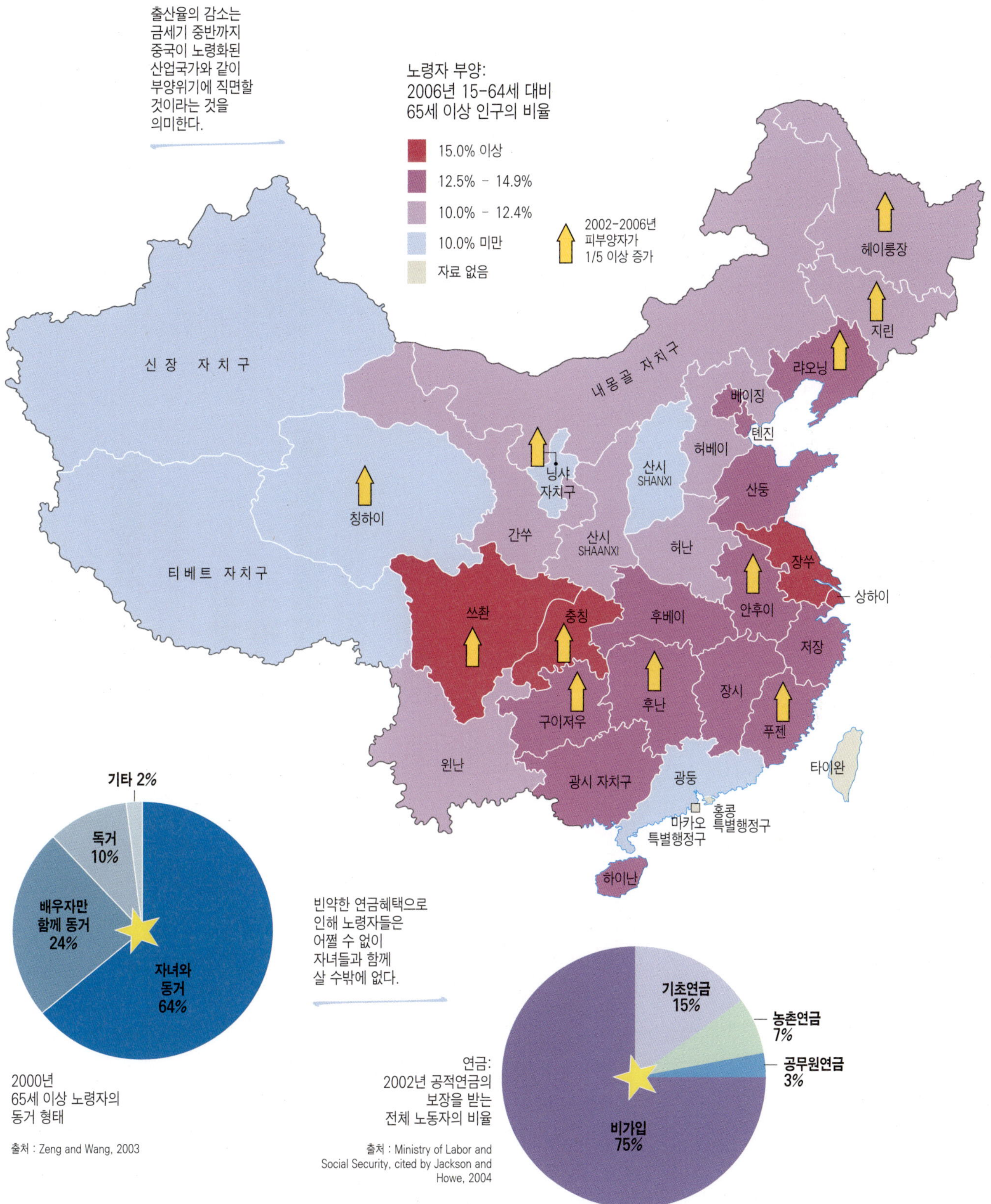

2000년
65세 이상 노령자의
동거 형태

출처 : Zeng and Wang, 2003

연금:
2002년 공적연금의
보장을 받는
전체 노동자의 비율

출처 : Ministry of Labor and
Social Security, cited by Jackson and
Howe, 2004

이데올로기는 쌀을 공급할 수 없다

중국 국민의 식습관이 변화하고 있다. 특히 도시적인 식습관으로 인해 육류와 유제품의 소비가 증가하고 있다.

이것은 중국인의 건강에 대해서 뿐만 아니라 전 세계의 축산물 및 유아용 우유의 구입가능성과 가격에 대해 중대한 영향을 미친다. 그것은 2007년과 2008년 식품가격을 폭등하게 만든 요인들 가운데 하나이다.

농촌의 가난한 아이들은 영양실조의 증세를 보여주는 반면, 전국적으로 어린 아이들의 평균 키와 무게는 극히 짧은 기간 동안 증가추세를 보여주고 있다. 10~12세에 해당하는 도시 어린이의 1/4가량이 과체중이거나 비만이다. 그리고 보건과 교육 공무원들은 학교에서 더 많은 운동을 권장하고 있으며, 패스트푸드의 위험성을 경고하고 있다. 한편 KFC, Pizza Hut과 같은 패스트푸드점들은 중국을 이후 10년 동안 주요 소득원으로 간주하고 있다. 비록 그들이 지역의 맛에 적합하도록 메뉴를 개발해야 하지만.

중국 음식에서 신뢰는 안전 기준에 관한 불신에 의해 심각하게 약화되었다. 정부의 반응은 모순적이다. 한편으로는 정보와 법집행률을 개선하려 하면서 또 한편으로는 적극적으로 문제가 있음을 부인하고 있다. 그러나 2008년 4명의 아이의 목숨을 앗아가고 장기적으로 수천 명의 건강을 해롭게 할 수도 있는 멜라민 분유의 영향에 대해서는 전혀 숨김이 없었다.

☞ 122쪽 참고.

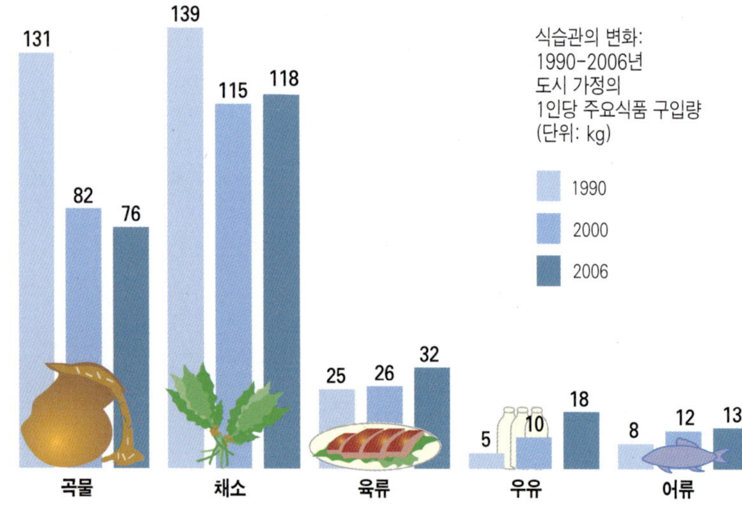

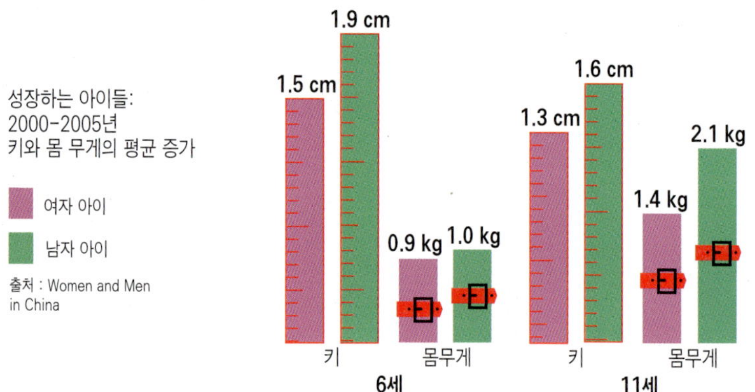

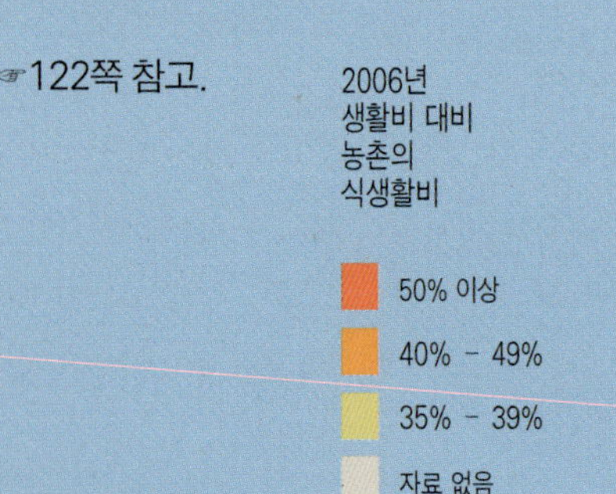

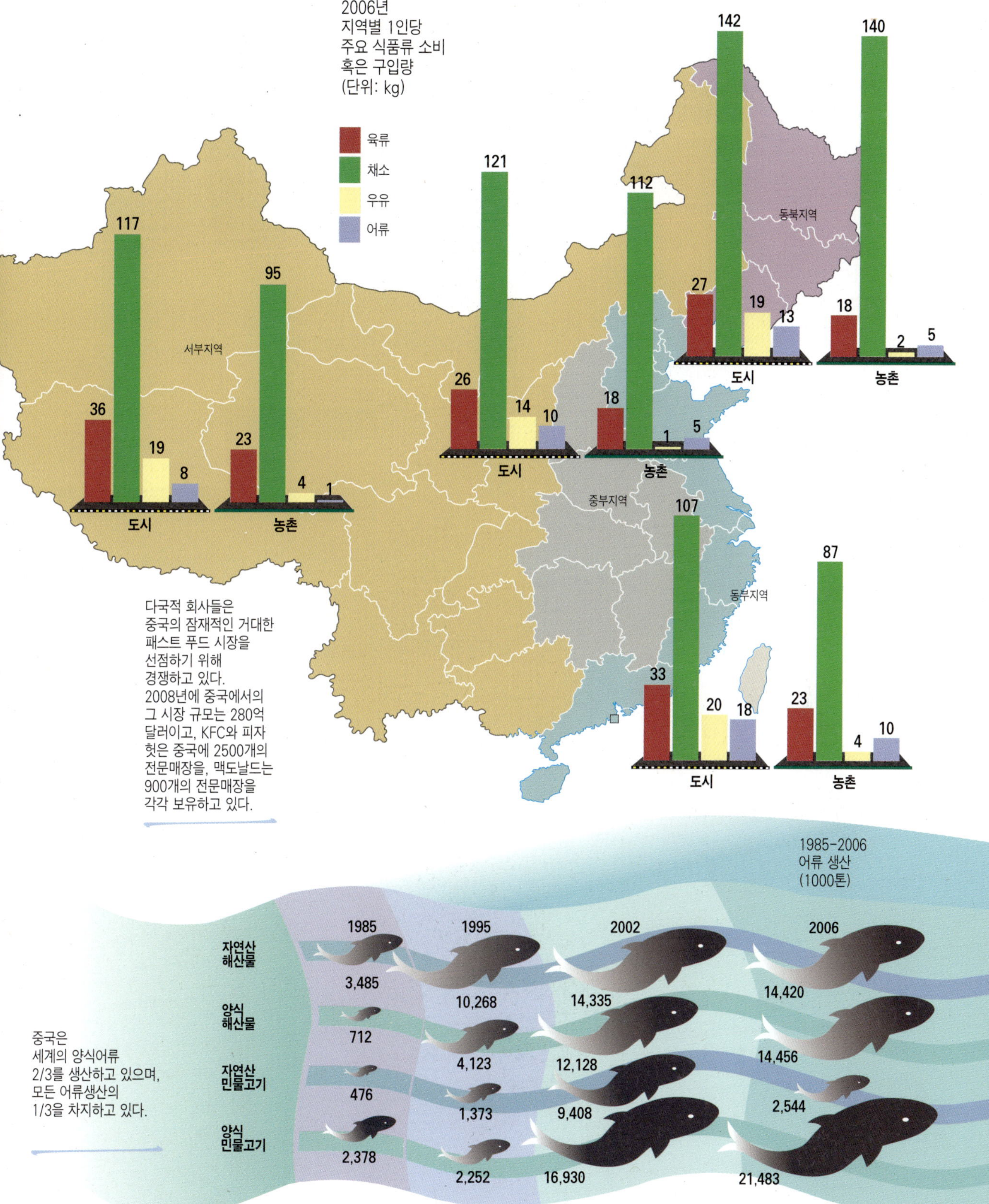

2006년
지역별 1인당
주요 식품류 소비
혹은 구입량
(단위: kg)

육류
채소
우유
어류

117
36
19
8
도시
서부지역
95
23
4
1
농촌

121
26
14
10
도시
112
18
1
5
농촌
중부지역

142
27
19
13
도시
동북지역
140
18
2
5
농촌

107
33
20
18
도시
동부지역
87
23
4
10
농촌

다국적 회사들은
중국의 잠재적인 거대한
패스트 푸드 시장을
선점하기 위해
경쟁하고 있다.
2008년에 중국에서의
그 시장 규모는 280억
달러이고, KFC와 피자
헛은 중국에 2500개의
전문매장을, 맥도날드는
900개의 전문매장을
각각 보유하고 있다.

1985-2006
어류 생산
(1000톤)

1985   1995   2002   2006

자연산
해산물
3,485   10,268   14,335   14,420

양식
해산물
712   4,123   12,128   14,456

자연산
민물고기
476   1,373   9,408   2,544

양식
민물고기
2,378   2,252   16,930   21,483

중국은
세계의 양식어류
2/3를 생산하고 있으며,
모든 어류생산의
1/3을 차지하고 있다.

약을 환자에 맞추다

중국의 의료 시스템은 국가에 의해서 관리된다. 그러나 환자들은 비용을 지불해야 한다. 점증하는 상업화로 인해 어떤 치료법들은 수많은 가정의 지출능력을 초월한다.

중국인 남성 가운데 2/3는 흡연을 하며, 여성의 흡연율은 3% 정도이다. 여성 가운데 절반이 그 가정에서 담배연기에 노출되어 있으며, 그들의 아이들도 마찬가지이다.

중국에서는 7,500명의 에이즈 환자를 포함하여 약 70만 명의 사람들이 에이즈 바이러스 보균자이다. 비록 그 확산률은 0.1퍼센트로 낮은 편이지만, 감염이 높은 지역들이 있다. 2007년 새로운 주요 감염원은 안전하지 못한 성관계로서, 정맥 마약주사에 의한 감염률을 초월하였다. 대략 2003년까지 중국 정부가 무시해 온 에이즈 바이러스/에이즈는 이제 결연한 정부 행동의 중심문제이다. 특별 대상 교육을 포함하여 어머니에서 아이들에게 전염되는 것의 예방도 그 주요 행동의 일부이다.

☞122쪽 참고.

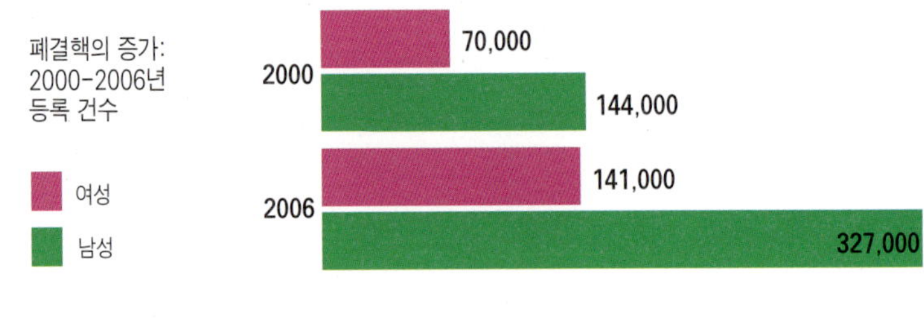

에이즈[HIV] 바이러스 양성판정을 받은 중국인 가운데 거의 10%가 신장에서 살고 있다. 그들 중 대부분은 정맥마약주사를 맞는 남성들이다.

에이즈 바이러스/에이즈: 2008년 알려진 경우의 수

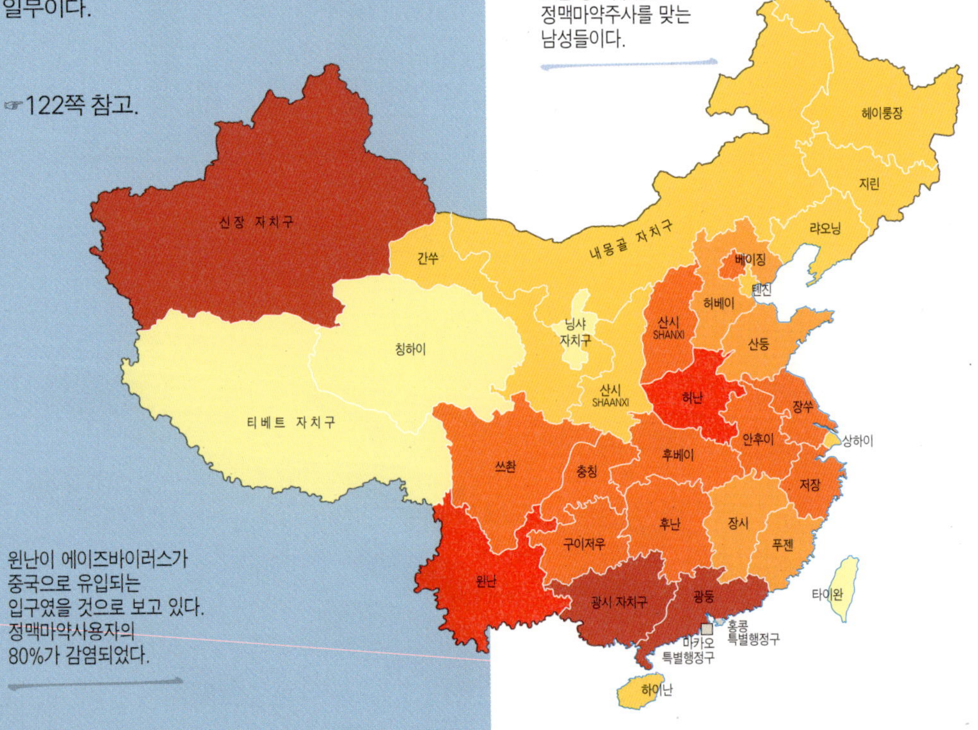

윈난이 에이즈바이러스가 중국으로 유입되는 입구였을 것으로 보고 있다. 정맥마약사용자의 80%가 감염되었다.

허난과 안후이에서는 1990년대에 헌혈과정에서의 교차감염으로 인해 농민들 사이에 급속히 확산되었다.

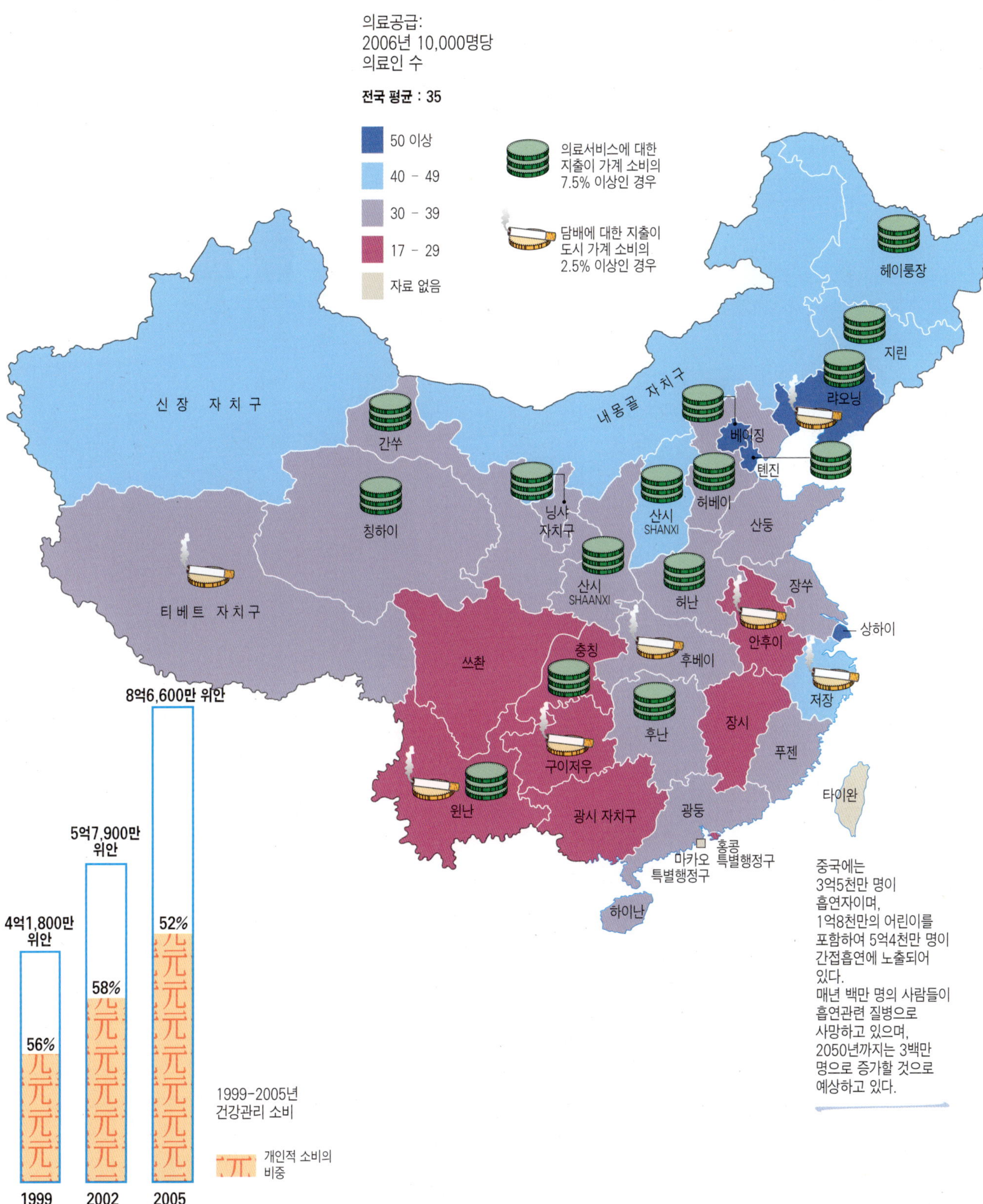
의료공급:
2006년 10,000명당
의료인 수

전국 평균 : 35

50 이상
40 – 49
30 – 39
17 – 29
자료 없음

의료서비스에 대한
지출이 가계 소비의
7.5% 이상인 경우

담배에 대한 지출이
도시 가계 소비의
2.5% 이상인 경우

신 장 자 치 구
내 몽 골 자 치 구
헤이룽장
지린
랴오닝
베이징
톈진
간쑤
칭하이
닝샤
자치구
산시
SHANXI
허베이
산둥
산시
SHAANXI
허난
장쑤
상하이
티 베 트 자 치 구
쓰촨
충칭
후베이
안후이
저장
후난
장시
구이저우
푸젠
윈난
광시 자치구
광둥
타이완
마카오
특별행정구
홍콩
특별행정구
하이난

중국에는
3억5천만 명이
흡연자이며,
1억8천만의 어린이를
포함하여 5억4천만 명이
간접흡연에 노출되어
있다.
매년 백만 명의 사람들이
흡연관련 질병으로
사망하고 있으며,
2050년까지는 3백만
명으로 증가할 것으로
예상하고 있다.

8억6,600만 위안

5억7,900만
위안

4억1,800만
위안

52%

58%

56%

1999 2002 2005

1999–2005년
건강관리 소비

개인적 소비의
비중

큰 배를 완성하려면 더 긴 시간이 소요된다

중국은 초등과 중등교육의 어린들이 1억3천만 명이 넘는다.

도시의 유복한 가정의 한자녀 아이들은 최상의 조건을 갖추고 있다. 그들의 부모들은 최고 수준의 공립 및 사립학교를 찾아낼 수 있기 때문이다. 그 외에도 '실험학교'가 있는데, 거기서는 높은 성취를 제공하고 특별히 훈련된 능력과 외국어 습득에 초점을 두고 있다.

중국의 최상의 대학입학을 위한 경쟁은 매우 격렬하다. 그러나 자녀들을 그런 대학에 입학시키지 못한 부유한 부모들은 종종 중국내의 낮은 수준의 대학보다는 해외 대학에 입학시키기 위해 비용을 지불한다.

농촌 아이와 가난한 아이들은 '개혁시기' 동안 매우 다른 환경을 경험하고 있다. 그리고 이것은 최근 사회 불평등과 역기능의 결과이자 원인으로서 인식되고 있다. 2007년 정부는 거의 1억5천만 명의 농촌 학생들을 위해 등록금을 면제하였다. 그리고 2008년 도시지역의 국립학교에 다니는 학생들에게까지 그 면제를 확대하겠다는 계획을 발표하였다.

한편 2008년 올림픽 게임에서 메달을 수상한 많은 사람들은 스포츠 재능을 갖춘 농촌지역 어린이들이었다. 그들의 성공을 뒷받침한 것은 개인적 후원에 기반한 스포츠 아카데미 장학금이었다.

☞123쪽 참고.

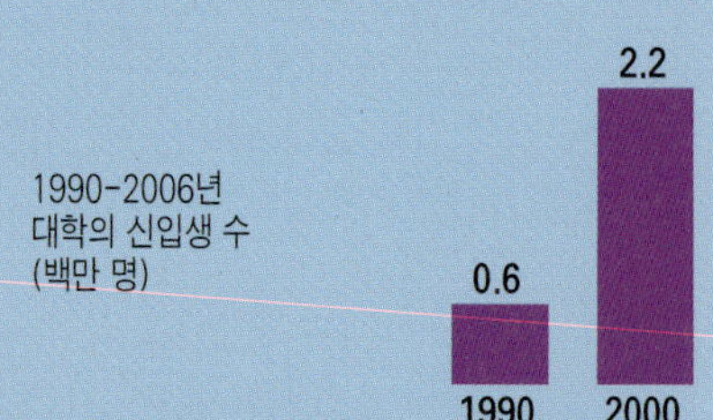

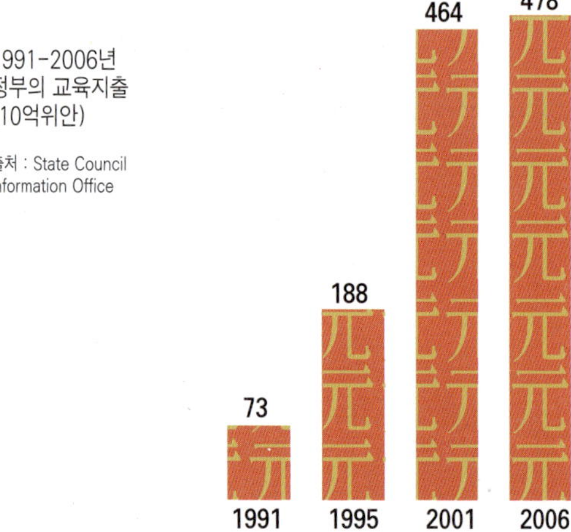

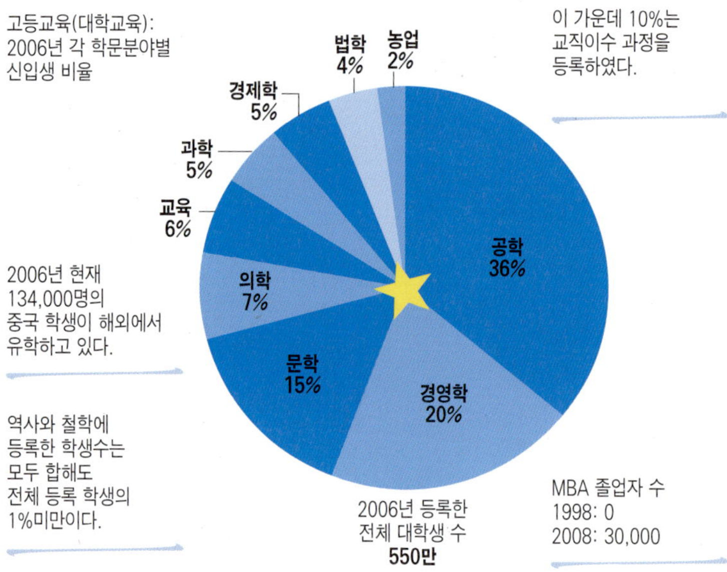

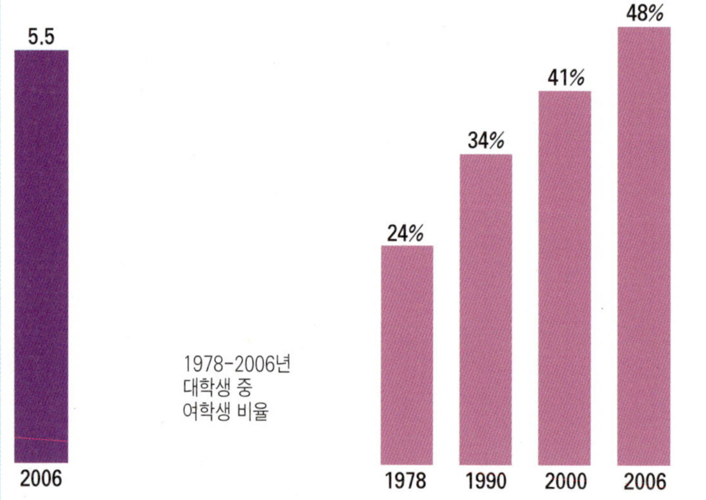

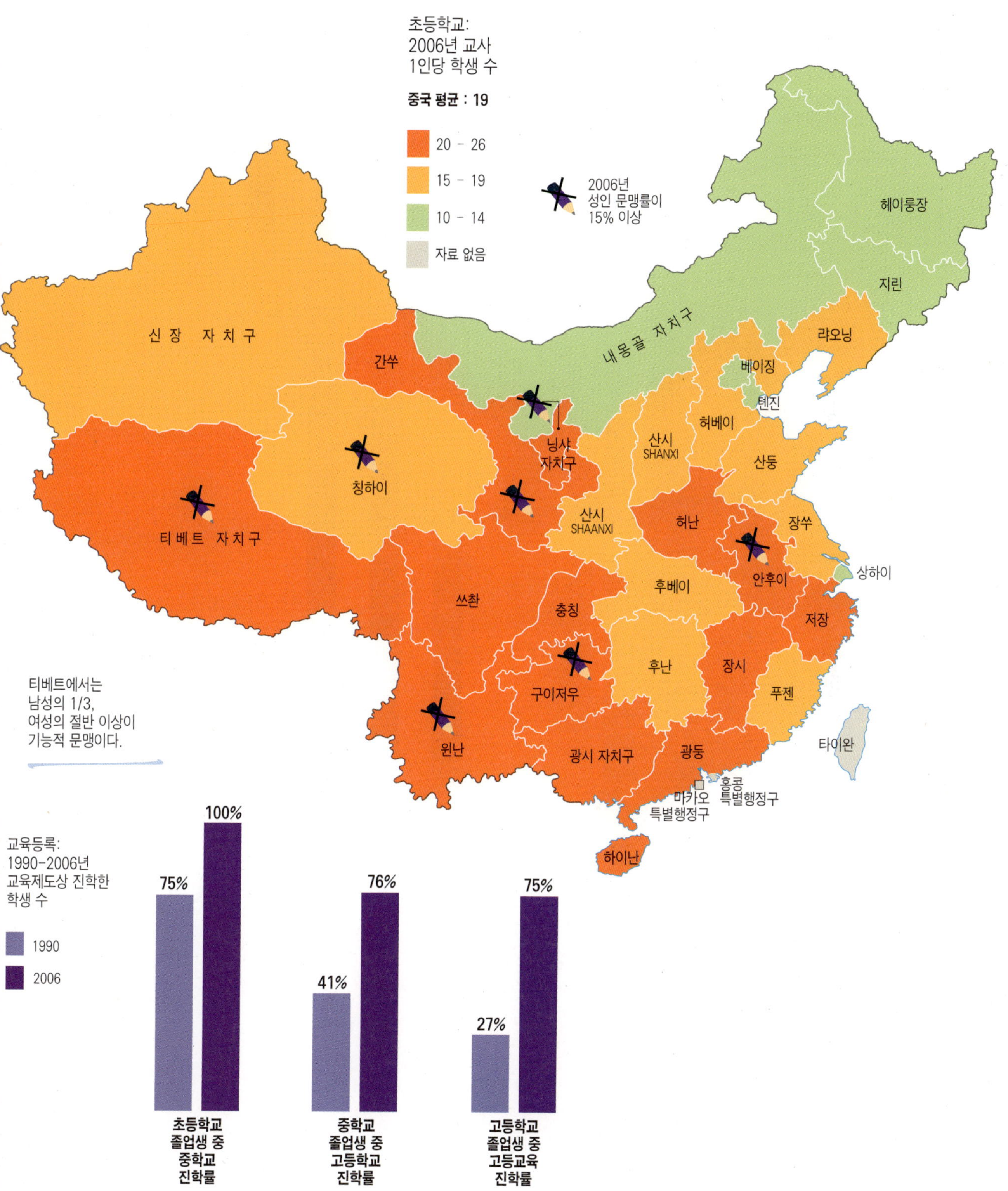
초등학교:
2006년 교사
1인당 학생 수

중국 평균 : 19

20 – 26
15 – 19
10 – 14
자료 없음

2006년
성인 문맹률이
15% 이상

헤이룽장
지린
라오닝
베이징
톈진
허베이
산시
SHANXI
산둥
신 장 자 치 구
간쑤
내 몽 골 자 치 구
닝샤
자치구
칭하이
산시
SHAANXI
허난
장쑤
티 베 트 자 치 구
쓰촨
충칭
후베이
안후이
상하이
저장
구이저우
후난
장시
푸젠
티베트에서는
남성의 1/3,
여성의 절반 이상이
기능적 문맹이다.
윈난
광시 자치구
광둥
타이완
마카오
특별행정구
홍콩
특별행정구
하이난

교육등록:
1990-2006년
교육제도상 진학한
학생 수

1990
2006

100%
75%
76%
75%
41%
27%

초등학교
졸업생 중
중학교
진학률

중학교
졸업생 중
고등학교
진학률

고등학교
졸업생 중
고등교육
진학률

청취 혹은 수신하는 대중들

중국의 급증하는 미디어 분야는 성장하는 경제의 상징이다.

TV, 온라인, 인쇄미디어 그리고 공공 스크린 및 광고판들에서의 광고는 새로운 '창조' 경제를 예고하고 있다. 그러나 중국 미디어 산업의 실제적인 창조성은 여전히 콘텐트 제공 관련 국제적인 거래와 상호 출자 복합체, 그리고 지배적인 검열 방식을 거쳐 혹은 그 방식에 맞춰 이루어진 작업에 의지하고 있다.

장편 영화 생산의 증가에도 불구하고, 영화 산업은 독립영화 제작자들을 위해 배급이 거의 없거나 전무하여 위협을 받고 있으며, 주류 성공작은 WTO의 승인된 수입품과의 경쟁으로 시달리고 있다.

중국 공산당은 기업과 정치적인 생활에서의 부패를 근절하기 위해 전념하고 있으며, 이를 위해 언론에 의지하고 있다. 문제는 적극적인 언론은 또한 당의 통치를 약화시킬 수도 있다는 점이다.

중국인 블로거의 대두는 네티즌과 국가 정책 모두에 영향을 미치는 현상이다. 최상의 블로거는 중요한 정보의 자원이며, 모든 이슈들에 대해 토론을 촉진시킨다. 극단적 민족주의 또한 표현이 너무 공격적이어서 일부 블로거들이 폐쇄될 정도로 블로거 공간에서 자라나고 있다는 점도 주목받고 있다.

☞124쪽 참고.

부유한 상층 사람들은 1일 거의 15분 정도의 스포츠를 시청하지만, 가난한 하층 사람들이 시청하는 시간은 6분 미만이다.

영화 오락:
1994-2006년 장편영화와 만화영화 편수

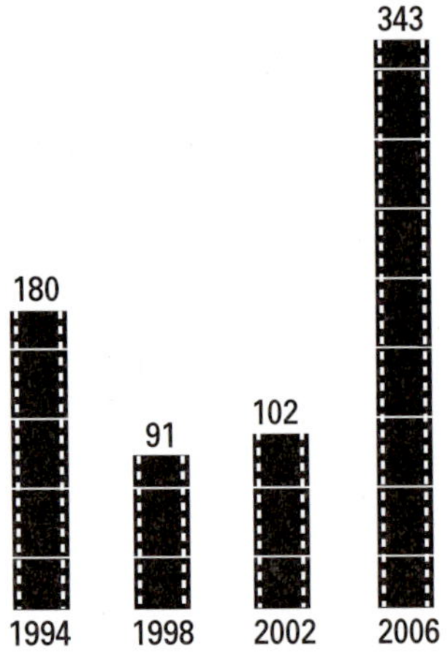

180
91
102
343
1994 1998 2002 2006

방송:
2002-2006년 라디오 및 TV 총 방송시간

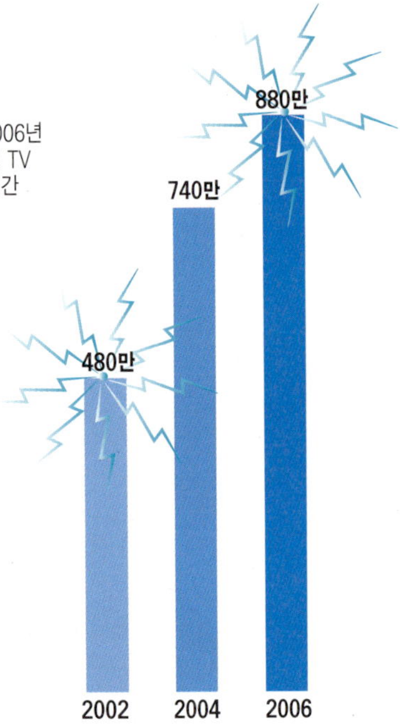

880만
740만
480만
2002 2004 2006

2006년에는 2000년에 비해 두배에 달하는 160,000종 이상의 새로운 책이 출판되었다.

CCTV(Central Chinese TV)가 스포츠 TV를 지배: 2007-2008년 중반 스포츠 시청자가 선호하는 TV채널

출처 : CSM Research Focus

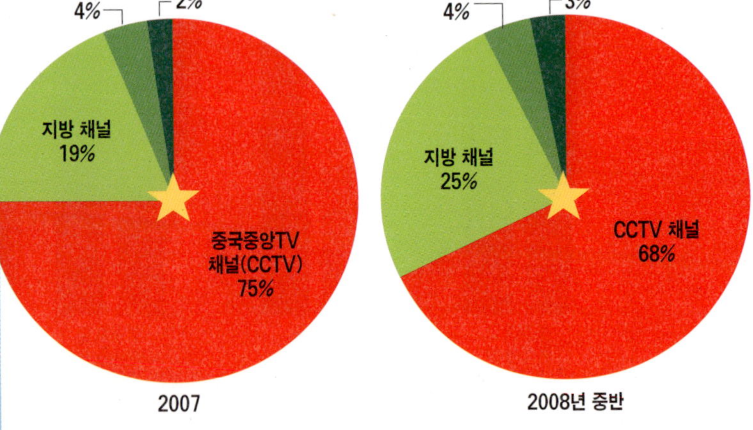

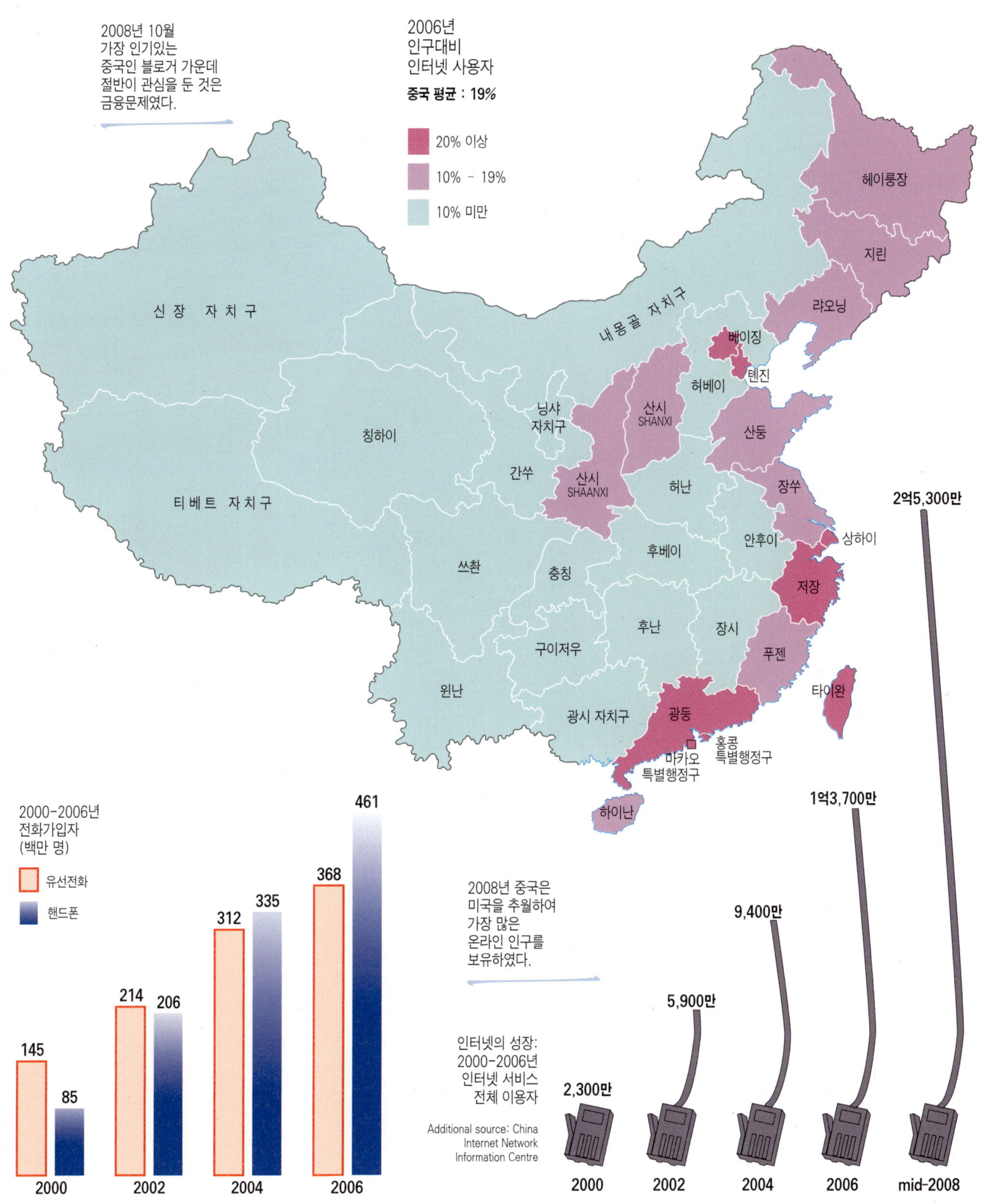
2008년 10월 가장 인기있는 중국인 블로거 가운데 절반이 관심을 둔 것은 금융문제였다.

2006년 인구대비 인터넷 사용자
중국 평균 : 19%
20% 이상
10% - 19%
10% 미만

신 장 자 치 구
내 몽 골 자 치 구
헤이룽장
지린
라오닝
칭하이
닝샤 자치구
베이징
톈진
허베이
산시 SHANXI
산둥
티 베 트 자 치 구
간쑤
산시 SHAANXI
허난
장쑤
안후이
상하이
저장
쓰촨
충칭
후베이
후난
장시
푸젠
타이완
구이저우
윈난
광시 자치구
광둥
마카오 특별행정구
홍콩 특별행정구
하이난

2억5,300만
1억3,700만
9,400만
5,900만
2,300만

2000-2006년 전화가입자 (백만 명)
유선전화
핸드폰
461
368
335
312
214
206
145
85
2000   2002   2004   2006

2008년 중국은 미국을 추월하여 가장 많은 온라인 인구를 보유하였다.

인터넷의 성장: 2000-2006년 인터넷 서비스 전체 이용자

Additional source: China Internet Network Information Centre

2000   2002   2004   2006   mid-2008

천명天命, Mandate of Heaven

단지 5개의 종교만이 중국 정부에 의해 허용되고 있다.

그들은 용인되고 있지만, 국가 혹은 민족의 단결을 해칠 수 있는 종교적인 장소의 사용이나 활동들은 금지되고 있다. 중국의 토착 종교는 도교, 불교, 민간 신앙 그리고 유교를 융합시키고 있으며, 종종 다른 종교들과 동시에 널리 행해지기도 한다.

지난 30년 동안 마오이즘의 이데올로기적 열정이 널리 소멸되어 온 반면에, 오늘날 중국에는 열정적이고 정치적으로 중요한 제휴가 여전히 남아있다. 1980년대 싱가포르에서 처음 나타났던, 신유학의 대두는 바로 정부의 조화로운 사회和諧社會론의 중심을 이루고 있다. 이러한 변화는 2008년 베이징 올림픽 개막식에서 명확히 보여주었다. 거기서 한 유학자가 중심적인 역할을 하였으며 혁명적인 발레가 등장하지 않은 점이 오히려 주목을 끌기도 하였다.

아마도 더욱 더 대중적으로 인기 있는 것은 민족주의의 대두일 것이다. 민족주의는 젊은 계층에게 구세대와 공유할 수 있는 평가 기준과 세계에 자신들의 삶을 돋보이게 만든 경제발전 속에서 집단적인 자부심을 갖도록 근거를 제공하였다.

☞125쪽 참고.

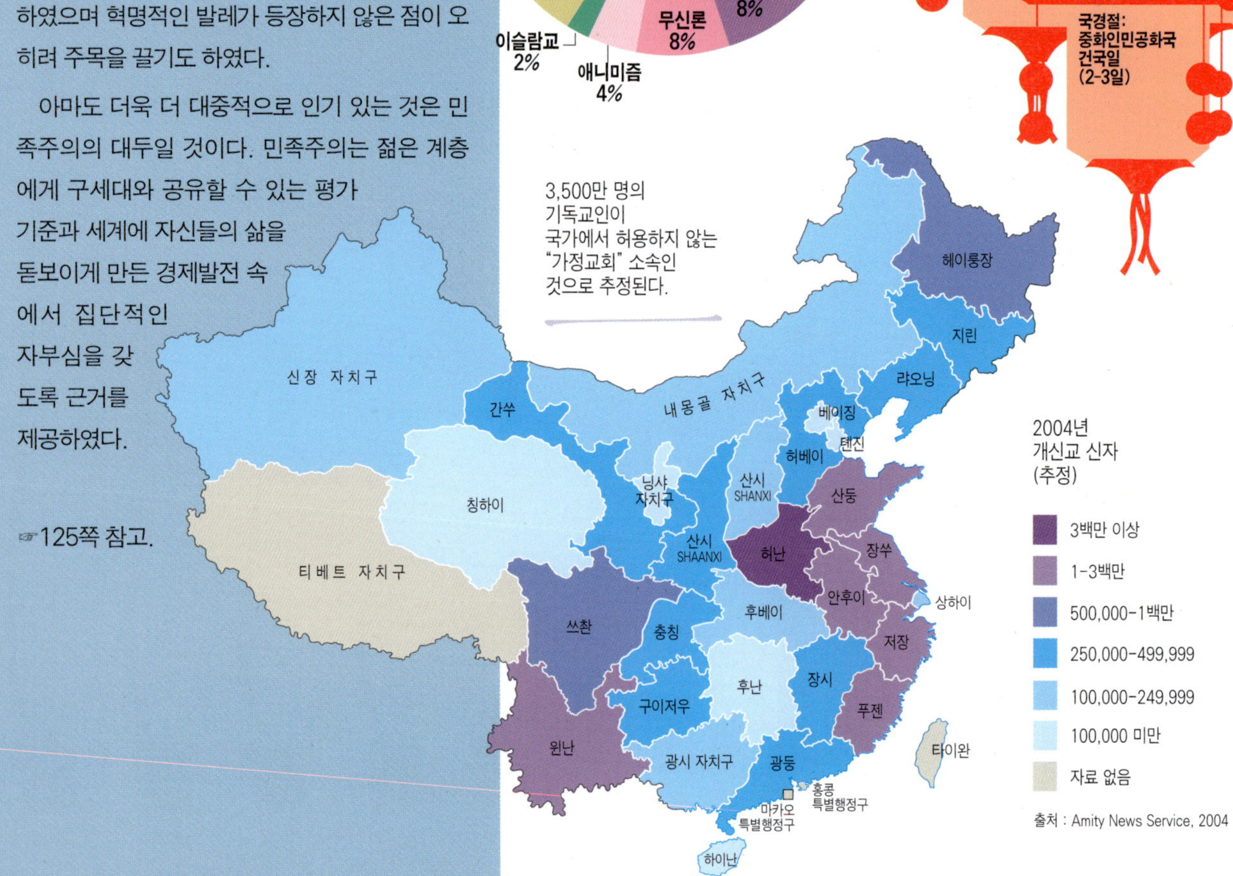

티베트 불교의 지도자
달라이 라마는 인도의
다람살라(Dharamsala)
에서 망명정부를
구성하였다.
티베트에서 서열 2위인
11대 판첸라마는
중국정부에 의해
감금되어 있으며,
중국정부는 직접
새로운 판첸라마를
지명하였다.

sina 新浪
aigo 爱国者

믿을 만한 경제적·사회적 데이터들의 필요성에 관해서는 세계의 어떤 나라보다도 중국이 가장 잘 자각하고 있다. 그 데이터들은 정책을 위한 토대로서, 시장주도 경제를 위한 지표들로서 기능하면서도 논평자들이 현대 중국의 경제적·사회적 조건들을 평가할 수 있게 하는 것이다. 중국이 그런 데이터를 지금껏 얼마나 수집해 왔는지, 그리고 그 데이터가 어떻게 활용되어 왔는지를 세심하게 살펴볼 필요가 있다.

대약진운동(1957~1961)은 전례가 없던 하나의 역사적 교훈이었다. 기반시설의 건설을 위한 농촌 인구의 대량 동원, 농촌지역의 사회주의식 개조를 위한 급속한 국유화 등 일련의 야심찬 계획들은 실패했다. 베이징은 통제를 상실하고 통계의 수집과 계획의 권한을 성들과 각급 지방정부로 이전했다. 연이은 통계학상의 위기는 기아를 촉진하는 원인이 되었고, 3천만 명에 달하는 사람들이 기아로 사망했다. 그것은 반복되어서는 안 될 경험이었다.

1978년에는 덩샤오핑의 주도로 개혁가들이 하나의 거대한 모험에 착수했는데, 중앙통제경제의 상당부분을 해체하고 그것을 시장주도 경제로 대체한 것이었다. 동시에 그것은 마오주의의 자급자족경제정책을 버리고 해외투자를 위해 중국의 문호를 개방하였다. 하지만 이는 여전히 계획을 필요로 했고, 계획은 신뢰할 만하면서도 중국에서 무역과 투자를 하는 이들의 기대에도 부응하는 데이터를 필요로 했다. 중국의 현대화가 급속하게 진전되고 중국이 국제 사회에서 무역을 기반으로 한 대국이 되기 위해 노력하는 만큼, 이를 위한 정보의 토대 역시 향상되어야 했다.

이 책은 두 개의 주요한 공식 데이터 자료들을 활용했다. 『중국통계연감*China Statistical Yearbook*』은 고용과 농업, 무역, 학교 교육, 의료, 주거 등 중국의 거의 모든 측면에 관한 풍부한 정보를 담고 있다. 보다 상세하고 정통한 데이터는 『중국인구통계연감*China Population Statistics Yearbook*』에 나오는데, 이 자료는 한 주택 내 방의 개수, 세대주들이 사용한 주요한 피임 형태에 관한 정보를 포함하고 있다. 이 자료들의 상당 부분은 10년마다 실시되는, 2000년 제5차 전국인구조사 자료에 근거한 것이다.

중국의 13억 인구에 대해 전체 조사를 하는 건 보통 일이 아니다. 2000년 인구조사는 1만 톤의 설문지 종이를 사용했고, 그 데이터 수집을 위한 계산에 5백만 명을 동원했다. 하지만 가장 주목할 만한 것은 이전 인구조사에서는 없었던 새로 도입된 혁신들이었다. 처음으로 그 설문지는 비밀 조항을 포함시켰는데, 아마도 응답자들이 보다 솔직한 답변을 하도록 장려하려는 의도였을 것이다. 주거에 대해 유달리 상세한 질문들이 이루어졌는데, 건물의 수명과 상태, 급수 및 위생 시설, 건물 보유 기간과 매주 임대료 등은 국가가 통제하던 주거 정책에서 시장주도형 주거 정책으로 전환 중이던 정부 작업과 명백히 관련된 정보였다. 실업 및 복지 지원에 관한 이슈는 최초로 공개적으로 다루어졌다. 그리고 인구조사 시기가 7월 1일에서 11월 1일로 변경됨으로써 이주 노동자들이 그들의 본적지가 아닌 근무지에서 조사대상으로서 파악될 가능성이 더 커지게 되었다.

공식적으로 생산되는 데이터에는 두 가지 용도가 있다. 하나는 정책 입안을 위한 기준으로 활용되는 것이고, 다른 하나는 가능한 보기 좋게 중국을 드러내는 방식으로 활용되는 것이다. 중국당국이 수집하기로 결정하는 정보는 당국의 시장주도 경제 진흥정책을 뒷받침할 가능성이 높다.

우리는 주로 공식적인 데이터에 의존해왔고, 그런 데이터들의 장단점을 잘 알고 있다. 하지만 우리는 그것들이 세계에서 가장 다양하고 빠르게 변화하는 한 나라의 개요를 제시할 뿐만 아니라 그 트렌드와 발전을 말해주는 하나의 지침으로서 유용하다는 점을 확신한다.

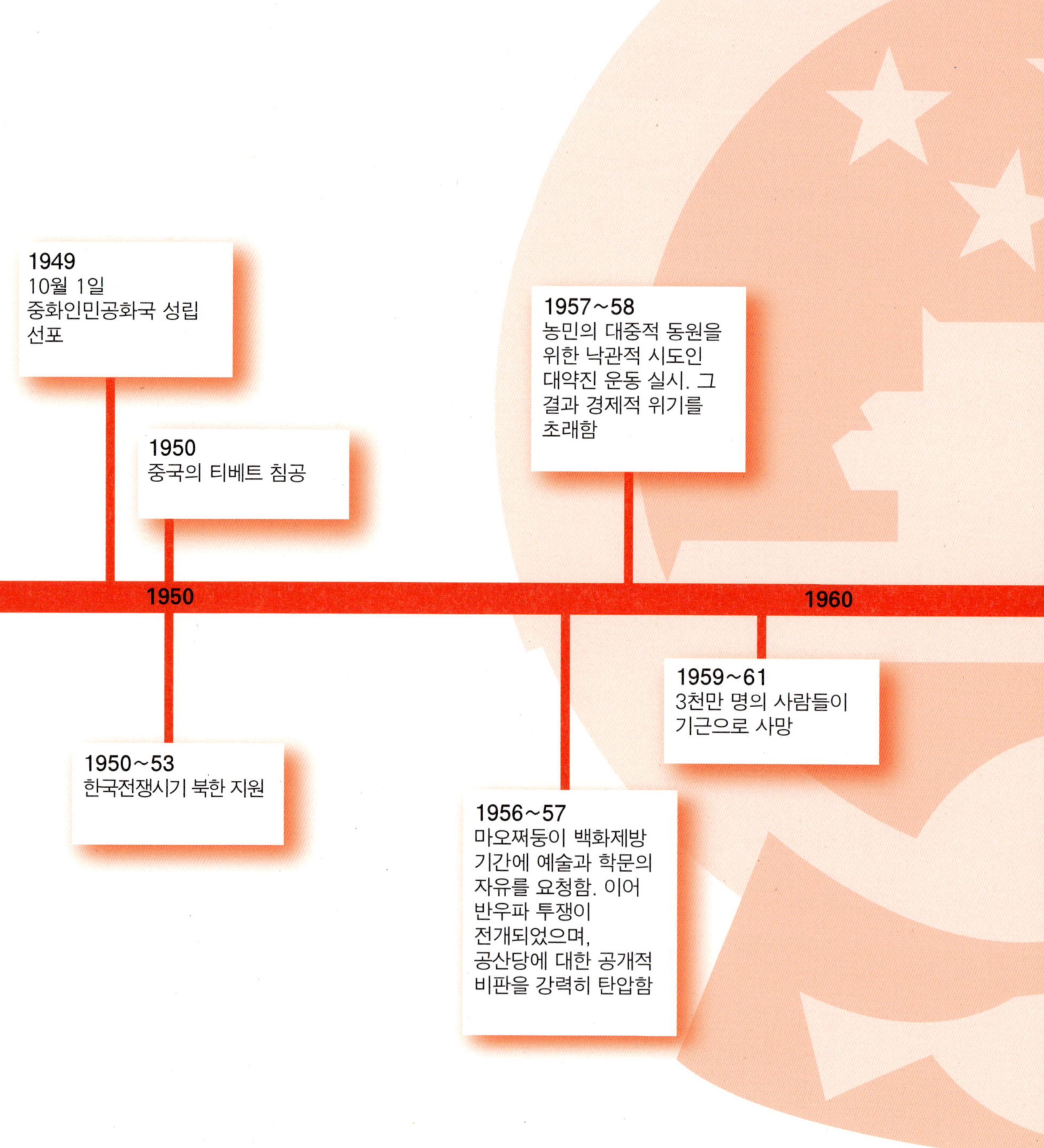

1949
10월 1일
중화인민공화국 성립
선포

1950
중국의 티베트 침공

1957~58
농민의 대중적 동원을
위한 낙관적 시도인
대약진 운동 실시. 그
결과 경제적 위기를
초래함

1950

1960

1959~61
3천만 명의 사람들이
기근으로 사망

1950~53
한국전쟁시기 북한 지원

1956~57
마오쩌둥이 백화제방
기간에 예술과 학문의
자유를 요청함. 이어
반우파 투쟁이
전개되었으며,
공산당에 대한 공개적
비판을 강력히 탄압함

1979
미 · 중간에 국교가
정상화됨. 가족계획
정책이 공표됨

1972
미국 대통령 닉슨Nixon
이 중국을 방문함

1976
마오쩌둥과 져우언
라이가 사망함

1970

1980

1966~76
문화대혁명 발발.
마오쩌둥이 사회주의를
발전시키고 공산당 내
이른 바 주자파走資派
(자본주의 노선)를
억제하기 위한 운동에
의해 고취됨. 수백 개의
티베트 사원들이 파괴됨

1971
중국이 유엔에 가입함

1978
덩샤오핑이 "최고지도
자"의 지위에 올라
경제개혁을 선언함.
후에 "민주의 벽"이라
알려진 곳에 문장들이
게시되어 정치적 개혁
을 요구함

1980
중국이 세계은행과
국제통화기금IMF에
가입함

1987
달라이라마가 티베트의
비폭력 투쟁을 이끈
공로로 노벨상을 수상함

1992
덩샤오핑이 남방순화를
통해 경제개혁을 강조함

1980

1990

1982
미국이 타이완에 무기
를 수출함. 그러나 미국
은 향후 타이완에 대한
무기수출을 줄이기로
중국과 협약함

1989
톈안먼 광장에서 10만
명 이상의 사람들이
항의 시위를 벌이다
잔인하게 진압됨.
장쩌민이 중국공산당
총서기가 됨

1994
미국이 중국의 최혜국
대우를 연장함. 최혜국
대우는 중국의 인권
실천 상황의 개선에
대한 기대를 포함하고
있지만, 아무런
전제조건이 없음

2000
장쩌민의 "3개대표"론을 통해 중국공산당이 당원의 문호를 기업가, 지식인 및 과학자들에게 개방함

2006
48개 아프리카 국가의 수반이 참석한 중국-아프리카 정상회의가 베이징에서 개최됨. 중국은 대출과 신용으로 수십억 달러를 지원하기로 함

2010
세계 EXPO가 상하이에서 개최됨

2002~03
순조로운 권력이양 과정을 통해, 후진타오가 공산당의 총서기이자 중화인민공화국 주석으로 취임함

2007
국제사면위원회Amnesty International는 중국이 올림픽 준비기간까지 인권을 개선하기로 한 약속을 이행하지 않았다고 주장함

1997
덩샤오핑 사망. 홍콩이 중국으로 반환됨

2000

2010

1999
마카오가 중국으로 반환됨

2003
산샤댐이 가동되기 시작함

2008
쓰촨의 지진으로 8만 명의 사람들이 사망하거나 실종됨. 베이징에서 올림픽이 개최됨

2001
중국이 세계무역기구 WTO에 가입함

2006
경제성장에 따른 불평등을 해결하기 위해 "조화로운 사회주의 사회" 건설에 관한 결의문이 채택됨

비교대상 국가	1 인구			2 기대수명 2006	3 국내총생산(GDP)		
	전체 2006 (백만)	연간 성장률 2006	밀도 2006 1km·당 인구수		전체 2007 (10억 US$)	연성장률 2007	1인당 GDP (US$) 2007
아르헨티나	39	1.0%	14	75.03	262	8.7%	13,244
오스트레일리아	21	1.5%	3	81	822	4.5%	34,882
방글라데시	156	1.8%	1,198	63.66	68	6.5%	1,242
브라질	189	1.3%	22	72.08	1,314	5.4%	9,570
캐나다	33	1.0%	4	80.36	1,326	2.7%	35,729
중국	**1,312**	**0.6%**	**141**	**72**	**3,280**	**11.9%**	**5,345**
체코	10	0.4%	133	76.48	168	5.6%	23,194
이집트	74	1.8%	75	71.01	128	7.1%	5,352
프랑스	61	0.6%	111	80.56	2,562	2.2%	33,414
독일	82	−0.1%	236	79.13	3,297	2.5%	33,154
인도	1,110	1.4%	373	64.47	1,171	9.0%	2,753
인도네시아	223	1.1%	123	68.16	433	6.3%	3,728
이란	70	1.5%	43	70.65	271	7.6%	10,934
이스라엘	7	1.8%	326	80.02	162	5.3%	25,917
이탈리아	59	0.4%	200	81.08	2,107	1.5%	29,935
일본	128	0.0%	350	82.32	4,377	2.1%	33,525
카자흐스탄	15	1.1%	6	66.16	104	8.5%	10,829
말레이시아	26	1.8%	79	74.05	181	5.7%	13,380
멕시코	104	1.1%	54	74.47	893	3.3%	12,780
몽골	3	1.2%	2	67.17	4	9.9%	3,222
뉴질랜드	4	1.2%	16	79.93	129	3.4%	26,108
나이지리아	145	2.4%	159	46.78	166	6.3%	1,977
파키스탄	159	2.1%	206	65.21	144	6.4%	2,525
필리핀	86	2.0%	289	71.39	144	7.3%	3,410
폴란드	38	−0.1%	124	75.14	420	6.5%	15,811
루마니아	22	−0.2%	94	72.18	166	6.2%	11,394
러시아	143	−0.5%	9	65.56	1,291	8.1%	14,743
싱가포르	4	3.2%	6,508	79.85	161	7.7%	50,304
남아프리카	47	1.1%	39	50.71	278	4.8%	9,736
대한민국	48	0.3%	490	78.5	970	5.0%	24,712
타이	63	0.7%	124	70.24	246	4.8%	8,138
터키	73	1.3%	95	71.49	657	4.5%	12,481
영국	61	0.5%	250	79.14	2,728	3.0%	33,535
미국	299	1.0%	33	77.85	13,811	2.2%	45,790
베트남	84	1.2%	271	70.85	71	8.5%	2,600
세계	**6,538**	**1.2%**	**50**	**68.24**	**54,347**	**3.8%**	**9,896**

4 분야별 고용 비중			5 세계무역		6 중국무역		7 외국인 대중국 직접투자	비교대상 국가
농업 2005년 또는 최근 비중	산업 2005 또는 최근 비중	서비스업 2005 또는 최근 비중	수입 2005 (10억 US$)	수출 2005 (10억 US$)	중국의 수출 2007 (100만 US$)	중국의 수입 2007 (100만 US$)	2007 100만 US$ (실제 사용된 투자)	
1%	24%	75%	35	46	3,566	6,335	11	아르헨티나
4%	21%	75%	143	126	17,990	25,840	354	오스트레일리아
52%	14%	35%	14	10	3,345	114	1	방글라데시
21%	21%	58%	102	134	11,372	18,342	32	브라질
9%	34%	57%	386	429	19,356	10,979	397	캐나다
3%	**22%**	**75%**	**712**	**837**	–	–	–	**중국**
45%	24%	31%	86	90	4,135	831	15	체코
4%	40%	57%	29	27	4,433	240	7	이집트
30%	20%	50%	576	556	20,327	13,341	456	프랑스
2%	30%	68%	990	1,135	48,714	45,383	734	독일
44%	18%	38%	184	161	24,011	14,617	34	인도
25%	30%	45%	86	97	12,601	12,395	134	인도네시아
2%	22%	76%	57	74	7,284	13,306	7	이란
4%	31%	65%	58	58	3,656	1,654	25	이스라엘
4%	28%	66%	462	461	21,170	10,211	348	이탈리아
32%	18%	50%	589	652	102,009	133,942	3,589	일본
15%	30%	55%	26	31	7,446	6,432	2	카자흐스탄
15%	26%	59%	137	161	56,099	103,752	397	말레이시아
40%	17%	43%	242	230	17,689	28,697	6	멕시코
3%	20%	73%	2	1	11,706	3,263	1	몽골
7%	22%	71%	33	30	683	1,352	64	뉴질랜드
43%	20%	37%	35	52	2,160	1,538	12	나이지리아
37%	15%	48%	21	17	3,796	537	2	파키스탄
17%	29%	53%	51	47	5,789	1,104	195	필리핀
32%	30%	38%	114	113	7,498	23,118	9	폴란드
10%	30%	60%	43	33	6,553	1,112	30	루마니아
–	30%	70%	164	269	2,084	281	52	러시아
8%	27%	65%	251	285	28,466	19,689	3,185	싱가포르
10%	25%	65%	69	67	29,620	17,524	69	남아프리카
5%	30%	65%	316	335	7,428	6,618	3,678	대한민국
34%	23%	37%	132	130	11,973	22,665	89	타이
43%	20%	37%	123	106	10,476	1,292	10	터키
30%	25%	46%	674	593	31,656	7,776	831	영국
19%	24%	56%	2,020	1,303	232,677	69,391	2,616	미국
1%	22%	76%	39	37	11,891	3,226	1	베트남
–	–	–	**12,891**	**12,957**	**1,217,776**	**955,950**	–	**세계**

지역	1 인구 2007 (100만)	2 연간 성장률 2007	3 남성 100명에 대한 여성의 비율 2000	4 기대 수명 2000
중국	**1,321.3**	**0.52%**	**86**	**71**
안후이Anhui	61.2	1.18%	78	72
베이징Beijing	16.3	1.13%	90	76
충칭Chongqing	28.2	0.98%	87	72
푸젠Fujian	35.8	0.89%	85	73
간쑤Gansu	26.2	0.88%	87	68
광둥Guangdong	94.5	0.82%	77	73
광시 자치구Guangxi AR	47.7	0.79%	80	71
구이저우Guizhou	37.6	0.73%	93	66
하이난Hainan	8.5	0.69%	74	73
허베이Hebei	69.4	0.67%	88	73
헤이룽장Heilongjiang	38.2	0.66%	91	72
허난Henan	93.6	0.65%	84	72
후베이Hubei	57.0	0.64%	78	71
후난Hunan	63.6	0.60%	79	71
내몽골 자치구Inner Mongolia AR	24.1	0.53%	92	70
장쑤Jiangsu	76.3	0.53%	86	74
장시Jiangxi	43.7	0.50%	87	69
지린Jilin	27.3	0.49%	90	73
랴오닝Liaoning	43.0	0.48%	89	73
닝샤 자치구Ningxia AR	6.1	0.45%	92	70
칭하이Qinghai	5.5	0.41%	91	66
산시Shaanxi	37.5	0.38%	82	70
산둥Shandong	93.7	0.34%	89	74
상하이Shanghai	18.6	0.32%	90	78
산시Shanxi	33.9	0.30%	89	72
쓰촨Sichuan	81.3	0.29%	86	71
톈진Tianjin	11.2	0.25%	89	75
티베트 자치구Tibet AR	2.8	0.25%	97	64
신장 자치구Xinjiang AR	21.0	0.23%	94	67
윈난Yunnan	45.1	0.21%	92	66
저장Zhejiang	50.6	0.15%	88	75
홍콩 특별행정구Hong Kong SAR	6.9	0.27%	–	82
마카오 특별행정구Macau SAR	0.5	0.57%	–	82

5 피부양자 15~64세 인구 대비 65세 인구 비율 2006	6 도시화 전체 인구 중 도시 인구 비율 2007	7 민족 전체 인구 중 소수 민족 비율 2000	8 식자능력 15세 이상 인구 중 문맹 또는 반(半)문맹의 비율 2006	지역
12.7%	**45%**	**8%**	**9%**	**중국**
14.9%	39%	1%	16%	안후이Anhui
14.3%	85%	4%	4%	베이징Beijing
16.6%	48%	7%	10%	충칭Chongqing
12.9%	49%	2%	11%	푸젠Fujian
10.4%	32%	9%	22%	간쑤Gansu
9.8%	63%	2%	5%	광둥Guangdong
13.1%	36%	38%	6%	광시 자치구Guangxi AR
12.5%	28%	38%	19%	구이저우Guizhou
12.5%	47%	17%	10%	하이난Hainan
11.3%	40%	4%	6%	허베이Hebei
10.4%	54%	5%	5%	헤이룽장Heilongjiang
11.4%	34%	1%	9%	허난Henan
13.4%	44%	4%	10%	후베이Hubei
14.8%	40%	10%	7%	후난Hunan
10.3%	50%	21%	9%	내몽골 자치구Inner Mongolia AR
15.0%	53%	0%	9%	장쑤Jiangsu
12.7%	40%	0%	9%	장시Jiangxi
10.5%	53%	9%	5%	지린Jilin
13.8%	59%	16%	4%	랴오닝Liaoning
8.5%	44%	35%	15%	닝샤 자치구Ningxia AR
9.9%	40%	46%	19%	칭하이Qinghai
12.3%	41%	1%	9%	산시Shaanxi
12.7%	47%	1%	9%	산둥Shandong
18.6%	89%	1%	5%	상하이Shanghai
9.6%	44%	0%	4%	산시Shanxi
16.4%	36%	5%	13%	쓰촨Sichuan
13.6%	76%	3%	4%	톈진Tianjin
9.3%	28%	94%	46%	티베트 자치구Tibet AR
9.4%	39%	59%	7%	신장 자치구Xinjiang AR
10.8%	32%	33%	17%	윈난Yunnan
13.4%	57%	1%	10%	저장Zhejiang
–	–	–	–	홍콩 특별행정구Hong Kong SAR
–	–	–	–	마카오 특별행정구Macau SAR

지역	9 1인당 GDP 2007 (위안	10 상품 수출입액 2006 (100만 US$)	11 실제 사용된 외국인 직접투자 2007 (10억 US$)	12 관광 외환 수입 2006 (100만 US$)
중국	18,934	1,760,396	2,109	33,949
안후이Anhui	12,037	12,245	24	227
베이징Beijing	57,277	158,037	88	4,026
충칭Chongqing	14,640	5,470	20	309
푸젠Fujian	25,828	62,660	103	1,471
간쑤Gansu	10,326	3,825	3	63
광둥Guangdong	32,897	527,199	351	7,533
광시 자치구Guangxi AR	12,491	6,668	22	423
구이저우Guizhou	7,288	1,618	3	115
하이난Hainan	14,477	2,846	94	229
허베이Hebei	19,746	18,531	29	243
헤이룽장Heilongjiang	18,475	12,857	14	492
허난Henan	16,039	9,795	26	274
후베이Hubei	16,197	11,762	31	320
후난Hunan	14,477	7,352	24	503
내몽골 자치구Inner Mongolia AR	25,327	5,961	17	404
장쑤Jiangsu	33,759	283,978	382	2,787
장시Jiangxi	12,592	6,195	29	140
지린Jilin	19,358	7,914	31	137
랴오닝Liaoning	25,648	48,390	109	934
닝샤 자치구Ningxia AR	14,577	1,437	2	2
칭하이Qinghai	14,196	652	2	13
산시Shaanxi	14,583	5,360	16	511
산둥Shandong	27,721	95,214	96	1,014
상하이Shanghai	65,602	227,524	257	3,904
산시Shanxi	16,898	6,627	18	164
쓰촨Sichuan	12,926	11,021	27	395
톈진Tianjin	45,295	64,462	83	626
티베트 자치구Tibet AR	12,049	328	1	61
신장 자치구Xinjiang AR	16,817	9,103	3	128
윈난Yunnan	10,504	6,225	12	658
저장Zhejiang	37,115	139,142	146	2,133
홍콩 특별행정구Hong Kong SAR	205,853*	–	45*	–
마카오 특별행정구Macau SAR	248,645**	–	–	–
타이완Taiwan	117,986**	–	–	–

13 농업		14 산업		15 서비스업		지역
생산액 2006 (10억 위안)	GDP 대비 생산 비중 2006	생산액 2006 (10억 위안)	GDP 대비 생산 비중 2006	생산액 2006 (10억 위안)	GDP 대비 생산 비중 2006	
2,474	12%	10,316	49%	8,297	39%	중국
103	17%	265	43%	247	40%	안후이Anhui
10	1%	219	28%	558	71%	베이징Beijing
43	12%	150	43%	156	45%	충칭Chongqing
90	12%	374	49%	297	39%	푸젠Fujian
33	15%	104	46%	90	40%	간쑤Gansu
158	6%	1,343	51%	1,120	43%	광둥Guangdong
103	21%	188	39%	192	40%	광시 자치구Guangxi AR
39	17%	98	43%	91	40%	구이저우Guizhou
34	33%	29	27%	42	40%	하이난Hainan
161	14%	612	52%	394	34%	허베이Hebei
74	12%	337	54%	209	34%	헤이룽장Heilongjiang
205	16%	672	54%	372	30%	허난Henan
114	15%	337	44%	308	41%	후베이Hubei
133	18%	315	42%	308	41%	후난Hunan
65	14%	233	49%	181	38%	내몽골 자치구Inner Mongolia AR
155	7%	1,225	57%	785	36%	장쑤Jiangsu
79	17%	232	50%	156	33%	장시Jiangxi
67	16%	192	45%	169	39%	지린Jilin
98	11%	473	51%	355	38%	랴오닝Liaoning
8	11%	35	49%	28	40%	닝샤 자치구Ningxia AR
7	11%	33	52%	24	38%	칭하이Qinghai
49	11%	244	54%	159	35%	산시Shaanxi
214	10%	1,275	58%	719	33%	산둥Shandong
9	1%	503	49%	524	51%	상하이Shanghai
28	6%	275	58%	173	36%	산시Shanxi
160	18%	378	44%	327	38%	쓰촨Sichuan
12	3%	249	57%	175	40%	톈진Tianjin
5	17%	8	28%	16	55%	티베트 자치구Tibet AR
53	17%	146	48%	106	35%	신장 자치구Xinjiang AR
75	19%	171	43%	154	39%	윈난Yunnan
93	6%	851	54%	631	40%	저장Zhejiang
–	0%		8%	–	88%	홍콩 특별행정구Hong Kong SAR
–	–		19%	–	85%	마카오 특별행정구Macau SAR
–	1%	–	28%	–	71%	타이완Taiwan

지역	16 도시 가정 대비 농촌 가정 소비 비율 2006	17 전체 소비 대비 음식에 대한 지출 비중		18 고용	
		농촌 2006	도시 2006	평균 임금 2006 (위안)	실업률 2006
중국	–	**43%**	**36%**	**24,932**	**4.1%**
안후이Anhui	31%	43%	42%	17,949	4.2%
베이징Beijing	41%	33%	31%	40,117	2.0%
충칭Chongqing	26%	52%	36%	19,215	4.0%
푸젠Fujian	37%	45%	39%	19,318	3.9%
간쑤Gansu	23%	47%	35%	17,246	3.6%
광둥Guangdong	28%	49%	36%	26,186	2.6%
광시 자치구Guangxi AR	31%	50%	42%	18,064	4.1%
구이저우Guizhou	19%	52%	39%	16,815	4.1%
하이난Hainan	36%	53%	43%	15,890	3.6%
허베이Hebei	30%	37%	34%	16,590	3.8%
헤이룽장Heilongjiang	34%	35%	33%	16,505	4.3%
허난Henan	30%	41%	33%	16,981	3.5%
후베이Hubei	31%	47%	39%	16,048	4.2%
후난Hunan	32%	49%	35%	17,850	4.3%
내몽골 자치구Inner Mongolia AR	31%	39%	30%	18,469	4.1%
장쑤Jiangsu	43%	42%	36%	23,782	3.4%
장시Jiangxi	35%	49%	40%	15,590	3.6%
지린Jilin	36%	40%	33%	16,583	4.2%
랴오닝Liaoning	37%	38%	39%	19,624	5.1%
닝샤 자치구Ningxia AR	28%	41%	34%	21,239	4.3%
칭하이Qinghai	28%	43%	36%	22,679	3.9%
산시Shaanxi	24%	39%	34%	16,918	4.0%
산둥Shandong	32%	38%	32%	19,228	3.3%
상하이Shanghai	45%	38%	36%	41,188	4.4%
산시Shanxi	30%	39%	31%	18,300	3.2%
쓰촨Sichuan	31%	51%	38%	17,852	4.5%
톈진Tianjin	38%	36%	35%	28,682	3.6%
티베트 자치구Tibet AR	25%	48%	50%	31,518	–
신장 자치구Xinjiang AR	25%	40%	35%	17,819	3.9%
윈난Yunnan	25%	49%	42%	18,711	4.3%
저장Zhejiang	40%	37%	33%	27,820	3.5%
홍콩 특별행정구Hong Kong SAR	–	–	–	–	–
마카오 특별행정구Macau SAR	–	–	–	–	–

19 건강		20 10,000명당 자가용의 수 2007	21 전체 인구 대비 핸드폰 가입자 비율 2006	22 전체 인구 대비 인터넷 가입자 비율 2006	지역
10,000명당 의사 수 2006	가계 소비 대비 담배에 대한 지출 비중				
35	1.9%	175	35%	10%	중국
28	3.2%	68	20%	6%	안후이Anhui
80	1.1%	1,221	99%	30%	베이징Beijing
28	2.4%	87	38%	8%	충칭Chongqing
30	1.5%	158	43%	15%	푸젠Fujian
33	2.0%	45	21%	6%	간쑤Gansu
36	0.9%	316	76%	20%	광둥Guangdong
28	0.9%	76	26%	8%	광시 자치구Guangxi AR
22	3.4%	72	17%	4%	구이저우Guizhou
37	1.5%	104	29%	14%	하이난Hainan
34	1.9%	225	33%	9%	허베이Hebei
40	1.2%	129	33%	10%	헤이룽장Heilongjiang
32	1.6%	111	25%	6%	허난Henan
38	2.6%	87	30%	9%	후베이Hubei
32	2.2%	80	24%	6%	후난Hunan
43	1.7%	203	36%	7%	내몽골 자치구Inner Mongolia AR
36	2.2%	230	38%	14%	장쑤Jiangsu
28	1.9%	52	22%	7%	장시Jiangxi
47	1.5%	165	42%	10%	지린Jilin
51	2.5%	183	38%	11%	랴오닝Liaoning
39	2.0%	123	36%	7%	닝샤 자치구Ningxia AR
37	1.9%	95	31%	7%	칭하이Qinghai
37	1.8%	128	32%	11%	산시Shaanxi
36	1.0%	219	31%	12%	산둥Shandong
60	2.0%	330	89%	28%	상하이Shanghai
44	2.1%	218	29%	11%	산시Shanxi
29	2.3%	124	24%	8%	쓰촨Sichuan
58	1.5%	525	56%		톈진Tianjin
32	5.8%	125	22%	24%	티베트 자치구Tibet AR
49	1.3%	134	33%	6%	신장 자치구Xinjiang AR
27	4.6%	138	24%	8%	윈난Yunnan
43	2.8%	352	60%	6%	저장Zhejiang
17	–	–	–	61%	홍콩 특별행정구Hong Kong SAR
–	–	–	–	–	마카오 특별행정구Macau SAR

지역	23 수자원		24 물 사용		25 규준에 따라 배출된 산업폐수
	전체 가용량 2006 km³	1인당 가용량 2006 m³	전체 2006 km³	1인당 2006 m³	2006 10,000톤
중국	**2,533.0**	**1,932**	**579.5**	**442**	**2,178,461**
안후이Anhui	58.1	949	24.2	396	68,097
베이징Beijing	2.2	142	3.4	220	10,098
충칭Chongqing	38.0	1,357	7.3	261	81,146
푸젠Fujian	162.3	4,578	18.7	528	124,960
간쑤Gansu	18.5	710	12.2	471	13,103
광둥Guangdong	221.6	2,396	45.9	497	199,215
광시 자치구Guangxi AR	188.1	4,011	31.4	670	119,795
구이저우Guizhou	81.5	2,176	10.0	267	10,006
하이난Hainan	22.8	2,735	4.6	558	6,956
허베이Hebei	10.7	156	20.4	297	121,750
헤이룽장Heilongjiang	72.8	1,905	28.6	749	39,344
허난Henan	32.2	343	22.7	242	121,024
후베이Hubei	64.0	1,122	25.9	454	82,930
후난Hunan	177.0	2,795	32.8	517	91,618
내몽골 자치구Inner Mongolia AR	41.1	1,720	17.9	747	21,416
장쑤Jiangsu	40.4	538	54.6	727	280,457
장시Jiangxi	163.0	3,769	20.6	476	59,739
지린Jilin	35.4	1,300	10.3	378	32,010
랴오닝Liaoning	26.1	616	14.1	333	88,007
닝샤 자치구Ningxia AR	1.1	177	7.8	1,294	11,980
칭하이Qinghai	56.9	10,431	3.2	590	3,487
산시Shaanxi	27.6	739	8.4	226	36,118
산둥Shandong	19.9	215	22.6	243	141,540
상하이Shanghai	2.8	154	11.9	660	47,146
산시Shanxi	8.9	263	5.9	176	30,377
쓰촨Sichuan	186.6	2,278	21.5	263	97,456
톈진Tianjin	1.0	95	2.3	217	22,925
티베트 자치구Tibet AR	415.7	149,001	3.5	1,255	223
신장 자치구Xinjiang AR	95.3	4,695	51.3	2,529	12,556
윈난Yunnan	171.2	3,832	14.5	324	30,568
저장Zhejiang	90.4	1,829	20.8	422	172,414
홍콩 특별행정구Hong Kong SAR	–	–	–	–	–
마카오 특별행정구Macau SAR	–	–	–	–	–

26 에너지 생산			27 전기 소비 2006 (10억 kwh)	28 산업 폐기가스 배출 2006 (1,000톤)	지역
석탄 생산 2006 (100만톤)	원유 생산 2006 (100만톤)	천연가스 생산 2006 (100만 m³)			
2,373	185	58,553	–	44,856	중국
83	0	0	66	1,303	안후이Anhui
7	0	0	61	256	베이징Beijing
40	0	647	41	1,274	충칭Chongqing
19	0	0	87	790	푸젠Fujian
40	1	153	54	866	간쑤Gansu
0	13	4,895	300	1,827	광둥Guangdong
7	0	0	58	1,913	광시 자치구Guangxi AR
118	0	0	58	1,882	구이저우Guizhou
0	0	205	10	45	하이난Hainan
84	6	655	173	2,915	허베이Hebei
103	43	2,465	60	1,182	헤이룽장Heilongjiang
195	5	1,868	152	2,984	허난Henan
11	1	116	88	1,394	후베이Hubei
59	0	0	77	2,159	후난Hunan
298	0	0	88	2,487	내몽골 자치구Inner Mongolia AR
30	2	61	257	2,035	장쑤Jiangsu
28	0	0	45	1,212	장시Jiangxi
30	7	241	41	953	지린Jilin
74	12	1,194	123	2,393	랴오닝Liaoning
33	0	0	38	584	닝샤 자치구Ningxia AR
7	2	2,503	24	291	칭하이Qinghai
183	20	8,047	58	1,633	산시Shaanxi
141	28	855	227	2,869	산둥Shandong
0	0	564	99	631	상하이Shanghai
581	0	602	110	3,182	산시Shanxi
86	0	15,995	106	2,222	쓰촨Sichuan
0	19	1,050	43	344	톈진Tianjin
0	0	0	–	4	티베트 자치구Tibet AR
43	25	16,420	36	1,005	신장 자치구Xinjiang AR
73	0	17	65	917	윈난Yunnan
0	0	0	191	1,285	저장Zhejiang
–	–	–	–	–	홍콩 특별행정구Hong Kong SAR
–	–	–	–	–	마카오 특별행정구Macau SAR

西部大开发
中国电信

1 무역 TRADE

중국이 미국의 세계적인 군사적 지배권에 도전하려면 많은 시간이 걸릴지 모른다. 하지만 무역이라면 얘기가 다른 것이 중국은 이미 하나의 무역 초강대국이 되었기 때문이다. 홍콩을 포함하면 중국은 세계 2위의 무역 강대국이며 2035년까지 미국을 추월할 것으로 예측된다. 또한 중국은 2020년까지 일본을 몰아내고 세계 제2위의 경제 대국이 될 것으로 기대된다. 중국은 주요 무역국의 하나로서 세계무대에서 상당한 권력과 영향력을 행사하지만 그 힘은 제2차 세계대전 이래로 미국이 우월적 지위를 장악해온 지역에서 훨씬 더 강력하다.

1978년에 중국의 개방정책이 공표된 이래로 무역에서는 괄목할 만한 성장이 있어왔는데, 이는 자급자족을 위해 노력하던 이전 마오주의 프로그램과는 거리가 먼 정책이었다. 마오주의 정책에도 성공이 없었던 건 아니다. 1952년부터 1978년까지 연간 6%의 경제성장률을 보였기 때문이다. 하지만 중국의 지도자들이 중국 산업의 통제권을 해외열강들에게 뺏길까봐 두려워한 나머지 해외투자는 더 느린 비율로 성장했다. 또 하나의 극적인 변화는 제조상품들의 수출이다. 이런 변화 요인은 단지 값싼 노동 가용성에만 있는 게 아니라 중국 상품들의 질과 배송의 신뢰성을 현저하게 개선함으로써 중국 상품들이 세계시장에서 경쟁력을 갖게 만든 건전한 경제적 경영에도 있다. 하지만 중국의 무역은 그것의 제품 시장이나 경제적 투자를 찾는 것 이상이며, 중요한 것은 또 중국이 석유를 수입하고 군사용·민간용 첨단 기술을 획득할 필요가 있다는 점이다.

중국의 WTO 가입이 미치는 영향을 어떤 확실성을 갖고 가늠하기엔 여전히 너무 이르다. WTO 회원자격은 해외시장을 중국 상품에 개방시킴과 동시에 중국의 국내시장을 해외 경쟁에 개방시킨다. 이는 중국이 거대한 무역 흑자를 축적하면서 해외 경쟁국들과 긴장관계를 형성함에 따라 확실히 문제시되고 있다.

하지만 중국이 무역을 발판으로 세계열강으로 도약하는 데 영향을 미치는 여러 또 다른 문제들이 존재한다. 이 지도책의 다른 부분과도 관계가 있는 것으로서, 중국의 국내적 평온과 안정에 대한 도전과 더불어 심지어 그에 대한 위협들이 존재한다. 여기에는 불안정한 재정 및 금융 체계와 부패, 커져가는 불평등, 인플레이션, 실업, 그리고 심각한 환경 문제들이 포함된다. 점증하는 악의적 민족주의는 파트너 국가들과의 관계를 긴장시켜 격앙된 해외 모험주의의 불을 지필 수 있다. 미국과의 관계는 타이완 문제를 둘러싸고, 아니면 더 가능성이 높은 것으로 세계 유일의 초강대국으로서 미국이 갖던 지위가 도전받을 때 폭발할 수 있다. 또한 중국이 오르락내리락하는 세계시장의 변화로부터 안전한 것도 아니다.

출처 : Kynge J., *China Shakes the World*, London : Weidenfeld and Nicolson, 2006; Buzan B and Foot R, *Does China matter? A reassessment*, London & New York : RoutledgeCurzon, 2004.

2 투자 INVESTMENT

외국인직접투자 FDI 는 중국의 경제성장을 이끈 동력이었다. 중국은 대량의 값싼 노동력과 가용할 땅을 제공하고, 노동조건에 대한 규제는 최소화하며, 권위주의 정부는 시장주도 개혁과 거대한 국내시장에 몰두한다. 반대로 해외 기업들은 고용을 창출하고, 전문기술 및 훈련 기회를 제공하며 기술을 가져온다. 중국은 경제적 성장을 이루고 새로운 친구들을 만든다. 기업 임원들은 중국과 가장 가까운 동맹자들에 속한다고 볼 수 있다. 그들은 중국의 인권 억압에 대한 비판을 자제하고 수출자유화를 위한 로비활동을 하라고 정부들을 설득한다.

이런 파트너십이 중국의 경제발전에 미치는 영향은 압도적이다. 2011년 세계투자전망 World Investment Prospects to 2001 보고서에 따르면, 중국은 가장 중요한 외국인직접투자 국가로서, 다른 개발도상국들을 훨씬 앞지른다.

중국의 반응은 벌써 행해졌어야 할 기간시설에 대한 적극적 투자로 이어져왔다. 해외투자자들은 합작기업들에 대한 통제권을 쥐거나 완전히 통제되는 자회사들을 설립하는 식으로 대응해왔다. 해외 회사들은 중국 수출품의 2/3를 제조하며, 더 심각한 건 이들이 주로 해외 시장을 위해 수입품들을 재가공하는 조립공장들이란 점이다. 개혁 이전 시기에는, 마오주의자들이 이를 두려워했고 이것이 그들의 자급자족을 향한 충동을 자극했다. 그들이 WTO에 대해 어떻게 생각했을지를 상상하기는 어렵지 않다. 중국의 WTO 가입은 해외투자자들이 원거리 통신과 금융, 보험, 그리고 주식 시장을 포함한 새로운 영역들에 진입할 수 있도록 허용한다. 중국이 국내 시장과 수출 시장 모두에 대한 투자를 끌어들일 수 있는 능력에 관심이 집중되지만, 기억해야 할 것은 중국 역시 하나의 해외직접투자 국가라는 점이다.

동부 연안 성들에 해외직접투자가 집중되는 것은 적어도 두 가지의 중요한 결과들을 낳는다. 첫째, 이런 성들이 갖는 힘이 중심부에 비해 상대적으로 증가해왔다. 혹은 달리 말하자면 정치적 권력이 중앙정부로부터 성들로 사실상 이전되어왔다. 둘째, 연안과 내륙의 성들 간에 불균형이 상당하다. 중국당국은 첫 번째 문제를 조세개혁을 통해 다루었고 두 번째 문제는 중앙 및 서부의 성들에 대한 중국 자체의 중요한 투자를 시작할 뿐만 아니라 해외투자를 끌어들이는 '서부대개발' 프로그램을 통해 대응했다. 정부투자는 중국 및 해외 투자자들이 따르길 희망하며 기반시설에 투입되었고, 그와 함께 발전은 불균등하게 이루어졌다.

아마도 가장 중요한 것은 해외투자자들을 끌어들이고 유지하기 위한 정치적·사회적 안정성을 이어가는 중국의 능력일 것이다. 불안과 지역갈등에 대한 보고들은 얼마나 상이하건 간에 투자자를 불안하게 할 것이다. 제한받지 않는 성장은 권위주의 당국에서의 정치적 안정을 철갑처럼 보장해주지 못한다.

출처 : *World investment prospects to 2011*, London, New York, Hong Kong : Economist Intelligence Unit, 2007 www.eiu.com; Kynge J., *China Shakes the World*, London : Weidenfeld and Nicolson, 2006; Harris S. China in the global economy(수록원본 : Buzan B and Foot R, *Does China matter?*, op. cit.); Nolan P., *China at the crossroads*, Cambridge : Polity Press, 2004.

3 군사력 MILITARY POWER

중국이 가까운 미래에 미국의 군사적 패권에 도전할 만한 위치에 근접할 가능성은 별로 없다. 미국의 군사비용은 자신과의 싸움 속에서 이루어진다. 하지만 중국은 군사적 능력을 증대하고 입증해 가고 있으며, 중국의 국내·외 안보적 필요성 모두와 관련하여 그렇게 할 만한 중요한 사유가 있다고 믿는다. 또한 군대가 당국과 얼마나 유착되거나 소유되어 있든 간에 그것은 하나의 중요하고 강력한 정치적 행위자다. 인민해방군PLA이 갖는 우선권들은 명백하다. 군사비용 증가는 단지 전 세계적인 테러와의 전쟁 수요들만을 만족시키기 위한 게 아니라 더 많은 최신 장비와 첨단기술 무기들, 그리고 인민해방군 장병들의 봉급 인상 및 더 나은 근무조건을 위한 것이기도 하다. 직접 자산인 위성공격용 무기의 시험과 첫 번째의 달 궤도위성 발사는 보다 야심찬 계획들을 암시한다.

중국의 국방산업을 구성하는 11개의 주요 산업그룹들은 미국을 따라잡기 위한 기술적인 대약진을 달성하라는 명령을 받아왔다. 우연히도 유럽연합EU의 무기판매금지로 인해 중국이 자체적인 시스템들을 개발할 수밖에 없게 되자 개발은 매우 빠르게 이루어졌다. 러시아는 장비와 기술을 제공하는 대안적인 주요 공급원이며, 중국은 러시아의 가장 비중 있는 고객이다. 하지만 중국은 자급자족적인 무기 생산을 이뤄내고자 하며, 따라서 구매한 모든 러시아 시스템에 대해 중국 자체의 시스템이 개발중이다.

유엔의 평화유지활동에 점점 더 기여를 늘려가고 있는 중국은 국제적인 테러와의 전쟁에 직면하고 있다. 중국은 국제적 협력에 대한 중국의 지원이 '결정적 증거'와 '명백한 표적', 그리고 '국제법의 규준들'에 기초하여 유엔을 통해 이루어지는 걸 조건으로 함을 명확히 하고 있다. 중국의 평화증대와 경제발전에 관심 이 집중될 수 있지만 중국의 커져가는 군사력을 간과해서는 안 된다.

출처 : Smith D., *The state of the world atlas*, London : Earthscan and Berkeley : University of California Press, 2008; IISS, *The military balance, 2008*, Oxford : Oxford University Press, 2008; Smith D., *The state of war and peace atlas*, London : Earthscan 2003; Shambaugh D., *Modernizing China's military*, Berkeley and London : University of California Press, 2004.

4 국제관계 INTERNATIONAL RELATIONS

중국은 아직 세계열강이 아닐 수 있으나, 세계열강처럼 행동하기 시작했다. 세계에서 가장 큰 경제국들 중 하나로서, 중국은 그렇게 행동할 이유를 갖고 있다. 미국은 중국을 잠재적인 라이벌로 여기면서 경쟁과 통제를 통해 압력을 행사한다. 그리고 중국이 국제사회의 한 구성원으로서 인정받고자 노력해오는 동안, 미국은 일방주의으로 후퇴해왔다.

중국은 가까운 인접 국가들부터 아프리카의 많은 국가들을 포함한 먼 국가들까지 양자나 다자간에 이루어지는 일련의 국제적인 정치·경제·전략 관계들에 관여하고 있다. 1997년 이래로 타이완이 아프리카 대륙에 끼치는 영향은 줄어들었으며, 본토는 발전하는 지역사회들에 중요한 혜택을 주는 기반 프로그램들을 앞세워 그 존재감을 부각시켰으나 종종 중국인 노동력에 의존하여 값싼 중국산 직물들의 수입을 허용함으로써 아프리카 노동자들과 지역 산업들에 손해를 입히기도 했다. 이런 과정에서 중요한 전환점은 2006년의 중국-아프리카 정상회담2006 China-Africa Summit이며, 중국-아프리카 협력포럼Forum on China-Africa Co-operation : FOCAC은 아프리카 국가들과 중국의 성들, 그리고 베이징 국가정부 간에 일련의 복잡한 양자관계들로 이루어진 다자간 정책 가운데 하나이다. 서구는 이렇게 급증하는 대륙 간 친교관계에 불안해하고 있으며 모든 신식민적 서사들처럼 이 또한 지켜봐야 할 대상이다.

중국은 다자 간 협정들에 서명하고 유엔 평화유지활동에 기여하는 국가로서 국제기구들에 가입함으로써 국제사회에 통합되어왔다. 아마도 가장 중요한 점은 중국의 WTO 가입일 것이다. 15년의 협상을 거쳐 관세장벽을 줄이기 위한 많은 요구들을 수용한 다음, 중국은 2001년 12월에 회원국 자격을 얻었다.

시장주도 경제와 정치적 안정을 발전시키려는 중국의 전략을 이끄는 건 국제무역이다. WTO 가입 승인은 여기에 적법성을 부여한다. 또한 그것은 WTO에 적법성을 부여하는 데에도 도움이 되며, 그러한 문제는 세계에서 가장 큰 나라가 가입하지 않고서는 자기들의 지위와 힘을 유지할 수 없는 다른 국제기구들에 대해서도 마찬가지다. 중국의 가입이 갖는 의미는 중국이 인권상의 의무를 충족하는지의 여부와 중국의 의사결정권자들이 국내적 현대화와 국제적 야심들의 균형을 맞출 수 있는지의 여부에 달려 있다.

출처 : Aiden C., *China in Africa*, London : Zed Books, 2008; *The new great walls. A guide to China's Overseas dam industry*, International Rivers Network, 2008 July. www.internationalrivers.org; Chinese in the Pacific : where to now? The Australian National University. CSCSD Occasional Papers (1), 2007 May; Foot R, *Rights beyond borders*, Oxford : OUP, 2000; Nolan P. *China at the crossroads*, Cambridge : Polity Press, 2004; Saich T., *Governance and politics of China*, Basingstoke and New York : Palgrave Macmillan, 2004.

5 중국인의 디아스포라 CHINESE DIASPORA

네덜란드와 인도네시아, 호주, 그리고 중국의 미디어 학자인 이엔 앙Ien Ang이 지금은 유명해진 '중국어로 말하지 않는 것에 관하여On Not Speaking Chinese'에 관한 그녀의 생각들을 처음 기술했을 때, 그녀는 누군가의 언어적 성향이 어떠하든, 그가 가진 뿌리들이 어떤 특정한 민족국가, 즉 이 경우엔 중국을 넘어 얼마나 깊든 간에, 존재하거나 존재한다고 인식되고 있는, 특정한 민족성이나 문화의 예외들을 가리키고 있었다. 그녀의 저서는 여전히 중국인의 디아스포라가 다양한 이주와 더불어 많은 꽤 다른 이야기, 결과, 그리고 정체성을 담고 있음을 상기시키고 있다.

중국인의 디아스포라 인구는 세계적으로 3천만 명 이상인 걸로 계산된다. 이 수치에 포함된 이들 중 일부는 세계 각지에 오랫동안 거주해온 시민들이나 주민들이지만, 다른 한편에는 이제 갓 새로운 기회에 대한 여정을 시작 중인 이들도 있다. 중국본토와 타이완으로부터 태평양 섬나라들로 최근 이주한 이들은 그 지역에서 세력범위를 키우려는 그러한 두 집단들의 시도를 보여주는 지표다. 그 섬들에 있는 보다 오래 된 이주민 공동체들의 연원은 간접적인 정부 명령들을 무시하고 자기들의 무역을 강행하던 뱃사람들로까지 거슬러 올라간다.

그 이주의 이유들은 세계에 존재해 온 다른 이주 동기들만큼이나 다양한데, 해외에서의 무역 기회, 빈곤, 고향에서의 기회 부족, 해외에서의 교육 기회, 정치적 입장의 일치와 불일치, 그리고 억압 등이 있다. 싱가포르에 기반을 둔 학자인 왕경우는 중국 세계 내에 있거나 그로부터 연유한 4가지의 주요 이주 패턴들을 제시한다. 중국인 노동자(화공华工 : huagong)나 '쿨리coolie' — 대개 계약노동자에게 적용되는 멸시적인 단어 — 는 현대에 들어 미숙련된 이주노동자와 밀입국자의 의미로 쓰이고 있다. 중국인 상인(화상华商 : huashang)은 역사적 이주와 근대적 이주 모두에 공통으로 나타나는 인물로 숙련되거나 반-숙련된 소규모 영업자들이 새로운 시장으로 이익을 확장하거나 기회를 옮길 수 있게 하는 역할을 한다. 체류자나 정착민(화교华侨 : huaqiao)의 범주는 실제로 현재 해외에 있는 모든 중국인들에 적용되는 포괄적인 용어로서, 일종의 해외 애국주의를 통해 중국인의 디아스포라와 중국이라는 민족 간에 지속되고 있는 연계를 암시한다. 마지막으로 종종 국제적인 전문직 종사자로서 고도로 숙련되고 성공적이며 스스로를 어떤 의미로도 '중국'과 연계시키지 않을 수 있는 복합적인 이주민(화이华裔 : huayi)들이 있다. 하지만 물론 교육 수준이 모국과의 장기적인 문화적 분리를 나타내는 유일한 지표인 건 아니다. 교육받은 이주민들이 중국을 남겨두고 떠난 것이라는 말도 사실은 아니다. 최근에는 이주민들은 재정적인 측면이나 또는 중국의 개혁정책과 국가경제 재건에 있어 개인적이고 전략적인 참여를 통해 많은 투자를 해 오고 있다.

출처 : Allen PM, Contemporary literature from the Chinese "diaspora" in Indonesia, *Asian Ethnicity*, 4(3), 2003, pp.383~399; Ang I. To be or not to be Chinese : diaspora, culture and postmodern ethnicity, *Asian Journal of Social Sciences*, 21(1), 1993, pp.1~17; Ang I., *On not speaking Chinese : living between Asia and the West*, London : Routledge, 2001; Wang G., *China and the Chinese overseas*, Times Academic Press, 1991; Hearn A., *China and Latin America : the alliance of the 21st century*, Durham NC : Duke University Press (2009년 근간예정); Research School of Asia and the Pacific, Australian National University, Chinese in the Pacific : Where to now? CSCSP Working Papers 1, May 2007, Canberra : ANU.

6 인구 POPULATION

이 지도책의 첫 판을 생각했을 당시인 1990년대에는 인구 문제가 여전히 중국에 관한 사고를 요약하는 하나의 환유적인 약칭이었다. 2007년까지 인구성장률은 줄곧 완화되었지만, 실제 인구는 여전히 많았고 계속해서 늘어나고 있었다.

순전히 그 숫자들의 비중만으로도 많은 정책적 함의를 지니고 있다. 2007년에는 중국 인구의 8.1%가 65세 이상이었고 이 비율은 2040년까지 22%로, 혹은 3억2천만 명으로 늘어날 것으로 예상된다. 비록 이것이 생활양식과 의료, 그리고 영양이 개선되었음을 말해주는 척도이긴 해도, 다른 한편으로는 중국이 그렇게 거대한 규모에서 필요한 연금과 주택, 그리고 의료 서비스를 어떻게 다룰 것인지의 문제를 나타내기도 한다. 그리고 그 그림을 완성해보자면, 감소하는 출생률의 의미는 더 적은 노동력이 더 많은 노년층 인구를 부양하게 된다는 뜻이다.

불균등한 인구 분포는 경제적 성장의 반영이며, 노동력이 개혁시대의 힘인 동시에 문제가 될 때 발전의 모순점이 대두된다. 중국의 지도자들은 '고도로 개입적이고 공격적인 정책'을 추구해왔는데, 그로 인해 "인구계획은 1950년대의 출산촉진정책에서 출산억제정책으로 변화해왔다." 인구통제는 비록 국제 시장에서 중국을 경쟁력 있게 만드는 것이 값싸고 풍부한 노동력이라는 1980년대와 1990년대의 믿음과 상충되는 정책이지만 현대화를 위해서는 꼭 필요한 것으로 간주된다. 하지만 이미 현저한 실업이 존재하는데다, 중국의 WTO 가입과 최근의 세계 경제 침체로 인해 중국은 경공업과 중공업 모두의 긴축과 더불어 노동력 관리를 위한 더 많은 해고를 감행해야 했다. 현대화하는 인구는 중산층의 갈망적인 소비 패턴들을 통해 자본의 성장을 지탱한다. 이런 패턴은 도시화의 진행에 맞춰 증가하지만, 많은 사람들이 그러한 폭발적인 생활양식 증가와는 상관없이 소외되어 남을 것이다.

또 시간이 지남에 따라 중국의 능력은 국제적인 기업들을 위한 생산공장으로서보다는 고도로 숙련된 지식노동자들에 대한 아웃소싱을 제공하는 측면이 더 중요해질 것이다. 또, 서부 지구들의 늘어난 인구는 일거리를 찾지 못하는 반면, 단지 동부에서 좋은 교육 및 훈련을 접한 사람들만이 성공할 가능성도 있다. — 다만 그 후에 그들은 노년층과 실업자층을 위한 복지의 부담을 안게 될 것이다.

출처 : *Women and men in China. Facts and figures 2007*, 중국국가통계국 사회과학기술부Department of Social, Science and Technology, 2008; Conway G., *The double green revolution*, London : Penguin Books, 1997; UN Population Division statistics http://esa.un.org/unpp/

7 성차 GENDER GAP

중국에서의 성별 관계gender relation들은 여성에 대한 역사적인 멸시로 특징되어왔다. 심지어 최근에 지식인 엘리트들의 교육 수준과 고용 성과들이 적어도 선진국 여성의 그것들과 동등해졌지만, 사회적 · 문화적 조직들 내에서 남성에게 주어지는 우선권은 여전히 여성들에게 걸림돌로 작용하고 있다. 농촌지역에서는 상황이 훨씬 더 심각하며, 최근의 인구조사 분석은 농촌지역의 성별화된 노동과 낮은 교육 수준 간의 상관관계를 보여준다. 이는 농촌지역들, 특히 개발된 농촌지역들에서 일어나고 있는데, "이런 농촌지역 부문에서는 기본적으로 여성들과 노인들이 일을 하고 있기 때문이다"(2004년, 국가통계국National Bureau of Statistics)

노동은 근대사회에서 새로운 계층 관계들을 나타내는 적절한 방법이기도 하다. 여성 이주노동자들은 도시들 내에 편재하며, 그들은 대개 저임금의 가내 노동이나 공장 노동에 국한되어 종사한다. 하지만 그 스펙트럼의 반대편 끝에서는, 상하이와 베이징의 교육받은 엘리트들에서 이미 나타난 새로운 기업가적 여성 계층이 중심지방들에서 출현하고 있다. 이른바 '일하지 않는 주부들'의 지위에도 불구하고, 여성은 기본적으로 노동에 참여하고 있으며, 그들의 노동은 가족의 기업적 관심들의 발전에서 핵심적이고 중요한 의미를 지니고 있다. 공공 부문 노동력의 경우, 여성은 여전히 비정규직과 비상근, 그리고 저임금의 직위를 갖는 경향이 있다. 서비스 산업 통계에서 '전문적이고 기술적'이라고 분류되는 여성들은 일반적으로 간호사나 초등학교 교사다. 이런 역할들은 존중을 받지만 남성이 지배적인 많은 전문직들에 비해 지위가 낮고 보수도 적다. 여성들은 실업자가 되었을 때 결혼한 노동자들을 좋아하지 않는 사회적 편견과 남성 근무자들을 찾는 일반적인 선호 경향 때문에 더 오랜 실업기간을 견뎌야 한다. 통계수치들은 여성들이 수행하는 역할 유형과 관련하여 지난 5년간 서비스 부문에서 거의 변화가 없었다는 실망스러운 결과를 보여준다.

비록 가정생활이 건강한 국가를 이루는 데 갖는 중요성은 20세기 내내 ─ 제국 체제와 공화국 체제, 그리고 공산주의 체제의 사회정책 속에서 ─ 변함 없는 공통된 현상이지만, 예외적인 기간들도 있었다. 1960년대 말에는 결혼과 성관계를 미루라는 정치적 이상주의가 소녀들을 독려했고, 1970년대의 산아제한 프로그램은 사람들이 자신의 섹슈얼리티나 가정을 이루려는 욕구보다는 국가 전체 인구를 고려하여 행동하는 방식을 강조했다. 이런 정책은 완시샤오晚稀少(만희소 : 더 늦게─더 길게─더 적게) 계획으로 불렸다. 여성들은 더 늦게 결혼하고, 더 긴 출산 간격을 두며, 전반적으로 더 적은 아이들을 낳으라는 계획이었다. 1979년에는 한자녀 정책이 공표되었는데, 이는 성인 대비 아동 비율을 현저하게 감소시키고자 계획된 보상 및 벌금 체계였다. 1981년에는 이 정책이 더 엄격해져 모든 가족들에게 2000년까지 낳을 수 있는 자녀를 한 명으로만 제한했다. 그 계획은 사회구성에 장기적인 효과를 미치지 않고도 그 사이에 인구의 규모를 안정화시키려는 것이었다. 안타깝게도 성적 불평등의 근본적인 문제는 원치 않은 딸아이들에 대한 학대로, 그리고 나중에는 결혼 적령기 여성들의 유괴로 이어졌다. 그 정책은 2006년에서 2007년 사이에 재검토되었지만, 그 시스템을 통해 성적 불평등이 해소되려면 많은 시간이 걸릴 것이다.

결혼적령기 여성들의 부족에도 불구하고 가정 폭력의 경향은 여전히 존재하고 있다. 추산된 바에 따르면 중국 가정들의 30%인 8천만 세대의 가정에서 이런 종류의 폭력적인 가정 범죄가 이루어진다. 전 여성연합All Women's Federation은 미디어를 통해 이런 사례들을 조명하며, 학술적인 여성학 연구단체들과 비정부기구들도 관련 정책과 공공의 태도를 변화시키기 위해 활동적으로 노력하고 있다. 또한 종종 본인들이 모르는 사이에, 혹은 본인들의 동의 없이 성 노예로 팔려가는 여성들에게 가해지는 폭력을 공론화하고 그들을 학대로부터 보호하는 방법들에 대한 연구도 진행되고 있다.

1960년대의 문화대혁명도, 1970년대의 결혼 연기도, 남성적 우월성이나 어머니와 주부로서의 여성적 의무에 대한 사회의 기본 인식을 뒤집은 적은 없다. 하지만 1949년의 해방 이래로 진전이 없었던 것은 아니다. 여성들은 이제 공적 생활, 특히 지역 수준에서의 공적 생활에 관여한다. 전국인민대표대회에 참여한 여성 대표들의 수는 1954년의 147명에서 1993년에는 626명으로 증가했고, 이후 대회들에서도 대표들의 약 21% 수준으로 지속되었다. 2008년에는 전여성연합의 부대표가 이 수치는 받아들이기에 너무 낮으며, 특히 그 중의 상당 비율이 낮은 지위 ─ 예를 들어 도시민들의 위원회에서는 48% ─ 와 관계되어 있다는 점을 고려하면 너무 낮은 수치라고 지적했다. 게다가 많은 여성 정치인들이 주로 '여성 이슈들'에 관한 문제나 분야에서 활동하는데, 이것이 정부 영역에서의 성별 분리를 더 조장하고 있다. 그들은 남성 조력자들로부터 필요한 지원을 받지 못하며, 보이지 않는 유리천장glass ceiling은 여전히 깨기가 어렵다. 현재까지 적어도 정부 직위에서 가장 고위직에 오른 여성은 (마오쩌둥의 부인인 장칭Jiang Qing은 제외하고) 존경할 만한 인물인 우이吳儀(국무원 부총리 역임)였다. 그녀는 2008년에 은퇴했다.

중국 여성들의 미래는 여러 가능성이 혼재한다. 성차가 계속해서 늘어갈 경우, 점점 더 시장 지향적으로 되어가는 사회에서 여성들은 부족함에도 값싼 대우를 받는 '인간 상품'이 되면서 여성들에 대한 폭력이 더 늘어날 것이다. 일부 여성들은 외동으로 태어난 지위로부터 혜택을 받겠지만, 지식인층의 전문직 가정들이 딸의 교육을 오랫동안 매우 진지하게 대해 왔다는 점을 고려하면, 이러한 요소는 중요한 의미를 지닌다고 보기 어렵다. 고용률이 떨어지면 여성들은 고통을 겪을 것이고, 남성들은 기회가 줄어든 영역에서 일할 기회를 요구할 것이다. 성차는 오늘날 중국의 공적ㆍ경제적ㆍ가정적 생활에서 여성들이 남성들과 동등한 지위를 누리려는 투쟁의 원인이라기보다는 그것의 증상에 가깝다. 여성들은 정부 시스템들을 세우고, 개혁 시대에 경제적 권력에 접근하고, 자기들의 몸과 자기존중에 있어서 자본주의가 행하는 최악의 비하를 피하는 과정에서 스스로의 역할을 증대시킬 필요가 있을 것이다.

출처 : Du F, Yang J-C, Dong X-Y, Why do women have longer unemployment durations than men in post-restructuring urban China? July 2007, PMMA Working Paper No. 23. SSRN(http://ssrn.com)에서 이용가능; *South China Morning Post*(www.scmp.com), 여러 호 참조; Jeffreys E. Over my dead body! Media constructions of forced prostitution in the People's Republic of China, *Portal : Journal of Multidisciplinary International Studies*, 3(2), 2006(온라인); Pun N., *Made in China : women factory workers in a global workplace*, Duke University Press, 2005; *Far Eastern Economic Review*, 여러 호 참조; McLaren AE(편집자), *Chinese women : living and working*, London : RoutledgeCurzon, 2004; 중국국가통계국(www.stats.gov.cn / english)

8 소수민족MINORITY NATIONALITIES

중국 내의 소수민족들은 비록 낮은 비율을 구성하지만, 전체 인구 규모가 워낙 커서 그들 역시 매우 많은 수를 차지한다. 좡족壯族이라는 단 하나의 소수민족의 인구가 칠레의 현재 인구만큼이나 많으며, 소수민족들을 모두 합치면 호주 인구의 6배나 된다. '소수민족'이라는 용어는 내셔널리티를 "역사적으로 공통의 영토, 공통의 언어, 공통의 경제생활, 공통의 문화 속에서 드러나는 공통의 심리구조를 가진 사람들이 모여 구성된 공동체"로 정의하는 스탈린의 개념에 기초해 있다(Wang, 1998). 이론적으로 이 정의는 정치적인 시민의식을 선호하며 전체로서의 중화민족성ethnic identity과는 반대된다. 실질적으로 많은 집단들에 대해 소수자의 지위에 부가된 경제적·사회적 불이익들이 문서화되어 있다.

소수민족으로 승인된 집단은 현재 55개이며, 지배적인 대다수의 한족까지 포함하면 공식적으로 승인된 민족 집단의 수는 56개다. 많은 소수집단들은 별개의 민족 정체성들을 고집하지만, 그 '민족'이 무엇이든 그들의 경험 속에는 유사한 요소들이 많다. 이런 요소들은 경제적 불이익, 국가적 차원에서의 빈약한 수준의 대표권, 종교적 억압, 그리고 교육적 불이익으로 요약될 수 있다. 직접적인 억압은 오직 종교가 (자치와는 반대로) 독립을 요구하는 추동력으로 작동한다고 당국이 인식할 때에만 행해진다.

언론을 통해 가장 많이 알려진 건 티베트 불교의 사례로, 2008년 3월에 수도승들을 포함한 젊은 티베트인들의 격렬한 폭동과 시위가 있었다. 하지만 신장 지구에서의 상황이 중앙정부에 더 성가신 문제다. (말 그대로는 '새로운 국경新疆'이라고 인상적으로 번역되는) 신장은 중앙아시아의 이슬람 교인들에게 동 투르키스탄East Turkestan으로 알려져 있는데, 이는 압도적으로 이슬람을 믿는 위구르 인구를 새로 독립한 인접 국가들인 키르기스스탄과 카자흐스탄, 우즈베키스탄, 타지키스탄, 투르크메니스탄과 연관 짓는 호칭이다. 이 인접 국가들은 예전에 소련의 일부였지만, 그 토착민들의 기억 속에서는 1,200년 전에 이슬람으로 개종했던 보다 광대한 투르키스탄의 일부로 인식된다. 분리주의자들은 그들의 대의를 위해 종교적이고 민족적인 차이들을 인용한다. 신장 분리주의자들은 2008년 베이징 올림픽 이전과 도중에 행해진 폭파 위협들을 이유로 비난을 받았다. 오랜 종교적 충성만큼이나 중앙정부의 봉쇄 전략들이 많은 문제들의 원인이라는 주장도 설득력이 있다.

한족과 기타 민족 집단들의 티베트와 신장을 향한 대규모 이주는 이중적 층위의 경제체계를 만들었는데, 티베트인들과 위구르인들은 그들만의 영역 속에서 그 경제적 사다리의 바닥에 위치해 있다. 많은 이주민들이 떼로 몰려와 황무지를 개간하고 새로운 오아시스들을 만들기 위해 반영구적으로 머물렀다. '이주민 정책을 통한 국경 강화'(이민실변移民實邊 : yimin shibian)라는 오랜 중앙집권적 관념들을 반영하는 이런 정책은 취약한 환경들도 위협하지만, 더 잘 교육받고 더 고도로 숙련된 이주민들에 의해 그 개발 구조 바깥으로 밀려나는 원주민들까지 위험으로 내몬다. 2000년까지 신장 주민의 41%가 한족이었다.

그 수치는 2008년까지 안정적으로 남아있다. 2001년 9·11사태와 테러와의 전쟁 이후 세계적으로 일어난 긴장들은 중국과 동투르키스탄 독립운동 및 위구르의 자치에 헌신하는 다른 기관들과의 사이에서도 출현하였다. 그들이 행하는 실제 위협의 수준과 유형은 가늠키가 어렵다. 이슬람 운동들에 대한 지원은 서구의 정부와 미디어에는 보고되지 않고 공개하는 것이 필요하다고 판단될 때 중국에서만 보고되기 때문이다.

한족과 기타 민족 이주를 통해 발전되는 신장 경제의 이중구조는 북쪽에서는 현대산업을 중심으로, 남쪽에서는 농업을 중심으로 이루어진다. 위구르인들은 보다 빈곤한 남부에 거주하는 경향이 있는 반면, 최근에 이주한 인구들은 북쪽에서 활동하며 세를 확장해가고 있다. 신장에서만큼 명백한 건 아니지만, 티베트와 내몽고 지역에서도 유사한 상황들이 존재한다. 비록 최근에는 한족 및 기타 소수민족의 이주가 주를 이루고 있고, 티베트 지역에 들어온 새로운 열차 노선이 한족의 접근을 훨씬 더 용이하게 하고 있지만, 1964년과 1994년 사이만 하더라도 티베트로 온 이주민 중 70%는 인근 성들로부터 온 티베트인들이었다. 내몽고 지역으로 온 이주민들은 한족이 압도적이었다.

출처 : 2000년부터 2008년까지의 언론 자료; Mackerras C., *The new Cambridge handbook of contemporary China*, Chapter 9, Cambridge : Cambridge University Press, 2001; Wang D. Han Migration and Social Changes in Xinjiang, *Issues and Studies*, 34(7), 1998 July, pp.33~61; Zhang T, Huang R, *Zhongguo shaoshu minzu renkou diaocha yanjiu (Surveys and research into China's minority populations)*, 1996 Mar. Gaodeng Jiaoyu Chubanshe; Teheri A., The Chinese Muslims of Xinjiang, Arab View www.arab.net; Promoting three basic freedoms : freedom of association assembly and expression, 1997 Sept. www.igc.apc.org/hric; Barnette R(편집자), *Resistance and reform in Tibet*, London : Hurst, 1994.

9 농촌과 도시의 불균등RURAL-URBAN INEQUALITY

중국 내의 불평등은 공간적이며, 주로 사람들과 집단들의 기원 및 위치와 관련된다. 그것은 또한 역사적이고 정치적이다. 사람들은 그들이 사는 지역, 그리고 그곳이 도시인지 농촌인지 여부에 따라 매우 다른 생활양식들을 경험한다. 서부의 성들은 광물 자원이 풍부하고 공간이 넓지만 역사적으로 정치적 영향을 덜 받아 기본적인 기반시설이 부족하다. 연안지방의 성들은 해상무역에 대한 용이한 접근성과 잘 갖춰진 도시 네트워크, 그리고 권력이 집중된 베이징과 가까운 관계를 갖고 있다.

덜 개발된 서부 지역들에서 만큼이나 동부에서도 심각한 불평등이 존재하는 지역들이 있다. 안후이가 그것의 한 사례다. 주로 농촌이 많은 이 작은 지역은 연안 도시들로의 인구 이탈이 일어나고, 광동과 상하이에서와 같은 투자자들을 적극 흡수할 수 있는 기회도 적다. 남서부의 광시도 역시 고립되어 있으며, 홍수와 높은 인플레이션, 그리고 농촌 소득 수준의 하락 등 심각한 고통을 겪어왔다. 하지만 일반적으로 중심에서 멀리 떨어져있고, 성공적인 상업 활동들의 비율이 낮며, 현대화 속도가 보다 느려 가장 불이익이 큰 곳은 칭하이와 간쑤, 윈난, 구이저우와 같이 대부분이 농촌인 규모가 큰 성들이다.

정부는 이런 지역들을 개발하기 위해 열심히 노력 중이며 농촌 교육에 들이는 비용과 기반시설에 대한 관심은 그 결의를 보여주는 하나의 지표다. 하지만 2008년 원자바오 총리의 인민대표대회의 정책 발언에서도 다시 강조된 바 있는 '서부대개발' 캠페인은 이로운 점들뿐만 아니라 문제들도 포함하고 있다. 경제개발을 위한 고전적인 방법으로는 숙련된 이주노동자들의 내륙 지역으로의 이주, 모든 지역 아동 및 청년들을 위한 교육, 통신 · 전기 · 도로에 대한 투자, 그리고 재정적 탈중심화 등이 있다.

중국의 보다 빈곤한 농촌지역들 중 많은 곳에 소수민족들이 산다(30~31면). 이 지역들 내의 불안은 대개 테러와 종교, 그리고 분리주의 운동들 탓으로 돌려진다. 하지만 농촌지역들에서 정부에 대해 갖는 내적 불만이, 소수민족들이 주장하듯 한족의 내륙 이주로 인해 야기되는 경제적 불이익 때문이라는 주장도 어느 정도 사실이다. 따라서 하나의 전략은 다른 전략들을 약화시키는데, 새롭게 교육받는 아동들은 근무지에서 기술을 연마하여 그들 가정에 부를 되돌려줄 수 없고 빈곤의 악순환은 그 지역 토착민들 사이에 지속적으로 남기 때문이다. 농민들에게 토지개혁과 토지임대를 허용한 2008년의 결정은 농촌의 불만을 이루는 원인 중 적어도 하나는 완화시킬 수 있을지 모른다. 하지만 재산을 축적하려는 개발업자들과 거대 사업자들이 힘을 갖고 있기 때문에, 농민들은 가격에 합의하기에 앞서 서로 협력하여 그들 토지의 장기적인 가치를 주장할 필요가 있다.

하나의 주요한 대응적 정책은 재정과 회계의 권한을 성들로 이관하는 것(방권양리放权让利)인데, 이는 자원들을 통제하고, 불안을 저지하며, 공평하고 상호 이익이 가능하다고 인식되는 중국 전역의 경제적 연계를 발전시키기 위한 것이었다. 성들에 골고루 부를 분배하는 문제는 성들 내부의 커다란 소득 격차들로 인해 복잡해진다. 농촌의 현county들, 심지어는 서로 인접한 현들조차 그 경제적 이익의 수준이 제각각 다르다. 이는 성들의 자치를 늘리는 또 하나의 유인책이 될 수 있으며, 그것은 빈곤 완화를 위한 노력 속에 부유한 성과 가난한 성의 '균형을 맞추기' 위한 기존의 시도들과도 맥을 같이 한다. 이는 '수평적 지역 협력'(횡향경제연계橫向經濟聯系)으로 알려져 있다. 그러한 모든 계획들, 뿐만 아니라 문맹률을 줄이고 복지 제공을 확실히 하기 위한 근본적인 시도들은 국가 경제의 지속적인 지급능력에 달려있다.

출처 : Lin T, Zhuang J, Yarcia D, Lin F, Income inequality in the People's Republic of China and its decomposition 2000~2004, *Asian Development Review*, 25(1) and (2), 2008, pp.119~136; Storrocks A and Wang G. Spatial decomposition of inequality, Journal of Economic Geography, 5(1), 2005, pp.59~81; Fan S, Kanbur R, Zhang X, Regional inequality in China : an overview, 2008 Aug, www.cornell.edu; Tsai DH-A. Regional inequality and financial decentralization in mainland China, *Issues and Studies*, 1996 May, pp.40~71; Andreosso-O'Callaghan B and Qian W. The PRC's economy : From fragmentation to harmonization? 1997, 미출판 원고; Chang Y-C, The financial autonomy of provincial governments in mainland China and its effects, *Issues and Studies*, 32(3), 1996 Mar., pp.78~95; Fu F-C and Li C-K. Disparities in mainland China's regional economic development and their implications for central-local economic relations, *Issues and Studies*, 32(11), 1996 Nov, pp.1~30; Liu AP. Beijing and the provinces : different constructions of national development, *Issues and Studies*, 1996 Aug, pp.28~53.

10 경제 발전 ECONOMIC DEVELOPMENT

국제통화기금IMF에 따르면, 2007년에 중국은 세계에서 가장 강력한 성장 동력으로서 미국을 능가했다. 중국의 국내총생산GDP은 물론 낮은 수치에서 시작했지만 1990년부터 2008년 중반까지 연간 평균 10%로 성장했다. 그리고 심지어 세계경제 침체 이후에도 중국 경제는 세계적인 중요성을 계속 유지할 가능성이 높다.

중국의 성장은 대개 높은 (해외 및 국내) 투자와 중국의 강력한 수출시장들에 기초해왔다. 초기에는 중국 경제발전의 영향이 동부 연안에서 명백히 나타났지만, 2002년 이후로는 중부의 성들이 가장 빠른 변화율을 보였다. 2008년 악화되어가는 세계경제 분위기 속에서 원자바오 총리는 중국의 해외시장 의존도를 줄이기 위해 국내 소비 수요를 늘릴 것을 촉구했다.

논평가들은 중국의 경제성장 이면에 있는 다양한 요소들을 지적해왔는데, 여기에는 야심찬 정부 목표들을 비롯하여 그것들을 만족시키도록 중국인들을 이끄는 노력이 포함된다. 하지만 결정적인 요소는 당국 지배의 합법성은 대개 건강한 경제를 만들고 중국인들의 일반적 조건들을 향상시키는 당국의 능력에 있다는 점이다. 오직 이런 방식을 통해서만 당국은 사회적 안정을 유지할 수 있을 것이다.

출처 : Wen JB. Government work report to NPC 2008, http://npc.people.com.cn; Huang Y., *Capitalism with Chinese characteristics : entrepreneurship and the state*, Cambridge : Cambridge University Press, 2008; Kynge J., *China shakes the world*, London : Weidenfeld and Nicolson, 2006; Harris S., China in the global economy(수록원본 : Buzan B and Foot R., *Does China matter?*, op.cit.); Nolan P., *China at the crossroads*, Cambridge : Polity Press, 2004.

11 기업가 ENTREPRENEURS

중국에 등장한 국가 자본주의라는 새 얼굴과 시장경제 창조에 대한 강조는 민간 기업과 기업가들의 수효를 급속하게 증가시켜 왔다. 늘어나는 기업가 문화는 또한 중국본토와 '중화권Greater China' — 중화인민공화국과 발전된 상업적 연계를 갖는 홍콩 및 동남아시아의 중국인들에 대해 사용되는 용어 — 간의 결속을 향상시키는 하나의 징후이기도 하다. 어떤 정치적 차이들이 존재하건 간에, 중국 인구는 계속해서 또 다른 인구를 사업과 무역에서 자연스럽고 성장 가능한 파트너들로 고려한다. 이러한 관계들은 지난 10년간 무르익어왔고, 중국의 WTO 가입과 더불어 홍콩과 중국본토 간의 보다 지역적인 — 일반적으로 광둥성과의 지역적인 주강삼각주珠江三角洲 : Pearl River Delta 구상으로 이해되는 — 경제협력강화협정Closer Economic Partnership Arrangement : CEPA을 통해 촉진되어왔다. '중화권' 개념은 지역적이고 전략적이며, 중국 남부와 타이완, 그리고 홍콩-마카오로 이루어지는 하나의 삼각지역을 함께 연결시킨다. 이러한 비공식적인 그룹화는 (타이완은 제외되지만 전통적으로 반-공산주의적인) 동남아시아국가연합ASEAN, 그리고 지역 간 협력회의에 비-아시아권 국가들을 통합시킨 아시아태평양경제협력회의APEC와 같은 국제조직들과 동시에 발전하고 있다.

본국의 기업가주의는 해외의 이러한 커다란 기회들과 국내 조건들에 대해 반응한다. 국가 기업가주의state entrepreneurism는 도시와 성 수준에서, 또한 교육과 광고, 부동산 개발, 관광과 같은 특정 부문들에서도 명백하게 나타난다. 예를 들어 상하이전시대학上海电视大学 : Shanghai Television University은 3차 산업부문의 라이벌들로부터 직업 시장을 쟁취하기 위한 원격 온라인 학습을 개발했다. 제인 더켓Jane Duckett이 지적하듯이, 국가 기업가주의는 시장들의 가용성과 더불어 파산법 및 대출 시스템의 향상과 함께 성장하기 쉽다. 경제의 미시적 경영권을 이전하려는 정치적 의지는 국가를 대리하는 행위자state actor들이 그들의 부문이나 지역에서 더 많은 책임들과 위험들을 떠맡을 수 있게 한다.

개별 기업가들은 하나의 유사한 집합적 요소들 속에서 활동한다. 국유자산들의 탈집체화, 토지용도와 보유기간의 개혁, 이주와 도시화, 증가하는 실업, 그리고 자신과 가족의 노후복지를 돌볼 필요성이 사람들을 야심찬 모험들로 내몰고 있다. 또 다시 더켓의 말을 인용하자면, "기업가주의는 다른 모든 이들이 사업을 하고 있다는 인식들, 그리고 자기들이 기회들을 잃고 있다는 느낌을 갖지 않는 이들 때문에 확산되어왔을지 모른다."

출처 : Goodman DSG, *The new rich in China*, London : Routledge, 2008; Jaffrelot C and van de Veer P., *Patterns of middle class consumption in India and China*, London : Sage, 2008; Krug B(편집자), *China's rational entrepreneurs : the development of the new private business sector*, London : RoutledgeCurzon, 2004; Donald SH, Flew T. and Wang X, "The Administration of creativity : China, Leadership and the new MBA"(미출판); Duckett J., *The entrepreneurial state in China*, London : Routledge, 1998; Goodman DSG, Why women count : Chinese women and the leadership of reform(수록원본 : Anne E. Mclaren(편집자), *Chinese Women : living and working*, RoutledgeCurzon : London, 2004; Blecher M, Benewick B, Cook S.(편집자), *Asian politics in development : Essays in honour of Gordon White*, London : Frank Cass, 2003.

12 고용EMPLOYMENT

중국 내 노동의 성격과 요구조건들은 과거 영세농업과 중공업이 주도하고 정치적 노동과 지적 노동은 보충하는 역할이었던 시기와는 매우 다르다. 사람들은 스스로를 이주노동자로, 서비스 노동자로, 소규모 기업가로, 그리고 사업경영자로 재창조해왔다. 이러한 재창조는 많은 경우 고소득과 보다 야심찬 직업 선택요소, 그리고 전문경영직의 증가와 관련된다. 비록 많은 대학 졸업생들이 여전히 국가 부문의 공공 직위에 배정되지만, 고용은 현재 하나의 개인적 책임으로 여겨진다. 심지어 공무원들조차 그들의 직업을 유지하려면 자신의 기업가적 능력들에 대해 생각해볼 필요가 있다.

중국에서 새로운 고용 추이에 영향을 미치는 몇 가지 요소들이 있는데, 개혁과 현대화, 최근의 역사, 그리고 자본 분배와 노동 비용의 지역적 불균형이 그것들이다. 실업은 수만 명의 20대 및 30대 초 인구들이 시골에서 도시로 돌아왔던 1970년대 말에 표면화되었다. 이들은 문화대혁명의 조치의 일부로서 17세 이후로 외딴 농촌지역들에서 일하며 그들 삶의 대부분을 소비했던 '도시 젊은이들urblings'*이었다. 하지만 그들이 고용 상황에 미친 영향은 이후에 출현한 이주 농민들의 유입과 비교하면 미미한 것이었다. 그리고 잉여 노동력의 효과는 계속되고 있다. 공식적인 통계에 따르면, 2천6백만 명의 사람들이 1998년과 2002년 사이에 국영기업들로부터 해고되었고 중국이 WTO 협정 하에서의 의무들을 충족할 필요성으로 인해 더 많은 사람들이 잇따라 해고되었다. 일부 단기적인 고통들은 민간 부문에 직접 전해졌다. '큰 것은 장악하고 작은 것들은 내버려두기'(조대방소抓大放小)의 정책은 전체적인 국가소유의 날개 밑에 오직 전략적이고 보다 큰 기업들만을 확실히 유지시키는 것이다.

깊은 지역적 분리는 여전히 남아있다. 연안 지역들의 고용 패턴은 자본 집약적이고 고도로 기계화되어 있으며, 노동자들은 대체 고용과 계절별 고용을 통해 소득을 보충한다. 한편 외딴 지역들의 농작 업무는 노동 집약적이지만 보수는 매우 낮다. 가족 구성원들은 종종 젊은 여성들인 경우가 많은데 가구 소득을 보충하기 위해서는 도시로 이주하여 임시노동자로 일할 필요가 있다. 그들은 경제력의 변화를 통해 어떤 확실한 지위를 성취하지만 도심에서 그들이 부딪히는 상황은 불안정할 때가 많다. 적어도 단기적으로는 산업 운영의 발전이 종종 규모 축소와 노동력의 구조조정으로 이어진다. 뿐만 아니라 그러한 많은 고용기회들이 대규모의 인구증가에 의해 상쇄된다.

세계경제의 침체는 주강삼각주와 동부 연안 성들에서의 공장 폐쇄와 실업 증가를 낳았다. 이는 3천만 명 이상의 인구를 유지하는 충칭과 같은 내륙의 노동수출 지역들에 영향을 준다. 충칭 지방정부는 향후 4년 동안 18만 명의 이주민들이 회귀하여 충칭 지역에서 일을 찾고 새로운 기업들을 세우는 걸 돕게 될 것으로 예측한다.

여성 노동자들은 특히 실업 가능성에 있어 불이익을 받는다. 그들은 전체 노동력의 45%만을 차지하지만 새로 해고된 노동자들 중 절반 이상이 여성들이다. 이는 이미 약한 여성들의 지위를 더 악화시킨다. 더욱이 그들은 보다 빈곤한 지역들로부터 온 값싼 불법 노동력의 도전을 받는다. 선택은 사회적인 문제들과 강력한 국가경제 사이에서 이루어지고 있다. 장기적으로 중국이 어떤 길로 나아갈 것인지는 여전히 확실하지 않다.

출처 : Migrants start to move back inland, *China Labour Bulletin*, 2008 Oct 28;

---

* 마오쩌둥이 문화대혁명을 위해 조직한 홍위병들. 추후 이들 사이에 마오쩌둥의 후계자를 자처하며 조직의 내분이 일어나고 무력충돌과 사회적 마비로 인한 도시경제의 와해가 일어나자, 정부는 정규군을 전국에 투입하여 수백만의 도시 홍위병을 깊은 산골로 쫓아 보내 그들의 세력을 줄이고 도시의 질서를 어느 정도 회복했다.

Migrant remittances in China : the distribution of economic benefits and social costs(수록원본 : Murphy R(편집자), *Labour migration and social development in contemporary China*, London : Routledge, 2008; *China labour statistical yearbook 2007*, China Statistical Publishing House 2007; Jacka T., *Rural women in urban China : gender, migration, and social change*, London and New York : ME Sharpe, 2006; Chow PCY. China's sustainable development in global perspective, *Journal of Asian and African Studies*, 38(4-5), 2003.

13 농업 AGRICULTURE

세계 인구의 1/3을 먹여 살리는 데에 있어 일어나는 모든 변화는 얼마나 작든 간에 세계 전반에 영향을 미친다. 중국 개혁의 커다란 성공은 2억 명의 사람들을 빈곤에서 탈피시켰고 농민들이 농촌의 의사결정에 어느 정도 참여하는 결과를 가져왔다.

하지만 중국당국은 여전히 중국의 중대한 농업문제와 세계발전을 해결해야 한다. 1980년대 초에 가족농(家族農)을 재도입하여 출현했던 인상적인 생산량 증대는 정체 상태에 도달한 이래로 침체 상태에 있다. 비록 농민들의 생활조건이 향상되긴 했지만 도시와 농촌 간의 소득 격차는 확대되어 왔다. 환경적 남용과 부패, 그리고 토지의 불법 전용은 상당한 혼란을 불러왔다.

중국당국은 이런 문제들을 해결하기 위해 이데올로기적 틀과 사회적 조화, 그리고 과학적 개발을 제시하였다. 예를 들어 농업소득세를 폐지했고, 농부들이 자기들의 땅을 직접 이전할 수 있게 하는 새로운 기준들이 도입되고 있는 중이다. 그것들이 성공할 경우, 농민들은 잃어버린 토지에 대해 보상을 받게 될 것이고 보다 크고 이론적으로 더 효율적인 규모에 기초한 농작법이 도입될 것이다. 그것은 더 많은 규모가 큰 농장식 경영factory farming을 장려할 것인데, 이는 이미 미국의 농장18,800개를 훨씬 초월하는 64,000개의 농장에서 이루어지는 것으로 추산된다. 하지만 아마도 불량 생산물은 더욱 더 많아질 것이다.

출처 : MacDonald M. Opinion : Chinese farms a growing challenge. Worldwatch Institute. 2008 Oct 20; China's government helps boost grain output, 2004 March 4. http://english.people.com.cn; East Asia Analytical Unit, DFAT, Australia.

14 산업 INDUSTRY

중국의 산업은 유동적이다. 이 지도책의 2003년 판에서 우리는 산업 생산이 폭증하고 있음을 보여줬었다. 하지만 국가 부문은 곤란한 처지에 있었고 성장의 추진력은 민간 부문으로 옮겨가고 있었다. 그 이후로 국영산업들은 일종의 르네상스를 경험해왔다. 중앙정부가 통제하는 150개 회사들의 합산 이익은 2003년부터 2008년 사이에 223% 상승했다. 보다 극적인 것은 2007년 말 세계에서 가장 가치 있는 10개 회사들 중 4개가 중국이 국가적으로 통제하는 회사였다는 점이다.(물론 그 가치평가에는 상하이 주식시장이 반영되어있긴 하다) 국영회사와 민간회사의 혼합형태가 늘어가고 있으며, 국영기업들이 고도로 경쟁적인 산업들 속에서 기꺼이 경쟁하려는 의지까지 보여준다.

하지만 중국의 제조 산업은 세계경제의 영향을 피하지 못한다. 수출업자들은 상승하는 비용과 통화 강세, 제품의 위조와 오염, 그리고 전 세계적 위기들로 인해 타격을 받아왔다. 보고에 따르면 2008년 첫 6개월 동안 중국 남부의 주강삼각주에 있는 67,000개의 소규모 회사들이 파산했다. 이곳은 주로 이주노동력에 의해 생산되는 장난감과 신발, 그리고 전자제품들을 수출하는 곳으로서 세계적으로 널리 알려진 지역이다. 둥관시의 1,400만 주민들은 거의 농촌에서 온 이주노동자들이다.

출처 : Dyer G and McGregor R. China's champions. Why state ownership is no longer providing a dead hand. Financial Times online. 2008 Mar 16; Branigan T. Reverberations of world recession rock a city built on exports. *The Guardian*, 2008 Nov 1; Kynge J., *China shakes the world*, London : Weidenfeld and Nicolson, 2006; Jefferson G 외. Ownership, performance and innovation in China's large and medium-size industrial enterprise sector, *China Economic Review*, 14(1), 2003, pp.89~114.

15 서비스 SERVICES

서비스 부문은 본격적인 개혁이 진행된 1980년대와 1990년대 이전 시기에는 정치적으로 성공의 가능성이 없던 부분이었다. 마오주의 시각은 생산을 강조했고, 유효한 서비스들은 오직 정부 기관들이 제공하는 것들이었다. 서비스 산업의 재성장은 특히 중국 남부에서 1980년대 이래로 다양한 정도의 투명성을 보이며 간헐적으로 이루어져 왔다. 백화점과 사치품, 고급 레스토랑, 그리고 심야 나이트클럽들은 대부분의 도시에 나타나는 특징들이다. 2006년까지 11,828개의 호텔과 1,332,083개의 객실이 중국국가여유국中国国家旅游局: China National Tourism Administration에 등록되었는데, 이는 12년 동안 10배 증가한 수치다. 국제 금융 부문에서의 침체로 투자자들이 일종의 허리띠 졸라매기를 하며 자기들의 우선순위를 재조정하는 와중에서도, 부동산, 정보시장과 금융시장, 소매업과 개인 서비스들은 모두 빠르게 성장해 왔다. 2006년 GDP에서 서비스 부문이 차지하는 비율은 베이징에서 70%, 상하이에서는 50%, 그리고 중국 전체적으로는 40%였으며, 가계 부채가 거의 없어서 이 부문은 여전히 성장할 여지가 있다.

또한 '제4부문'으로 알려져 있는 경제 전반의 디지털 정보 기반 서비스들과 겹치는 부분도 있다. 정보통신기술ICT들은 모든 서비스 경제부문들에서 중요하며, 잘 설계되고 유지되는 정보통신기술 네트워크들은 사업 및 공공 기반시설에 극히 중요하다. 여기에는 관광과 전자상거래, 건강과 교육, 금융 및 관리체계가 포함된다. 하지만 토착적인 회사들과 지역적으로 적합한 모델들을 만드는 데에 필요한 정보통신기술 전문부문과 연구개발의 성장을 불법복제가 가로막는다. 2008년에 마이크로소프트는 중국 전역의 불법복제 소프트웨어에 자사의 IP를 되돌려놓고자 시도했다가, 검은색 화면(불법 윈도우를 사용할 경우 나타나는 검은 바탕의 윈도우 창을 의미함)을 좋아하지 않았던 사용자들로부터 비판의 장벽에 부닥쳤다. 그럼에도 그들이 훔친 IP를 사용하고 있고 중국 내 불법복제의 영향은 다른 지역 사용자들의 비용에 영향을 줄 뿐만 아니라 지역 정보통신기술 산업의 틈새시장 개발을 막기도 한다는 것은 엄연한 사실이다.

비계획적이고 통계적으로 드러나지 않는 서비스들 역시 상승세에 있다. 가사 부문이 성황을 이루고 있는데, 아이가 있는 대부분의 전문직 여성들은 집안일을 할 가정부나 파출부를 고용한다. 행상인들도 도시의 거리에는 흔하지만, 그들은 자격을 취득할 필요가 있다. 교외지역으로부터 잉여 생산물을 팔려고 들어오는 이들은 '특수 농업 가구specialized agricultural household' 자격을 취득하고 활동해왔다. 도시 거리에서 음식이나 제조 상품을 파는 이들도 역시 '임시 사업 자격 temporary business license'을 취득할 필요가 있다. 이를 준수하지 않았을 때의 처벌은 매우 간단한 방식으로 이루어질 수도 있다. 경찰이 자격을 취득하지 않은 생산물을 대량으로 운하 속으로 던져버릴 가능성이 꽤 높다.

출처 : *China Development Brief*, 여러 호 참조; Law P-L and Chu W-CR. ICTS and China : an introduction, *Knowledge, Technology and Policy*, 21(1), 2008 Mar, pp.3~7; Ma JX, Buhalia D, Song H. ICTs and Internet adoption in China's tourism industry. University of Surrey e-press, 2003; Donald SH, personal interviews; White LT III, *Unstately power : local causes of China's economic reforms*, New York : M E Sharpe, 1998.

16 관광TOURISM

관광산업은 중국의 서비스 부문에서 주요 성장 영역이다. 비록 중국은 역사적으로 순례와 축제일을 통해 자못 활발하게 국내 여행이 이루어졌지만, 근대적인 관광은 최근에 와서야 발전하기 시작했다. 주요 도시들에서는 여전히 최고급을 지향하는 관광이 확장 중이다. 2007년에는 관광객이 1억3,100만 명에 달했는데, 그중 26%는 외국인들이었다. 이들 중 대다수는 인접국에 사는 일본인과 한국인, 그리고 러시아인들이었다. 그럼에도 해외 영수증의 28%는 장거리 항공 여행비가 차지한다.

어떤 회사들은 운좋게도 귀중한 '유적지' 근처에 위치한 마을에 중심을 두고 있다. 베이징 전원지역의 만리장성 기슭에 있는 마을들은 1980년대에 급속하게 서비스 (및 행상) 시설들을 발전시켜 근접성의 이점을 최대한 활용했다. 1949년부터 1972년까지는 만리장성이 '혁명적 우방들'에게만 접근이 허용되어 그동안에 발행된 비자는 겨우 25만 부뿐이었다. 만리장성은 이제 어떤 베이징 방문객의 여정에서도 빼놓을 수 없는 부분이다.

관광 혜택들은 수입액과 더불어 개발에 미치는 영향으로 측정된다. 지역 유적 개발 현상은 이제 중국 전역에 걸쳐 일어나고 있다. 많은 사례들 중 하나인 구이저우는 그곳에 실제로 존재하거나 상상된 소수민족 문화들을 모아 여행자들을 위한 하나의 패키지로 구성하기 위해 전통들을 발명해왔다. 안타깝게도 이는 때때로 기업가들이 입주해 들어와 부동산과 노동 수요의 경제적 균형을 변화시킴에 따라 지역 주민들이 다른 곳으로 이주해가는 현상으로 이어지기도 한다. 심

지어 생태관광eco-tourism조차도 이러한 불운한 부작용을 낳아 농촌 빈민들의 삶의 조건을 악화시킬 수 있다. 하지만 잘 관리만 된다면, 농민은 협력적인 관광활동을 통해 지역의 정치적이고 사회적인 환경을 관리하는 데 새로운 역할을 찾을 수 있다.

티베트에서의 중국의 존재로 인해 국제사회가 오랫동안 불편해 해왔음에도 불구하고, 그 지역은 국내여행자들(중국인 한족)과 일부 외국인 여행자들을 끌어들이기 위해 주력하는 곳이다. 라사Lhasa는 고원을 가로지르는 여행자 경로들의 받침목이 되어가고 있고, 이를 위해 그 지역에는 철도와 도로, 시설들에 집중적으로 투자하고 있다. 중국인 여행자들 또한 먼 곳까지 모험을 하고 있어, 아시아를 가로지르는 모든 여행자들 중 34%를 차지한다.

홍콩은 그 지역에서 으뜸가는 행선지의 지위를 오랫동안 누려왔지만, 최근에는 그러한 우세한 지위를 잃지 않고자 노력 중이다. 홍콩을 '아시아의 세계도시'로 홍보하는 강력한 브랜드 캠페인은 2000년 이래로 국제시장과 중국 대륙 시장을 모두 직접 겨냥해 왔다. 2004년 10월의 황금주간Golden Week 연휴 중 첫 3일 동안 홍콩을 방문한 중국 대륙 여행객은 16만 4천 명이었다. 황금주간은 중추절과 연계하여 중국 주변의 국내 관광을 독려하고자 만든 휴일 기간이다. 2007년까지 홍콩을 방문한 모든 이들 중 55%는 중국인이었으며, 이는 2006년에 비해 12% 늘어난 수치다.

출처 : Ryan C and Huimin G, Perceptions of Chinese hotels. *Cornell Hotel and Restaurant Administration Quarterly*, 48, 2007, pp.380~391; CNTA, 여러 게시판 참조; Oakes T. Cultural strategies of development : implications for village governance in China, *The Pacific Review*, 19(1), 2006, pp.13~37; World Expo and the new development in Shanghai : 2010 Expo and Shanghai tourism(수록원본 : Shanghai : Shanghai Tourism and Enterprise Committee, Policy and Regulation Section, 2003, p.12).

17 에너지ENERGY

제11차 5개년 국가계획The 11th National Plan은 다소 모순적이지만 핵심적인 두 개의 정량적 목표들을 담고 있다. 첫째, 중국은 2010년까지 2000년의 1인당 GDP를 2배로 만드는 것을 목표로 연간 7.5%의 GDP 성장률을 달성하고자 한다. 하지만, 둘째로 중국은 2010년까지 단위 GDP 당 에너지소비량을 20% 감축하고 주요 오염원 총 방출량을 10% 줄이고도 싶어 한다. 이런 목표들을 모두 달성하는 유일한 방법은 혁신적인 친환경 기술에 투자하고, 전 산업 및 서비스 부문에 걸쳐 오염방지 대책을 시행하며, 전체적으로 성장의 후퇴 없이 과소비를 줄일 방법을 강구하는 것뿐이다.

중국은 바로 이전 시기에 그러한 성취를 이룬 적이 있다. 1978년부터 2000년 사이에는 생산 단위 당 사용 에너지의 비율에 있어 2/3가 향상되었다. 이것이 가능했던 건 개혁 이전 시대의 에너지 관리 수준이 매우 형편없었기 때문이었다. 2001년부터 2006년까지 에너지 수요는 2000년 수치를 기준으로 예측했던 것보다 4배 속도로 성장했고, 중국은 전 세계 수요의 15%를 만들고 있었다. 그 문제들은 이

중적이다. 수요는 중공업에 집중되어 있다. 2005년에 에너지의 70%는 산업에 활용되었고, 10%는 주거 용도였으며, 7%는 교통, 그리고 13%는 다른 부문에 활용되었다. 하지만 매우 필요한 산업의 친환경화는 빠른 성장을 위한 성province들 간의 경쟁 때문에 둔화된다. 1인당 소비자 이용도consumer usage는 미국에서만큼 높은 수치가 거의 아님에도 불구하고, 중국의 생태발자국지수ecological footprint는 생태용량bio-capacity에 대비한 비율이 인접한 개발도상국 인도의 경우(0.9 : 0.4)보다 더 높게(2.1 : 0.9) 올라가고 있다. 따라서 소비자 이용도는 다가올 수년간 풀어야 할 주요한 과제 중 하나이다. 전기와 석유에 대한 중국의 지속적인 보조금은 주택과 교통에서 환경 친화적인 설계를 우선시하여 선택하도록 소비자들을 훈련시키는 데 도움이 되지 않는다. 중국은 2030년까지 세계 에너지 수요의 20%를 차지할 것으로 예측된다.

공급도 역시 문제다. 배송을 위한 기반시설은 확고하지도 않고 효율적이지도 않다. 이는 옛 공공 시스템들의 잔존물일 뿐만 아니라, 정보통신기술과 통합 관리체계 영역에서도 뒤떨어진다. 중국에 있어 중대한 문제는 중국의 에너지 자원들이 국가의 늘어나는 수요들을 충족할 만큼 충분할지 여부다. 중국 에너지 생산의 3%를 차지하는 천연가스는 중국의 외진 지역들에 위치한다. 그 부족분은 호주에서 들여온 액화천연가스LNG로 보충한다. 오일은 중국의 에너지 수요에 주요한 기여를 하지만, 세계에서 여섯 번째로 큰 오일 생산국임에도 불구하고 중국은 현재 순량으로 따져보면 수입국에 속한다. 연안 해상과 신장성에서의 유전 탐사는 모두 실망스런 결과로 나타났고, 중국은 아제르바이안과 인도네시아와 같은 나라들의 유전을 구매하는 것에 기대게 되었다. 아프리카에서의 탐사도 역시 국제적으로 불안정한 시기에 다양한 에너지 공급원을 확보해야 하는 필요성과 관련이 있다. 수력발전도 역시 중요한데, 그것은 지역적으로 생산 가능하기 때문이다. ― 이는 중국에서 끈질긴 댐 건설을 불러일으키는 또 하나의 요인이기도 하다.

출처 : Wen JB. Government work report to the National People's Congress, Beijing 2008. http://npc.people.com.cn; WHO Country Profile, 2008; Rosen DH and Houser T, *China energy : a guide for the perplexed*, Center for Strategic and International Studies and Peterson Institute for International Economics, 2007; *China Daily*, 여러 호 참조 www.chinadaily.com.cn; *Nuclear power in China*, World Nuclear Association, 2004 Sept. www.world-nuclear.org

18 도시화 URBANIZATION

개혁 시기 초기인 1978년에 중국 인구의 81%는 농촌 인구였다. 오늘날에는 세계적인 도시화 경향을 따라 농촌인구 비율이 55%로 낮아져 있다.

인구가 농촌지역들에서 증가해 왔음에도, 이런 그림을 복잡하게 만드는 건 그런 지역들 내에서 발생해온 진鎭 : town과 소규모 시市 : city들의 수효, 그리고 성의 경계들 내·외부를 가로지르며 일어나는 광범위한 국내 이주다. 진의 시로의 개명과 더불어 모든 성들 내에서 상승 중이던 시들의 경제적 지위로 인해, 도시 환경에 관계하지 않는 농촌 주민은 점점 더 보기가 드물다. 국내 이주의 흐름은 매우 크다. 추산되는 바로는 약 2억 명 정도의 사람들이 근무지와 고향인 농촌지역 사이를 지속적으로 이동하고 있다. 2006년에는 중국의 고정 투자 지출 비용 중 23%를 차지하는 2,700억 달러가 귀성객들을 위한 공간을 만드는 데에 필요한 부동산과 기반시설들을 짓는 데에 활용되었다. 물론 많은 사람들은 적절하게 수용되지 못한 채 여전히 도시의 '촌들villages' 속에 살고 있고, 이런 곳들은 시 정부의 선택에 따라 철거된다. 2005년 6월까지, 8,670만 명의 이주민들이 임시 시 거주자로 등록되었고, 수백만 명 이상이 미등록되었다. 등록된 이주민은 충분한 돈을 갖고 있을 경우 토지의 임차권이나 주택을 구입함으로써 하나의 도시 후커우城鎭戶口(청색 도장이 찍힌 호적)을 취득할 수 있다. 하지만 이는 드문 일이다.

농촌의 구직자들은 시장에서 저임금으로 일하면서 도시 노동자들을 대체하고 있어 장기적인 실업 문제들의 원인이 되고 있다. 그 이주민들은 임시 거주민들이지만 많은 경우 기반시설과 기본 편의시설들에 접근하지 못하기 때문에, 도시 인구들은 실제보다 적게 추산되고 관리도 적절히 이루어지지 않고 있다. 비록 이주가 반드시 가장 큰 대도시 지역들로의 이동만 있는 게 아니라 종종 성 간intra-provincial 규모가 더 작은 이동도 존재하지만, 동부 연안의 인구밀도에 나타나는 계속적인 집중은 중국의 인구가 전국적으로 불균등하게 분포하고 있음을 의미한다. 또한 회사들은 그들의 노동자들이 고향으로 돌아간다는 사전통지도 없이 떠난다고 불평하는데, 이것이 말해주는 바와 같이 도시 개발은 불균등하고 외지인에게 의존하는 방식에도 문제가 있는 걸로 여겨진다. 2005년까지 11개의 성들은 (비록 광동과 베이징처럼 유입 인구가 많은 건 아니지만) 지속성을 독려하기 위해 자체적으로 호적 정책을 완화해 왔다.

중국의 시들은 인구밀도가 매우 큰 행정의 중심지라고 이해하는 게 가장 적절한 방식이다. 시 행정 구역들은 동심원적 형태처럼 시각화될 수 있는데, 구도심old city / inner city, 구관할시진district-administered town들을 포함하는 교외의 구區 : district들, 그리고 규모가 매우 작은 읍과 같은 시진市鎭으로 구성된다. 그리고 그 지자체에는 속하지만 시 영역 바깥에 있는 영역에는 현관할시진county-administered town을 포함하는 전원적인 현縣 : county, 그리고 더 많은 시진과 읍들이 있다. 시들의 예로는 베이징과 상하이, 톈진, 그리고 가장 최근에 때때로 세계에서 가장 큰 도시로 묘사되곤 하는 충칭 등의 성급 도시들, 성들이나 자치구들의 수도들, 혹은 국가가 계획하여 중앙정부가 관할하는 다롄(랴오닝성)과 칭다오(산둥성) 같은 도시들이 있다. 투자와 개발을 목적으로 다롄과 칭다오와 같은 일부 시들은 또한 개방 도시로 지정되어 있으며, 선전과 같은 보다 적은 수의 시들은 경제특구들이다. 2003년에 홍콩과 중국본토 간에 맺은 무역협정CEPA은 상호 투자와 생산을 장려한다. 그러한 연계들은 홍콩의 새 영토들이 이루는 도시 광역화가 그 경계를 뛰어넘어 주강삼각주와 광저우를 직접 가로질러 뻗어가면서 주요한 도시화를 촉진할 가능성이 높다.

출처 : Ma LJC. Urban administrative restructuring, changing scale relations and local economic development in China, *Political Geography*, 24(4), 2005, pp.477~497; Cartier C. City-space : scale relations and China's spatial administrative hierarchy(수록원본 : Ma LJC and Wu F(편집자), *Restructuring the Chinese city : changing society, economy and space*. London : Routledge, 2005, pp.21~38); Danwei.org(여러 호 참조); Benewick R. Towards a developmental theory of constitutionalism : the Chinese care, *Government and Opposition*, Autumn 1998; Ma Xiaohe(인용원본 : Tianze Institute report) China reports 8 percent GDP growth in 2003, *People's Daily Online*, http://english.people.com.cn 2002년 11월 5일 접속; China migration country study. Ping H. Institute of Sociology, Chinese Academy of Social Sciences, Beijing and Pieke FN. Institute for Chinese Studies, University of Oxford, UK. 2003년 6월 22~24일에 다카Dhaka에서 열린 'Migration, Development and Pro-Poor Policy Choices in Asia' 컨퍼런스 발표내용(인터넷상에 게시); China's urban population to reach 800 to 900 million by 2020. People's Daily, 2004 Sept 17(China Economic Net에서 인용)

19 교통TRANSPORT

1952년에는 중국 내 여행자들 중 67%가 기차를 통해 장거리를 여행했다. 2007년에는 모든 여정들 중 단 6%만 기차를 통해 이루어졌다.(물론 총 인구의 거대한 증가로 인해 실제 수효 상으로는 미세한 감소만 있었다.) 같은 기간 동안, 고속도로 교통은 국내 총 교통량에서 차지하는 비율이 19%에서 92%로 늘어나면서 압도적인 위치를 점하게 되었다.

중국 내의 자동차 교통은 여전히 출퇴근용인 경우가 지배적이며, 버스와 택시가 개인 자동차보다 훨씬 더 흔하다. 하지만 그런 상황은 빠르게 변화하고 있다. 또한 대중교통 보급에서도 지역마다 커다란 차이가 존재한다. 2002년에 베이징에서는 823,800대의 버스와 자동차, 그리고 트럭이 도로를 달렸다. 베이징보다 인구가 약 7배인 허난에서는 겨우 691,500대만 달렸을 뿐이었다. 전반적으로 이 상황은 빠른 증가세를 보이고 있다. 2007년에는 중국에 3,700만 대의 차량이 있었고, 2030년까지는 3억7천만 대가 될 것으로 예측된다. 2006년 한 해에만 신차 500만 대가 팔렸다.

중국에서의 도로 교통은 여전히 다양한데, 트럭과 승객용 3륜자전거, 보통 택시, 그리고 맵시 있는 개인 자동차들이 거의 헬멧은 착용하지 않는 많은 자전거 이용자들과 경쟁한다. 틀림없이 이런 다양한 교통수단들이 주요 도시들에서 많은 도로 교통사고를 일으키고, 농촌과 도시 외곽에서의 도로 여행을 위험하게 만든다. 2003년에 교통사고로 인한 사망 건수는 104,372건이었고, 2006년에는 2005년에 비해 7,806건 줄어든 81,649건이었다. 비록 여전히 중국은 세계에서 가장 높은 교통사고 사망자수를 기록하고 있긴 하지만 그러한 감소 경향은 고무적이다. 자동차 이용은 오염률이 높은 도시들에서 감시되고 있으나, 휘발유는 여전히 매우 싸다. 하지만 긍정적으로 보자면 상하이는 2010년 세계엑스포를 지원하기 위한 대중교통의 허브를 건설 중이며 베이징은 2008년 올림픽을 준비하면서 4개의 새로운 지하철

노선을 완공했고 7개가 계획 및 시공 단계에 있다.

원거리 여행은 서부지역 성들의 개방과 일반적인 경제적 구조조정에 있어 매우 중요하다. 티베트로의 철도 연결은 비록 한족의 영향을 줄여 독립성을 늘려야 함을 옹호하는 이들에게는 비통한 얘기긴 하지만 원거리 여행의 중요성을 잘 보여주는 사례다. 항공 여행은 성 간 사업교류와 국내여행, 그리고 해외여행에 부응하여 급격하게 늘어나고 있다. 하지만 국내이주자들로 묘사되는 저임금 노동자들은 여전히 기차로 더 많이 여행할 것이다.

출처 : China Safety Forum, 2008; World Health Organization의 *World report for road traffic injury prevention* 출판공지 언론발표내용, 2004 Oct 8; BBC News online, 2004 Sept 3; Harvard China Project. Urban transport, land use, air quality and health in Chengdu; The road to progress, *Asiaweek*, 1997 May 9, p.10; *China Statistical Yearbook*, 여러 연감 참조; Guo Yang(Shanghai Tourism Commission)과 ISTP(Murdoch University)에 감사를 전한다.

20 대기오염AIR POLLUTION

2007년 2월, 산시성의 린펀臨汾은 세계에서 가장 오염된 도시의 오명을 안았다. 탄광과 냉각로, 그리고 주철공장의 종주도시이면서도 그것들에 발목 잡혀있는 린펀은 산업개혁 하에 상대적으로 잘 기능하고 있는 성의 동력실들 중 하나다. 하지만 그 대가는 너무 크다. 중국 전역에 걸쳐 모든 성(티베트와 광시 자치구는 제외)에는 적어도 세계보건기구WHO가 오염된 개발도상국들에 대해 설정한 중간 목표를 초과하는 하나의 시가 있다. 이 정도의 대기오염은 중국 내 보건을 위협하는 주요한 요인이다. 아이들이 매일 담배 두 갑의 연기와 동등한 결과들을 만들어내는 대기 속에 살고 있다. 이와 관련된 보건 피해액은 GDP에 대비하여 2000년도에 1.7%였고, 2010년에는 2.5%, 그리고 2020년에는 3.3%에 도달할 것으로 예측된다. 그 효과들로는 조기사망과 만성기관지염, 그리고 치명적인 천식발작들이 있다.

오염은 화석연료 발전소들의 과잉생산능력으로 인해 늘어나는데, 심지어 근래에 수력발전의 활용을 기대하는 지역들에서조차 그러하다. 이러한 과잉생산능력을 설명하는 한 가지 요인은 지역화된 단기 생산성에 의한 이익이다. 적어도 서류상으로는 발전소들이 보다 작은 공업기업들에 비해 나아 보인다. 따라서 그것들은 지역 관료들의 정치적 명성과 재정적 입장을 향상시킨다.

대기오염에 대한 안이한 태도는 부분적으로 전국적인 전기 통제의 무정부성에 기인한다. 석탄 연기는 중국 도시들의 주요 오염원이며, 날씨 조건에 따라서는 스모그를 일으키기도 한다. 도시 바깥에서는, 숲의 소실이 화석연료의 영향을 더 악화시킨다. 쓰촨과 장쑤의 숲들은 1950년대 이래로 심하게 훼손되었고, 양쯔강을 따라 있던 숲은 20세기의 마지막 30년간 50% 이상이 줄어들었다.

농촌과 도시의 실내오염 역시 중국 과학자들의 주목을 받았다. 그 주요 원인들은 화석연료를 이용하는 (일부는 연통이 없는) 화로들과 특히 겨울에 많은 부적절한 환기였다. 이러한 위험들은 낮에 집에서 일하는 여성들에게 심각한 악영향을 끼친다. 이 상황은 사람들이 수

면 중 질식으로 인한 사망을 피하기 위해 앉아서 자던 중세 유럽과 튜더 왕조시대의 영국과 비교해볼 수 있다. 높은 흡연율도 역시 생활공간들을 오염시킨다. 정부가 이런 문제들을 모르는 게 아니다. 농업부는 더 안전한 화로들을 사용할 수 있도록 개선했고, 베이징 시의회는 1998년에 배출량이 많은 택시들을 없앰으로써 도시 공기의 정화를 시도했다. 교통으로 인한 오염은 급격히 증가하고 있으며 소형차에서 배출량이 많은 교통수단의 증가 추세로의 전형적인 이행은 가장 큰 광역 도시권들에서 이미 나타나고 있다. 중국의 국가환경보호국은 저급 휘발유를 사용하는 차량들이 배출하는 유황이 중국 전체 스모그의 79%에 기여하는 걸로 본다. 2008년 올림픽을 위해 시험 운영되고 있는 베이징에서의 교통 규제들은 질소산화물 배출을 40%까지 감축시켰으며, 이는 장기적인 정책적 규제들이 실제로 대기를 정화시킬 것임을 보여준다.

출처 : Ho MS and Jorgenson DW. Market-based policies for air pollution control. Greening China Forum, *Harvard Magazine*, 2008 Sept Oct; World Resources Institute(WRI), www.wri.org; Cao J, Ho MS, and Jorgenson DW, Co-benefits of Greenhouse Gas Mitigation Policies in China. Environment for Development discussion paper, 2008 Apr; Ho MS and Neilsen CP(편집자), *Clearing the air : the health and economic damages of air pollution in China*, MIT Press, 2007; Welier RP, *Discovering nature : globalization and environmental culture in China and Taiwan*, Cambridge : Cambridge University Press, 2006; Fenby J. *Observer*, 2004 Aug 18; Woodrow Wilson International Center for Scholars에서 열린 China Environment Forum www.wri.org/wr-98-99/prc-ntro.htm; Smith Kirk R, Gu S, Kun H, Qiu D, One hundred million improved cookstoves in China : How was it done? *World Development*, 21(6), 1993, pp.941~961; *Shanghai Newsletter*, 1997 Aug 9, http://www.shanghai-ed.com

21 수자원 WATER RESOURCES

중국에서 물은 불균등하게 분배되며, 일부는 기후변화가 날씨 패턴의 예측을 힘들게 만들고 있다고 주장할 것이다. 계절적인 홍수는 더 극심해져 가고, 가뭄들은 더 빈번하고 더 심각해져가는 것으로 보인다. 2007년에는 1억7,700만 명의 사람들이 홍수 피해를 입었고, 1,230명은 사망했으며, 1백만 가구 이상이 붕괴되었다. 홍수 통제대책에 소요되는 비용은 중국이 수자원과 그 관리에 투자하는 연간 총액 중 34%를 차지한다. 일부 지역들은 처음에 가뭄의 피해를 입은 다음 홍수와 진흙사태mudslide로 황폐화되었다. 대개는 남부가 홍수를 입고 북부는 가뭄을 겪는다. 불량한 토지 관리로 일어나는 사막화는 물의 누출과 낭비뿐만 아니라 대기오염에도 영향을 주는 특별한 문제다.

기념비적인 산샤三峽댐은 홍수 문제들에 대처하고 수상 교통체계들을 활성화하며 수력발전에 의한 전력을 공급하려는 목표로 개발되었지만, 커다란 논쟁이 되고 있다. 지역 인구들의 이주와 재정착, 프로젝트 설계의 질, 최종적인 전력 비용에 관해 문제가 제기되었지만, 무엇보다도 전문가들은 그 댐이 양쯔강의 거대한 힘을 통제함에 있어 효과적일지의 여부를 문제시해왔다. 산샤 댐은 중국에서 일어나고 중

국 경계지역들에서도 들끓고 있다고 보고되는 (그리고 소문으로 들리는) 물 관련 갈등들의 한 본보기다. 댐 건설은 거대한 지역공동체들을 몰아내고 지역 활동가들은 새로운 댐과 새로운 혼란에 이의를 제기한다. 상류의 오염원들은 하류의 사용자들에게 긴장을 일으킨다. 그리고 국제적인 규모에서 중국은 (메콩강과 같은) 인접 수자원들의 수원들에 접근하고 오염을 일으킬 수 있다. 이런 모든 문제들은 관리와 고충해결체계들, 그리고 적절한 기술에 대한 포괄적인 전략들을 통해 다룰 필요가 있다.

동북부의 평원들에서는 농업과 공업이 지표수에 대한 엄청난 수요를 만드는데, 정기적으로 황하가 바다에 이르기 전에 마를 정도다. 관개는 점점 더 많은(1999년부터 2002년까지 18% 증가한) 양의 물을 사용하고 있으며, 비판하는 이들은 지나친 낭비를 지적하기도 한다. 점차적으로 지하수에 대한 의존이 늘어가는 가운데, 지하수는 지속 불가능한 비율로 사용되고 있다. 어떤 곳에서는 지하수면이 1년에 3미터 낮아지고 있고, 2007년 수자원의 총량은 2006년에 비해 2.5% 줄어들었다.

하나의 야심찬 '해결책'인 남수북조南水北调(남쪽의 물을 북쪽으로 돌리는 물대기 – 역자 주) 프로젝트가 고안되었다. 이 주요한 공학적 위업이 2050년에 완공되어 독일의 라인강에서와 유사한 수로 전환이 이루어진다 할지라도, 그것은 북부의 물 부족분 중 겨우 일부분만을 충족시키게 될 것이다. 게다가 그 물은 그 수로를 따라 합법적이거나 불법적인 방식으로 사용될 것이다. 빠른 속도로 증발이 이루어질 것으로 예상되며 운송 도중 오염원들의 수준이 높아질 것이다. 2007년에는 그 프로젝트에만 87억 위안이 소요되었다.

중국의 물 사용은 세계의 나머지 지역에서 물을 사용하는 방식과 같은 선상에서 공업에 약간 더 치중하여 사용한다. 81%가 공업용수로 사용되고, 8%는 가정용수로, 그리고 1.8%는 환경을 위해 흘려보내는 유수로 쓰인다. 하지만 가정 내 물 사용은 성들 간에, 그리고 농촌과 도시 지역들 간에 큰 차이를 보인다. 대부분의 성들에서 도시 주민들은 인근 농촌 주민들보다 훨씬 더 많은 물을 가정에서 사용한다. 이는 아마도 수돗물 이용기회가 농촌보다 도시 지역에서 더 흔하기 때문이겠지만, 농촌 가구들 사이에 수돗물 이용 현황에 관한 정보가 부족하다는 점 때문에 이는 증명하기 어렵다. 정부 통계는 농촌 인구의 40%가 수돗물을 사용하며 60%는 수돗물을 이용하고 있지 않다고 주장한다. 도시 지역에서는 그런 주장을 하기가 복잡해지는데 오래 된 구역의 다가구 주택에 사는 이들의 경우 더 높은 층에는 수도시설이 없어서 실질적으로 '이용기회'를 심하게 박탈당하기 때문이다.

출처 : Ministry of Water Resources, *Statistical bulletin on China water activities*, 2007, www.mwr.gov.cn; Sempat P. Groundwater mining. WorldWatch Institute, 2000; South-to-North water diversion project, China, www.watertechnology.net; Wilson W. China Environment Series, 2005~08.

22 누가 중국을 지배하는가 WHO RULES CHINA

5부에서 우리는 누가 최고 권력을 행사하는지를 더 명확하게 보여

주기 위해 당국Party-State에 대한 익숙한 일반적인 설명 방식을 포기했다. 그렇게 함으로써 우리는 세계인구 중 1/5의 운명이 궁극적으로 아홉 명의 사람들의 손에 있다는 하나의 색다르고 무시무시한 현실을 제시한다. 그들은 단지 세계에서 가장 큰 정치정당을 지휘하는 직위들만이 아니라, 국무원과 전국인민대표대회NPC,* 그리고 군대를 지휘하는 직위들을 차지하고 있다. 이런 접근은 바로 중국공산당이 얼마나 압도적이고 지배적인지에 대한 보다 명확한 그림을 제시하려는 의도이기도 하다.

권력 구조들이란 복잡한 것으로, 중국당국의 경우도 예외가 아니다. 좀 더 면밀히 들여다보면 다음과 같은 점들이 드러난다. 첫째로 중국 정부는 하나의 정치 체계와 공통적으로 연관되어 있는 행정과 입법, 그리고 사법의 기능들을 갖추고 있다. 둘째로는 중국에 고유한 특징들, 특히 전국인민대표대회 상무위원회NPC, 그리고 국가와 당의 중앙군사위원회들을 들 수 있다. 셋째로는 국가 헌법이 전국인민대표대회를 최고의 국가 권력기관으로 명시하지만 실제적인 권력 행사는 국무원을 통해 이루어진다. 넷째로는 정부의 하부조직들이 권력이나 기능을 분리한 것이라기보다 그들이 행사하는 권력의 순서로 연결되어 있는 걸로 보인다. 다섯째로 중국은 중앙과 성들 간의 공식적인 권력 분할이 없고 공산당의 구조는 권력의 중심에서부터 풀뿌리 기층, 즉 중국 전역에서 선출되는 촌민위원회와 주민위원회에 이르기까지 정부의 구조와 서로 상응하는 관계를 이루고 있다.

그렇다고 다른 기관들은 중요하지 않다는 뜻은 아니다. 예를 들어 중앙정부와 성들은 성들이 서로 경쟁하는 것처럼 자원들을 위해 경쟁한다. 헌법은 전국인민대표대회를 최고 국가권력기관으로 지정한다. 의사결정과 관련하여 우리의 접근은 다른 관점을 제시하는데, 대부분의 논평가들은 의사결정 기구가 무엇을 하는가보다는 무엇을 하지 않는가라는 점에 초점을 맞춘다. 그들은 전국인민대표대회를 1년에 한 번 만나 국가(와 정당) 지도자들의 보고를 듣고 무조건 도장을 찍는 의회로 치부하는 경향이 있다. 확실한 것은 그 3천 명의 구성원들에 대한 간접 선거가 그 기관의 권위와 독립성을 침해한다는 점이다.

하지만 1980년대 이래로, 전국인민대표대회는 그것의 권위를 내세우고자 시도해오는 중이다. 첫째로, 이 시기 동안 당국 권력구조의 상부 계층에서 임명된 상무위원회의 연이은 위원장들이 그 기관의 대의를 옹호해왔다. 현 위원장인 우방궈는 이런 과정을 진전시키거나 단축시킬 수 있는 위치에 있다. 둘째로, 경제개혁들이 입법 회수를 늘려가고 있으며 이는 전문성과 제도적 자원들의 상승으로 충족되고 있다. 셋째로, 입법 행위에 변화가 있어왔는데 상당수의 대표들이 법률 수정조항의 제안과 입법 지연, 만장일치의 임명동의안과 직무보고서들에 대한 보류를 행사하고 자기들 스스로 생각한 항목들을 도입하기 시작했기 때문이다. 넷째로, 주로 지역적 관심을 대표하는 대표자들에 의한 로비의 증거가 있다. 다섯째로, 전국인민대표대회의 연례 회기 중 정기적으로 열리는 상무위원회는 하나의 활동적인 조직이다.

---

* 원문상에는 National People's Council이라고 되어있으나 문맥상 National People's Congress를 의미.

중국 초기 입법의 성과를 보다 성숙한 입법들의 성과와 비교해볼 때, 전국인민대표대회의 발전이 상당히 두드러지게 나타난다. 국무원과 비교할 때 전국인민대표대회는 명백히 부차적인 기관이지만, 다른 국가들의 행정-입법 관계와는 선을 달리한다.

출처 : Fewsmith J., *China and Tiananmen. From Deng Xiaoping to Hu Jintao*, Cambridge : Cambridge University Press, 제2판, 2008; Pan PP, *Out of Mao's shadow : the struggle for the soul of new China*, London and New York : Simon & Schuster, 2008; Blecher M., *China against the tides*, London and New York : Continuum, second edition, 2003; Saich T. Reform and the role of the state in China(수록원본 : Benewick R 외(편집자), *Asian Politics in Development*, London and Portland, Oregon : Frank Cass, 2003); Burns JP. Governance and civil service reform(수록원본 : Howell J(편집자), *Governance in China*, Lanham, Maryland and Oxford : Rowman and Littlefield, 2004); Shambaugh C(편집자), *The modern Chinese state*, New York and Cambridge : Cambridge University Press, 2000.

23 중국공산당 CHINESE COMMUNIST PARTY

중국은 상대적으로 적은 수의 지도자들에 의해 통치되는데, 그들은 공식적으로 다층적인 권력구조들을 통해, 비공식적으로 얽히고설킨 인맥들을 통해 권력을 행사한다. 이런 관점에서 보면, 중국은 대부분의 민족국가들과 다르지 않다. 하지만 근본적으로는 다르다. 얼마 남지 않은 공산주의 국가들 중에서 가장 강력한 권력을 행사하는 중국공산당 지도층은 합법화되고 제도화된 야당의 가능성을 받아들이길 거부한다. 심지어 민주당들조차 공산당의 지휘하에 남아있다.

중국의 공식적인 권력구조들 가운데 최우선적으로 뽑아야 할 것은 공산당이다. 다른 권력구조들은 정부, 관료, 인민해방군PLA, 경찰을 포함하는 사법체계, 그리고 성들을 개별적·집단적으로 포함하지만, 이 모든 구조들은 비록 떨어져있더라도 공산당과 명확하게 관련되어 있다. 공산당의 구조들은 정부 구조들에 조응하며, 공산당지도부가 국가의 모든 수준에서 역할하고 있으며, 인력의 중복 현상이 나타나기도 한다. 공산당은 주장과 제안을, 그리고 국가는 수정과 안배를 담당한다.

공식적인 권력구조는 권력이 얼마나 비공식적으로 행사되든 간에, 그리고 누가 권력을 행사하든 간에 모두 하나의 피라미드 구조로 설명될 수 있다. 이런 피라미드 구조는 공산당 조직에서도 명백히 나타난다. 그 피라미드의 정점에 집중되어 있는 권력이 바닥까지 하향적으로 행사되는 하나의 위계적 관계가 존재한다. 민주적인 중앙집권주의는 당의 모든 수준에서 이루어지는 논쟁과 토론이 상향적으로 전달될 수 있는 기회와 통로를 제공하는 형식을 갖추고 있지만, 결정들은 하향식으로 전달된다.

의사결정은 당을 대신하여 통치하는 중앙정치국상임위원회에 집중된다. 이 조직은 각각 하나의 정치영역을 담당하는 소수의 지도부로 특징되며, 그중 한 구성원이 수장을 맡는다. 하지만 권력과 그것의 행사가 항상 가시적인 건 아니며, 중국에서는 지지 기반과 인맥, 그리고 제도적 지원에 따라 크게 달라진다. 중앙정치국상임위원회 구성원에 대한 분석은 권력이 혁명을 이끈 지도자 세대로부터 기술관료 출신의 지도자 세대로 어떻게 이행했는지를 보여준다. 하지만 이런 지도자들은 임기 말년에 이르고 있으며 이미 '5세대'로 알려진 이들에 의해 대체될 것이다. 두 개의 파벌을 파악할 수 있다. 첫 번째 파벌은 공산주의청년단을 통해 승진해온 이들로 이 파벌은 당 총 서기인 후진타오와 연계되어 있다. 두 번째 파벌은 고위 관료들의 자식인 '세자당'으로 알려져 있다. 이 '세자당'은 인민해방군에 강력한 기반을 두고 있는데 그들의 가족이 혁명세대 출신인 경우가 많아서이다. 이 두 파벌들은 현 단계에서 다소 균형을 이루고 있다.

출처 : *Women and man in China. Facts and Figures 2007*. 중국국가통계국 사회과학기술부Department of Social, Science and Technology, 2008; Lam W. China 2008 : changes in the Chinese leadership and Beijing's new policies on reform, Tibet and Taiwan, *China Brief*, Jamestown Foundation. 2008 May 15; Brodsgaard KE and Zheng Y(편집자), *The Chinese Communist Party in reform*, Routledge, 2006; Lieberthal K., *Governing China*, New York and London : Palgrave Macmillan, 제 2판, 2004; Chu Y-H 외(편집자), *The new China*. Norton, 1995, 2004; Saich T., *Governance and politics in China*, Basingstoke and New York : Palgrave macmillan, 2004.

24 인민해방군THE PEOPLE'S LIBERATION ARMY

중국에서 국가state는 거의 언제나 당국Party-State으로 언급된다. 공산당의 구조는 정부의 구조와 모든 수준에서 조응하며 그 정부에 대해 모든 수준에서 중대한 지배력을 행사한다. 하지만 당국을 분석하기 위해선 무장군대인 인민해방군PLA까지 포함시켜야 한다. 이는 부분적으로 그것이 지닌 역사성 때문인데, 인민해방군이 중화인민공화국이 세워지기 22년 전인 1927년에 창건되었기 때문이다. 그것은 또한 당·군 지도자들의 통합에 기초하여 형성되었다. 마오쩌둥은 '당이 군을 명령하며 군이 당을 명령하는 일은 절대로 허용될 수 없다'는 원칙을 세웠고, 그 통제 도구는 국방부가 아니라 후진타오 당 총 서기가 이끄는 공산당 중앙군사위원회이다.

당과 인민해방군 간의 실제적인 관계는 상징적이며 서로를 강화한다. 중국 지도자들의 첫 두 세대들은 대부분 항일전쟁과 더불어 공산당의 집권을 가져온 두 번의 내전들에 참여한 경험에서 본인들의 합법성을 찾았다. 당국은 정치적 안정을 확보하고 세계 열강으로서의 중국을 부각시키기 위해 인민해방군에 의존한다. 인민해방군은 인민의 군대로서의 역사적 책임감과 현대화된 군대가 되고자 하는 야심 사이에서 분열된 충성심을 가지고 있다. 현대화 프로그램은 1980년대 중반에 시작되어 430만 명에서 225만 명으로 인력 규모를 감축시켰다.

1998년의 중국국방백서Chinese White Paper on National Defense는 이렇게 진술했다. "이 새로운 역사적 시대에 중국 군대는 중국적인 특성을 지닌 혁명적이고 현대적이며 조직화된 인민의 군대를 이루려는 목표로, 그 질을 향상시키고자 열심히 노력하고 그것을 중국적인 방식으로 합리화시키고자 애써왔다." 이 진술은 연간 국방비의 급속한 증가로 반영되는데, 2006에서 2007년 사이에 국방비는 17.8%나 증가하였다. 이후의 국방백서들은 그 현대화 프로그램을 확인하는 한편 '적극적인 방어active defense'를 강조했는데, 이는 타이완의 통일을 일컫는 동시에 테러에 반대하고 분리주의 운동들을 저지하며 정치적·사회적 안정을 확보하겠다는 의미다.

출처 : Shambaugh D. China's Communist Party : atrophy and adaptation. Berkeley, California : University of California Press, 2008; IISS, *The military balance, 2004~05*, Oxford : Oxford University Press, 2008; Deng Y., *China's struggle for status*, Cambridge, 2008; 중국국방백서White Paper on China's National Defense. 중화인민공화국 국무원 정보국Information Office, 1998; 제4차 중국국방백서. 중화인민공화국 국무원 정보국, 2003; Shambaugh D., *Modernizing China's military*, Berkeley and London : University of California press, 2004; Shambaugh D(편집자), *The modern Chinese state*, Cambridge and New York : CUP, 2000.

25 법치RULE OF LAW

법치는 1999년에 헌법에 삽입되었다. 2008년에 발간된 법체계에 관한 첫 번째 백서는 전국인민대표대회가 헌법과 헌법관계법률, 민법과 상법, 행정법, 경제법, 사회 관련법들, 형법, 그리고 소송과 비송 관련 절차법들을 다루는 229개의 법을 제정했음을 보여준다. 게다가 국무원은 거의 600개의 행정규정들을 제정했고, 지역 인민대표대회들은 7천 개 이상의 규정들을, 그리고 자치민족지구들은 600개의 규정들을 제정했다. 법규들은 또한 다양한 정부 수준에서 시행되어왔다. 우리는 이를 상세히 기술했는데 왜냐면 법치주의와 법은 중국이 '인물들에 의한 통치'로부터 '법에 의한 통치'를 거쳐 '법에 따른 통치'로 변모해 왔음을 보여주는 하나의 진보적이고 발전적인 과정이기 때문이다. 법치와 관련해서, 백서는 그것이 하나의 근본원칙으로서 소중히 지켜졌고 국가는 그 법에 따라 관리될 것이라고 진술한다. 한 사회주의 국가가 법의 통치 하에 관리될 예정이다.

확실히, 이러한 일련의 법률은 인상적이며 중요한 법들이 제정되어왔는데, 예를 들면 개인재산권을 보호하는 법과 노동권을 보호하는 법들이 그러하다. 하지만 백서와 더불어 그것을 반영한 원자바오 총리의 발언은 법치가 여전히 희망사항으로 남아있는 상태임을 보여준다. 공산당을 위한 또 다른 일단의 법들이 역시 존재한다. 이는 '최우선 3요소'로 알려져 있는데, 이는 법체계가 우선시해야 할 것이 당의 대의와 인민의 관심, 그리고 헌법 및 법률임을 진술한다. 이것은 당의 우선권들이 다른 모든 걸 대신하는 것으로 해석된다. 이런 의미에서의 법은 수단적이며 법치를 향한 경로에서 한 발짝 뒤로 물러서있음을 보여준다.

이는 인권을 위해 좋은 징조가 아니다. 인권은 기껏해야 2004년 이래로 헌법에 의해서만 보장되어왔을 뿐이다. 4년 후에 '국가인권행동계획'이 공표되었다. 이것이 불공평한 게 아니라면 중요한 진보를 보여주는 것이지만, 법과 법정 체계에 대한 공산당의 도구적 관점은 이를 쉽게 무효화할 수 있을 것이다.

출처 : 국무원 정보국, *China's efforts and achievements in promoting the rule of law*,

White Paper, Xinhua 2008 Feb 28; Benewick R. Towards a developmental theory of constitutionalism : the Chinese case, *Government and Opposition*, Autumn 1998; 국무원 정보국, 외무부Ministry of Foreign Affairs, 국가인권행동계획*National plan of action for human rights*, Xinhua. 2008 Nov 4; Cohen J. Body blow for the judiciary, *South China Morning Post*, 2008 Oct 18; Ping J. The rule of law progressing in China. 2008 Oct 31. china.org.cn; Lam W. The CCP strengthens control ower the judiciary, *China Brief*, Jamestown Foundation, 2008 July 3.

26 국가 대 시민STATE VERSUS CITIZENS

'국가 대 시민'이라는 제목은 중국의 지도층이 인권에 대한 그들만의 관점뿐만 아니라 국제기준에 맞추려는 그들의 헌신적인 노력을 입법적인 조항과 사법적인 행동으로 옮기는 게 얼마나 어려운지를 의미한다. 시민들과 국가 사이에 존재하지만 국가와는 독립적인 조직들의 필요성에도 관심이 이끌린다.

그 이유는 국가를 옹호하는 중국의 전통적 경향 때문만이 아니라, 시장의 역설에도 있다. 일부가 생각하는 것처럼 사회주의의 시장주도 경제가 형용모순은 아니다. 하지만 시장은 실로 집단의 권리로부터 개인의 권리와 가치를 향해, 그리고 자급자족으로부터 국제적인 상호의존과 협력으로 강조점을 변화시킨다. 시장은 국내적으로나 국제적으로 이윤을 창출하는데, 이러한 이윤들은 실로 들어줄 필요가 있는 요구를 하고 국가의 반응을 기대한다. 시장의 행동은 경제를 뛰어넘어 시민조직들의 형성으로 확장해간다. 중국에서 이러한 것들은 공산당 지도층과 국가에 등록된 조직들, 비공식 단체들, 지하조직들, 혹은 정치적 사회적 운동들의 영향 하에 있다.

하지만 시장은 또한 국가의 권위와 폐쇄적으로 관리되는 이윤들을 위협할 수 있는 새로운 복잡성들을 만들어내기도 한다. 이렇게 경제적으로 개방된 새로운 환경은 정치적인 변화를 야기할 수 있다. 중국 지도층은 불안정하게 갈등을 일으키는 위험보다는 정치적 안정과 공적 질서의 유지를 강화하는 길을 선택했다. 독립적인 사법부와 정당한 법적 절차와 같은 제도적 접근경로들과 승인된 절차들이 부재하는 상황에서, 중국당국은 인권과 더불어 중국이 추구하는 시장 가치까지 모두 침해하는 권위주의적 수단에 의지해왔다. 상대적으로 소수의 정치적 반체제인사들과 지식인들을 처형하는 경우가 하나의 사례다. 사형으로 처벌 가능한 범죄들의 범위와 처형 횟수는 또 다른 문제다.

중국의 무역 파트너들은 시장 접근성과 안정성을 선호한 나머지 국제적 인권 기준들에 어긋난 탄압 사례들을 간과하거나 경시할 수 있다. 하지만 그 시장의 역설은 변하지 않는다. 중국이 국제적인 승인을 받고자 한다면, 국제기준들을 계속해서 무시할 수 없을 것이다. 엠네스티 보고서가 확실히 말해주듯이 비록 중국이 절대 인권탄압에 책임이 있는 유일한 국가는 아니지만, 중국은 국가들 사이에서 따돌림을 받고 있으며, 특히 중국이 민족들의 이익이나 그런 민족들 내부의 이익들에 부합할 때 그러하다. 이런 맥락에서 유럽의회가 사상의 자유를 위해 수여하는 저명한 사하로프 상이 중국의 인권운동가 후자胡嘉에게 수여된 것은 그럴 만한 가치가 충분한 일로서 놀라운 일이 아

니다.

출처 : *US Congressional Commission on China, Annual report*, 2007; *Amnesty International Report 2008. The state of the world's human rights : China*, London : Amnesty International, 2008; Foot R. Rights beyond borders. Oxford University Press, 2000; Friends of Nature (Beijing), *Green book 2007*, Chinadialogue(온라인) 상의 편집 요약본, 2008 June 6; Fenby J. China's slow civil awakening. *The Guardian*, 2008 Sept 19; Davis S. Olympic challenges for Chinese grassroots groups, *Anthropology News*, 2007 Dec; Howell J. New directions in civil society(수록원본 : Howell J(편집자), *Governance in China*, Lenham, Maryland : Rowman & Littlefield, 2004); Du Jie. Gender and governance(수록원본 : Howell J(편집자), op.cit.); White G 외, *In search of civil society*, London : Macmillan, 1997.

27 가정HOUSEHOLDS

'빈 둥지에 사는 이들', 즉 젊은 가족들이 없이 사는 사람들은 2008년 중국의 1억 5,300만 명의 노년층 시민들 중 약 절반을 차지했다. 21세기 들어 가구 구성에 일어난 핵심적인 변화는 노년층 부양가족과 독거노인들의 증가다. 중국의 노년층 인구는 2004년 국가인구조사에서 1억4,300만 명이었고 2014년에는 2억 명, 2026년에는 3억 명, 2037년에는 4억 명이 될 것으로 예측되며, 일상생활의 여유로움과 복지에 가장 큰 걸림돌이 되고 있다. 모든 중국 정책의 방향은 2020년까지 '먹고사는 데 불편 없는'(소강小康)* 사회를 만들고 2050년까지는 전국적으로 기본적인 현대화를 달성하는 것이다. 복지와 사회보장 서비스를 충분히 제공받지 못하는 노년층 인구가 이런 목표달성을 매우 어렵게 만든다.

농촌지역들은 노년층의 비율이 약간 더 높은데 그들 자녀의 소득이 낮은 것을 고려하면 예상 외의 현상이자 문제이다. 주요 도시들에서는 초년부터 중년까지는 부유하다가도 노년이 되어 빈곤해질 것을 우려한다. 상하이 시는 2004년에 등록된 주민들에 대해 2자녀 가정들을 허용함으로써 평균 연령대를 낮출 계획이라고 발표하였다. 하지만 그 특권이 농촌에서 온 이주민들에게까지 확장되는 건 아닌데, 그들은 범죄와 높은 인구밀도의 원인이자 소양素质이 없다고 인식되기 때문이다. 그들은 다시 농촌지역으로 돌아가 늙다가 생을 마감해야 한다. 2007년에는 보호시설과 요양시설에 노인 1천 명 당 8.6개의 침대가 있었다. 이는 보험에 가입했거나 가족의 지원을 받는 이들과 그렇지 못한 이들 사이의 부족분을 메우지 못할 것이다.

한편, 가족 내 성별 관계들은 많은 여성들에게 어려운 상황이 계속되고 있다. 가정 폭력은 가족 관계에서 인식은 하고 있으나 해결되지 않고 있는 문제이며, 추산되는 바로는 다섯 가정 중 한 가정이 폭력을 경험하고 있다. 2002년에 발표된 중국법학회의 한 조사결과에 따르면 "12.1%는 남편에게 발로 차인다고 하고, 9.7%는 남편이 물건들을 집어던진다고 한다. 5.8%는 성관계를 강요당한다고 하며, 1.7%는 뜨거운 물로 데이거나 화상을 입는다고 한다." 많은 농촌 여성들

---

* 『예기 · 예운禮記 · 禮運』에서 말하는, 유가儒家의 가장 이상적인 대동세계大同世界보다 약간 떨어지는 수준의 사회로, 먹고 살 정도의 사회를 말함.

은 자살을 통해 '탈출'할 생각을 한다. (도시에서보다 농촌에서의 자살률이 3배이며, 이는 틀림없이 폭력과 빈곤의 악순환 때문일 것이다.) 도시 지역에서는 이혼이 증가하고 있고, 그만큼 결혼의 실패로 인한 싱글맘들도 늘어난다. 아마도 높은 여성 자살률은 예외이겠으나 이런 사회적 현상들은 서구인들에겐 익숙한 일이며 그에 수반되는 역사나 동등하게 익숙한 현상은 가족 단위들이 깨진 이후에 여성들에게 주어지는 부담이다.

출처 : 중국전국노령위원회China National Committee on Ageing, http://en.cncaprc.gov.cn; County Statement : China. United Nations Economic and Social Commission for Asia and the Pacific, 2007; Honig E and Hershatter G., *Personal voices : Chinese women in the 1980s*, Stanford University Press, 1988; Beaugé F. Women's birth right. *Le Monde Diplomatique*, 1999 Feb. p.9; Psychological domestic violence law proposed, www.china.org.cn translated by Li Liangdu, 2002 27 Nov; Bezlova A. Population : Shanghai breaks second-child taboo. International Press Service, 2004 Sept 13; China starts campaigning against domestic violence. ABC online correspondents report. 2004 June, www.abc.net.au

28 음식FOOD

중국에서 음식과 관련된 커다란 문제들은 식량안보food security와 식품안전, 그리고 섬유질 위주에서 건강에 악영향을 미치는 탄수화물과 단백질 위주로의 식단변화다. 중국인의 비만은 식단변화에 맞춰 증가하는 중이다. 식량안보란 중국이 생산하는 것과 소비하는 것 사이의 간극, 그리고 중국이 기초 식량을 수입에 의존해야하는 정도를 지칭한다. 이는 세계 곡물 가격이 상승하면 식비가 통제 범위를 벗어날 수 있는 빈곤층의 농촌 인구와 노동 인구에게 문제가 된다. 중국 정부는 여전히 중국의 곡물 공급량 중 10%만을 수입에 의존하고 있다고 주장하며, 세계시장의 식량 가격 변동들에 대해서는 어떠한 책임도 지길 거부한다.

시장 경제와 그것이 인구 이동에 미치는 효과들, 생활양식과 소득의 기대치, 그리고 기업가주의 국가의 등장에 대한 반응으로 새로운 범주의 식량 생산이 늘어가고 있다. 곡물 경작을 위한 토지의 감소는 부분적으로 농민들의 도시를 향한 이주에 기인하지만, 농민들의 소득을 보조하기 위한 과일 및 야채 생산 활동이 늘어났기 때문이기도 하다. 이런 생산물들이 늘어나면 장기적으로는 식량안보를 위협할 수 있겠지만 어쨌거나 그것들은 중국의 농업에 단기적인 수익을 가져다준다. 또한 그것들은 국제시장과 국내시장 중산층의 식단 요구조건들에 부응하며, WTO 가입 이후로 식품 가공 및 브랜딩 사업들에 대한 해외직접투자를 자극한다.

중국 내의 경향들은 익숙한 식품경제와는 거리가 멀 수 있지만 그렇게 농촌 인구가 압도적인 대규모 인구에 대해서는 여전히 곡물의 가용성과 가격에 초점을 두어야 한다. 1992년 유엔환경개발회의에 따라 1993년에 처음 발간된 중국 의제 21China Agenda 21에 기초한 농업 행동계획이 1999년 3월에 발표되었다. 그 목적은 곡물 생산과 축산, 어업, 그리고 진鎭 범위의 공업에서 지속가능한 성장을 달성하는 것

이었다. 첫 36개의 프로젝트들로는 식량안보 경고체계와 수자원 및 토양 보존 구상들, 그리고 동식물 보존이 포함되었다. 그 프로젝트들은 2030년에 예측되는 16억 명의 인구를 먹여 살리는 데에 연간 6억4천만 톤의 곡물 공급이 필요할 것이라고 계산한다. 중국의 당면 문제는 WTO에 의해 가능해진 이익의 정도만큼 적은 경작지에서의 곡물 생산과 식량안보의 희생이 감수되어야 한다는 것이다.

식품안전은 심각한 문제다. 중국 인구가 새로운 입맛과 기대치들을 늘려가면서 감독과 안전의 메커니즘들은 그것들을 따라가기에 바쁜 상태며, 식품 사업들은 수출 기회들을 잡고 육상 식품가공업에 투자한다. 안전은 예를 들어 소위 말하는 고급 식품 생산의 신속한 증가와 관련된다. 과일과 야채는 수익 증대를 위해 1년에 여러 번 수확되는데, 이는 대개 화학 비료를 과도하게 사용하면서 이뤄진다. 저임금 농민 생산자들이 일부러 생산량을 빠르게 늘리려 하는 식품 유통 사슬 내에도 오염의 위험이 존재한다. 2008년에 일어난 우유 속 멜라민 파동이 이 범주에 속한다. 라이센스의 감독으로 부적격 식품과 부패 식품의 증거가 드러났다. 2007년에는 전前 식품의약청장 장샤오위鄭筱庚가 부패 때문에 처형당했다. 2008년 8월에는 또 한 명의 고위 관료가 비슷한 운명을 겪을까 두려워 자살을 했고, 2008년 9월에는 리창장李長江이 독성 우유사건으로 같은 자리에서 물러났다.

출처 : Yue L. Can the US guarantee food safety in China?(danwei.org에 게재), 2007 May; Walt V. The world's growing food-price crisis. Time online. 2008 Feb 27; Looking behind the global food crisis. China Economic.net 2008 July 29, http://en.ce.cn; Chern WS. Projecting food demand and agricultural trade in China, *The Asia-Pacific Journal of Economics and Business*, 1(1) 1997; EAC(DFAT, Australia). China embraces the world market, 2003; China's obesity rate doubles in 10 years to 60 million people, health.news.designerz.com; China's changing diet, www.iiasa.ac.at

29 보건HEALTH

기근의 시기는 제쳐두더라도, 공산주의 하의 중국은 보건 서비스에 있어 좋은 성과를 보여 왔다. 다수에게 더 좋은 결과를 제공하고 더 나은 봉사를 하는 것은 풀뿌리 훈련 및 공급 조직들의 목표였다. 하지만 시장주도 경제를 도입하면서부터 재정적 복지와 보건 간의 관계가 역전되어왔다. 농촌의 보험계획은 공동체들과 그에 연관된 협력 조직들이 사라지면서 붕괴되어왔다. 소위 말하는 적각의생赤脚医生*들은 더 이상 그들의 봉사에 대해 근무점수를 받지 못하기 때문에 이제는 현금을 물린다. 복지 및 보험 패키지들의 안전성에 대해 일반적인 의심이 존재하는데 특히 부패와 관련해서 그러하다. 국무원 보건 당국의 2007년 보고서에서는 세계보건기구가 191개 국가 목록 중 중국을 끝에서 네 번째 순위로 매긴 게 부끄럽다고 했다.

세계보건기구는 일반적인 보건 기준들에 대한 가장 신뢰할 만한

---

* 우리말로는 '맨발의 의사들'이란 뜻으로 중국에서 도시에서 훈련받은 의사들이 정착하기 전에 최소한의 의료적 · 준의료적 훈련을 받고 농촌에서 일했던 농민들을 말한다.

지표인 유아 사망률을 바탕으로 1960년부터 1985년 사이에 엄청난 개선이(출생아 1천 명당 173명이 사망하던 것에서 1천 명당 44명 사망으로) 이루어졌음을 발견했다. 물론 중국 자체 통계들은 여아와 남아 간의 우려되는 불일치(여아의 경우 1천 명당 27명 사망, 남아의 경우 1천 명당 22명 사망)를 보여주기도 한다. 이는 농촌 여성들이 여전히 불이익을 받고 있음을 나타낸다. 병원에서 아이를 낳는 여성들의 일반적인 비율이 1990년에 51%였던 것에서 2006년에는 88%로 늘어났지만, 농촌 여성들은 도시 여성들에 비해 10% 적은 인원이 그런 기회를 가졌다. 집에서 아이를 낳는 게 반드시 문제가 있는 건 아니다. 실로 그런 방법들은 여성들이 병원 의사가 주도하는 출산 과정에서 오는 복잡함과 감염을 피할 수 있게 해준다. 하지만 선진국에서는 병원의 근접성이 출산을 위한 통상적인 한 조건이며 첫 출산인 경우는 특히 그렇다. 농촌의 2자녀 정책하에서는, 이런 수치들 내에 기록되는 대부분의 출생이 첫 출산이 될 것이다. 하지만 2003년의 사스SARS(중증 급성 호흡기 증후군) 경험과 지속적인 B형 간염 및 에이즈AIDS의 위기는 세계보건기구의 촉구와 함께 정부로 하여금 농촌 인구에 추가적인 자원들이 절실히 필요함을 깨닫게 했다.

중국의 보건 체계는 담배산업과 에이즈의 확산으로부터 가장 직접적인 위협을 받는다. 현저한 흡연율 감소와 담배 반대 운동, 입법화와 소송들에 직면한 선진국 담배회사들이 새롭게 산업화되고 있는 국가들을 표적으로 하고 있음은 비밀이 아니다. 중국은 그 거대한 인구와 함께 시장지향 경제와 인상적인 경제성장률, 상승하는 생활기준, 입법시행의 어려움, 그리고 70%의 남성들과 점점 늘어가는 수효의 여성들이 흡연을 하며 번성 중인 담배 문화를 유인하고 있다.

보건 관료들은 중국의 해외 브랜드들이 패션 아이콘으로서 내세우거나 밀수품으로 싸게 들여오면서 야기되는 3억 6천만 흡연자들에 대한 위험과 시장 침투의 위험성을 민감하게 자각하고 있다. 보건 관료들의 지위는 1998년에 담배로 인한 사망에 대해 지금껏 행해진 것 중 가장 대규모로 이루어진 연구결과를 발표함으로써 강화되었다. 미국과 영국, 그리고 중국의 과학자들은 1백만 건의 사망 사례들을 연구했고, 그 결과 중국에서 현재의 흡연율이 계속 이어질 경우 담배는 현재 29세 미만인 가운데 약 1백만 명의 남성들을 사망시킬 것이라고 결론을 내렸다. 이런 사망 중 절반은 중년에, 그리고 남은 절반은 노년에 일어날 것이다.

보건 관료들은 에이즈에 감염된 1백만 명의 본토 중국인들 중 대부분이 정맥주사를 이용하는 약물 복용자라고 주장한다. 윈난에서 미얀마와 국경을 이루는 지역, 즉 아시아 약물 생산의 '황금 삼각지대 Golden Triangle'의 경계 상에 있는 곳에서의 감염률은 30에서 70% 사이로 추산된다. 약물 복용자들이 중국에서 에이즈에 가장 취약한 이들인 게 사실이라면 가장 나쁜 영향권에 있는 지역은 남부일 것이다. 보건부는 광둥과 광시의 복용자 중 약 80%가 주사를 통해 복용을 하며, 이에 비해 산시와 내몽고의 복용자 중 주사를 통해 복용하는 이는 1%라고 주장한다. 하지만 다른 성들에도 역시 많은 수의 감염자들이 존재하는데, 대표적으로 헌혈 스캔들이 일어났던 허난이 그렇다.

에이즈 고아들에 대한 지역 정부의 지원과 에이즈 예방에 대한 일부의 관심은 지역 인구들과 비정부기구들, 그리고 정부보건기관들이 협업할 수 있는 지역들에서 향상되고 있다. 안후이의 일부지역에서는 '사개일四个一, 삼조선三条线(4가지의 (기본적인) 하나와 3가지의 (생명) 끈)'이라 불리는 예방관리 전략이 있는데, 그 4가지의 기본적인 하나란 모든 마을이 하나의 병원과 하나의 포장도로를, 그리고 모든 가족이 하나의 집과 하나의 급수체계를 가져야 한다는 것이며, 3가지의 생명 끈이란 민원사무국Civil Affairs bureau이 에이즈를 통해 부모 한 명을 잃은 가족에게 매달 보조금을 지급하고, 양 부모를 다 잃은 가정에는 더 많은 보조금을, 그리고 감염된 가족들은 지역 병원에서 무료 치료를 제공해야 한다는 것이다. 이러한 실용적이고 지역적인 접근은 (비록 비싼 약과 숙련된 인력을 활용하긴 하지만) 이전 시기의 적각의생을 상기시킨다.

보건 안전health security을 시급하게 위협하는 것은 인구의 노령화다.(27 가정HOUSEHOLDS 참조) 장기적으로 가능한 의료보험과 연금계획을 즉각 도입하지 않는다면 노년층과 더불어 사회 전체가 심각한 손해를 입게 될 것이다.

출처 : *Women and men in China. Facts and Figures 2007*, 국가통계국 사회과학기술부. 2008. p.103; China Development Briefing May 2007; Avert organization 웹사이트의 중국 관련 페이지, www.avert.org; Wu Y. Trends and opportunities in China's health care sector. Murdoch University : Asia Research Centre Policy Paper. no 18, 1997; *Green Book of Population and labour*, CASS Beijing: 보건부장관 Chen Minzhang의 1996년 10월 발언.(수록원본 : Zhongguo xingbing aizhibing fangzhi zazhi) 베이징 미국 대사관에서 보고됨, www.redfish.com; Chinese rural dwellers get better medicare service www.chinaview.com 2004 Oct 24; Chinese Academy of Preventative Medicine et al. Smoking and health in China, 1996; *National preventative survey of smoking patterns*, Beijing : China Science and Technology Press, 1997; Zhang J. Cigarette sellers cash in on foreign brands, *China Daily*, 2004 Feb 17; Global Youth Collaborating Group. Special report : Differences in worldwide tobacco use by gender : findings from the Global Youth Tobacco Survey, *Journal of School Health*, 73(6), 2003, pp.207~215.

30 교육EDUCATION

사회주의 시대의 첫 수십 년 동안 교육은 이데올로기적 훈련과 정치적 발전, 그리고 새 중국에 적합한 시민 형성에 강력한 초점을 맞추었다. 중국 젊은이들의 양육에 대한 이러한 접근은 중국 사회와 문화 속에 있는 일반적인 관심사들과 일치한다. 교육은 중국인의 삶에서 유년기를 이루는 하나의 필수요소다. 아이들의 영화, 도서, 그리고 소풍은 모두 모범이 될 만한 교육적이고 가부장적인 측면들을 지녀야 한다. 하지만 실질적으로 중국 아이들에게 효과적인 교육을 하기란 어려운 일이다. 사교육은 그럴만한 돈이 있는 부모들이 선택하는 해결책 중 하나다. 제14회 전국인민대표대회(1992)는 '사회주의 시장경제'를 승인함으로써 사교육을 더 쉽게 만들었다.

시장개혁이 이루어짐에 따라 교육의 불평등은 깊어지고 있다. 일부 부모들은 사설학원과 반半-사설학원) (민반民半)에 엄청난 돈을 지불하며, 모두가 자녀교육에 헌신함은 틀림이 없다. 1956년에는 해방개혁의 일부로 사설학원들이 폐지되었다. 1993년 말에는 광둥에 125종의 다른 사설학원들이 있었다. 한편, 총 1백만 개의 초등학교들 중 80%가 재정상황을 향상시키고자 기업을 설립했다. 다른 아이들의 경우 가족의 농사일손을 도와야 할 때나 책값과 수업료를 지불할 수 없을 때에는 전혀 학교에 나갈 수 없었다. 능력별 학급편성을 향해 발전하는 경향으로 인해 지속적이거나 완전한 학업이 불가한 아이들은 더 불리해졌다. 중학(초중)*생들은 능력별로 학급을 편성하여 일부는 직업훈련으로 곧장 나아가거나 다른 이들은 고등학교로 진학하는데, 결과적으로 보다 다양한 선택권을 누리게 된다. 하지만 고등학교에서 대학교로 진학할 때 전국적인 입학률의 목표치들에 맞추기 위해 일부 교육권역에서는 고등학교 정원수를 상당히 줄여왔다.

교육법은 9년의 표준의무교육기간을 요구하며, 정책적 논의들은 12년을 목표로 진행하고 있다. 칭화대학교의 선임연구원인 후안강胡鞍鋼은 학업기간 연장을 옹호해왔는데, 이것이 국가의 장기적인 인적자원들과 기술적 토대를 발전시키면서도 즉각적인 고용 압력들을 완화시킬 것이라고 지적하였다. "추산된 바에 따르면 2005년까지 도시지역 중학교 졸업생 중 75% 이상이 고등학교에 입학할 것인 반면, 농촌지역에서의 비율은 65%에 달할 것이다. 2010년까지 도시지역에서의 백분율은 거의 100%로 늘어날 수 있을 것이며 농촌지역에서의 수치는 75% 이상에 이를 수 있을 것이다. 그러한 (학업) 연장은 중국에 많은 이점들을 가져다줄 것이며, 그 가운데 가장 기본적인 이점은 그것이 강력한 고용 압력을 줄이는 효과적인 대책으로 기능할 것이라는 점이다." 후의 이론은 지역수준에서 교육정책을 집행하는 이들 (방권放權)이 교육 재정을 지원할 수 있을 때에만 효과를 발휘할 것이다. 농촌에서 수업료가 삭감될 것이며 아예 없어질 가능성도 있다는 2008년 3월과 10월의 발표들을 고려하면, 이 이론이 결국 이루어질지도 모른다. 세계적인 경제위기 이후에, 중국 농민 교육(과 그로 인한 그들의 소비력 상승)의 중요성은 국가의 생존과 성장에 있어 절대적으로 중대한 문제가 되었다.

제3의 부문이 또한 빠르게 성장하고 있다. 그것의 발전을 알리는 하나의 지표로서, 2007년에는 188개국에서 온 19만 5천 명의 해외학생들이 중국 명문대학 입학을 선택했다. 이는 2005년의 14만 1천 명보다 늘어난 수치였다. 2003년에는 상하이 자통 지수Shanghai Jiatong index상에서 7개의 중국 대학들이 최상위 500위 안에 들었고, 2008년에는 18개로 늘었다. 마오 시대의 학생들과는 반대로, 현대 중국 학생들은 직업과 기술, 그리고 상업과 관계된 교육을 추구하고 있다. 쓰촨 대학교는 부동산과 마케팅, 광고, 그리고 인테리어 장식 교육과정들을 제공한다. 상하이의 푸단 대학교는 회계와 기업관리, 지방자치계획과 경제학 등의 일반 경영 기법들에 점차 초점을 맞추고 있는 명문대학교다. 이런 과정들은 자금을 내부조달하며 매우 인기가 있다. 이는 명문고등교육으로부터 대중교육으로의 이행을 대변하며,

그것은 지식경제의 수용에 대한 중국의 인식을 보여주는 것이다. 하지만 2007년에 직업 시장에 뛰어든 75만 명의 베이징 대학교 졸업생들 중 다수는 도시의 화이트칼라 직업들을 희망하고 있으나, 첫 직업을 찾는 대학 졸업생들의 귀환 행렬이 없는 농촌지역에서 공무원 자리를 선택해야 할지도 모른다.

출처 : Wen JB. 전국인민대표대회 정부활동보고서Government activity report to the National People's Congress. 2008; Lawrence D. China pledges to eliminate poverty in rural areas. *The Australian*. 2008 Oct 16; China is popular destination for overseas students. *China Daily*. 2008 Oct 27; Hu A. 12 years of schooling will benefit entire nation. CERNET. 2001.

31 미디어와 전기통신 MEDIA AND TELECOMS

전기통신수단telecommunication들은 과거에 국제무역과 이주, 그리고 대규모의 상호의존들이 행해지던 것과 같은 규모로 세계적인 공동체들과 국가 내부적인 연계들을 이루는 데 도움을 주고 있다. 세계화의 성격은 향상된 전기통신체계들로 인해 시공간이 되는 것을 의미한다.

중국은 30년 넘게 전기통신 기반체계들을 현대화하기 위해 사회주의 시장주도 경제를 채택하며 노력해왔다. 대부분의 성도省都들은 현재 광섬유케이블을 통해 연결되어있다. 휴대폰 기술 역시 매우 중요한데, 이는 부유층과 빈민층, 농민과 도시민을 위한 도약적인 기술**을 제공하며 도시와 농촌의 노동자 계층을 포함한 모든 계층의 사업자들을 위한 네트워킹 및 사업개시를 가능케 한다. 실로 최근의 모든 미디어 기업들에서 가장 큰 성장은 이동통신 플랫폼 및 애플리케이션 분야에서 이루어져왔다. 2004년부터 2008년까지 이러한 성장분야들은 SMSshort message service(단문 문자서비스)와 선불이동전화prepaid phone, 인터넷 카페, 그리고 '샤오링퉁小靈通(소령통 : little smart)' — 육상통신선들을 통해 연결되어 제한된 한 지역 내에서만 사용할 수 있는 저렴한 휴대폰 서비스 — 이었다. 이는 중국인 노동자들을 위한 저렴한 통신수단의 필요성과 함께 그러한 휴대성에 필요한 공간적 난관들을 극복할 필요가 있음을 말해준다.

중국의 미디어는 사업과 정부, 그리고 사회적 관계들의 작동에 있어 큰 중요성을 갖는다. 미디어는 또한 위대한 창조와 격렬한 논쟁, 그리고 정치적 좌절이 일어나는 기반이기도 하다. 미디어는 그 자체로 거시경제와 발전하는 전 세계의 지정학적 독립체들을 모두 가로질러 작동하는 미디어 체계들과 같다. 하지만 중국의 미디어 세계에 존재하는 모순들은 매우 특별한 성격을 갖고 있다. 미디어 콘텐츠는 온라인 포털 사이트의 감시와 검열, 그리고 중앙정부의 정책적 명령들을 통해 엄격하게 통제되지만, 미디어 산업들은 이익과 대화, 논쟁, 그리고 감정적 표현을 분출하는 발전소이기도 하다. 영화감독이 어떤 맥락에서 활동정지를 당할 수는 있어도 다른 맥락에서 텔레비전 활동을 할 수도 있다. 텔레비전 연속물과 게임 쇼, 리얼리티 형식들이 매우 인기가 있으며, 보다 야심찬 프로그램들은 이혼과 부패, 그리고 유괴와

---

* 고등학교는 고중高中이라 함.

** 중간기술을 뛰어넘어 바로 첨단기술로 도약하는 기술.

같은 심각한 이슈들을 다룰 수도 있다. 매우 드물기는 하지만, 영화들은 결과적으로 오락과 격렬한 사회적 논쟁들의 간극을 메워주면서도 여전히 그 영화들을 배포시킨다. 『스틸라이프Still Life』(원제 : 『삼협호인三峽好人』)와 『세계世界 : The World』의 감독인 지아장커賈樟柯가 하나의 좋은 예다.

중국에서의 인터넷 접속은 교육용 망과 정부지원 망을 통해 제공되지만, 안보상의 이유로 이루어지는 정기적인 단속들에 대한 저항을 강력히 요구하는 인터넷 카페들이 상존하고 있다. 인터넷은 부적절하고 정치적으로 민감한 사이트와 검색에 대해 감시가 이루어진다. 베이징 올림픽이 있기 전인 2008년에 외국인 저널리스트들이 그 이슈를 제기하였고, 특정 사이트를 사용하는 특정 사용자들에 한해 일부 제한들이 없어졌다. 연구자들은 어떤 이슈들에 대해서는 사이트 차단이 100%에 달할 수 있음을 보여줬다. 정부지원 서버들에 의해 도메인명 강탈이 인가됨으로써 대개 사이버공간에서 예기치 않게 다른 사이트로 이어지는 결과가 이뤄졌다. 휴먼라이츠워치Human Rights Watch(인권감시)는 대학 채팅방에서의 내용 제한에 저항하는 이들의 투옥에 주목해왔다. 하지만 그동안 세계와 국내 IT 회사들은 비록 지속적인 소프트웨어 불법복제로 제한이 있긴 해도 중국에서 이윤을 창출하고 있다. 2007년에 IT 회사들의 순수익률은 자이언트Giant의 경우 74%, 알리바바(중국의 한 회사)의 경우 45%, 바이두의 경우 36%(가장 인기 있는 검색 엔진), 그리고 마이크로소프트의 경우 29%였다. 온라인 유저들, 혹은 '네티즌들'은 'mp3' 사이트와 뉴스 블로그, 그리고 토론 게시판들을 선호한다. 네티즌들은 정부업무에 관해 해박한 논평을 하며 인터넷상의 감시자 역할을 할 수 있다. 2008년에 이른바 서구 / 티베트 동조자들Western and Tibetan sympathizers의 주소와 이름이 공개된 사건은 온라인상의 '군중 기반 정보수집'이 불을 붙인 것이었다.

인터넷은 여전히 규제에 대해 도전적이며, 중국 정부는 포르노 사이트에 접속하거나 그 정보를 제공하는 이들, 반정부 인사, 정치적 선전, 그리고 비도덕적인 행위 등에 대해 형사처벌과 1만 5천 위안(미화 1,740달러)에 달하는 벌금으로 대응해왔다. 그 대상은 끝이 없으며 매 순간의 우선순위들에 따라 당국이 행하는 풍부한 범주의 해석에 의해 결정된다. 2008년 10월에 국가라디오영화텔레비전총국國家廣播電影電視總局은 포르노(황색) 콘텐츠를 실었다는 이유로 10개의 사이트를 폐쇄시켰다. 하지만 이 사이트들 중 하나인 Oeeee.com은 대담한 신문인 『남방도시보南方都市報』를 위한 커뮤니티 뉴스 포털이며, 그 어떤 '황색' 콘텐츠도 실었을 가능성은 적다. 규제들은 또한 다른 미디어의 감시와 검열을 위한 적소에 있기도 하다. 아무나 살아있거나 이미 고인이 된 민족적 인물들의 삶이나 작업에 관한 사진 에세이들을 발간할 수는 없다. 공식적인 전기들은 인쇄물과 영화의 형태로 승인을 받으며 출시 당시의 정치적 노선을 따라 내용에 대한 엄격한 감시가 이루어진다. 또한 해외 작품들의 출판과 배포, 그리고 해외 개봉영화들의 제목에 대해서도 엄격한 통제가 이루어진다.

지역 콘텐츠가 너무 지루하다고 여겨지는 곳, 특히 남부의 홍콩과 타이완 근처 지역에서는 위성방송들이 홍콩의 쇼 프로그램들을 방영한다. 비록 광둥어이긴 해도, 이 방송들이 후베이의 음악특집보다는 보통화普通話를 사용하는 젊은 시청자들에게 더 잘 맞는다. 1978년에 중국은 32개의 텔레비전 방송국과 3백만 개의 TV 세트를 갖게 되었다. 현재는 비록 전기를 사용하지 않는 외딴 지역의 농촌들은 고려하지 않은 데이터이긴 해도 중국 가정 내 TV 보급률이 100%이고 무료 채널들은 60개에 달한다고 보고된다. 경고 이외에도 정부는 하나의 매체로서 텔레비전에 상당히 전념하고 있으며, 이는 특히 케이블 전송을 통해 쉽게 모니터링 될 수 있다. 2015년까지는 텔레비전의 총체적인 디지털화가 계획되어 있다. 국영방송인 CCTV는 현재 유료 TV 채널들을 운영 중이며, 무료 방송 서비스들에 대한 광고를 통해 벌어들이는 것보다 더 많은 수입을 기대한다.

출처 : Keane M, *Created in China : the great new leap forward*, London : Routledge, 2007; Zhu Y., *Television in post-reform China : serial dramas, Confucian leadership and the global television market*, London : Routledge, 2008; CSM Research Focus 2007; China Network Information Centre, 2007; Qiu JL and Cartier C. Networked mobility in urban China : hukou, working class ICTs and the case of Sun Zhugang. Paper presented at the annual meeting of the International Communication Association, TBA, San Francisco, CA, 2008 Oct 23, www.allacademic.com에서 이용 가능; AsiaMediaNews Update asiamedia@international.ucla.edu; Donald SH와의 면담 인터뷰, 2006~08; 남방도시보Southern Metropolis Daily, 여러 호 참조; Media Timeline Danwel.org

32 종교RELIGION

중국은 때때로 미신과 신앙에 대한 인내심이 매우 적은 세속적인 국가로 여겨진다. 이는 맞는 말이면서도 깊이 들여다보면 틀린 말이다. 19세기 말과 20세기 초에 religion과 superstition의 관습에 대한 신조어들(종교宗教와 미신迷信)이 도입된 이래로, 가톨릭교와 개신교, 이슬람교, 불교, 그리고 도교라는 다섯 개의 '세계 종교들'과 토착적인 절과 신들을 포함한 지역적인 풀뿌리 신앙체계들 간에 구분이 이뤄졌다. 유학과 현재의 성리학은 앞서 말한 것들과는 별개의 사례로 여겨져 왔는데, 이는 한 사회 체계 내에서의 자기수양과 정치적 교의들을 결합하기 때문이다.

중국본토에서 대다수의 신앙인들은 도교인(혹은 공식적으로 미신의 수준을 피할 정도)이고 불교인들은 상당수이며, 이슬람교인과 기독교인들의 수는 점차 늘어가고 있다.

하지만 이 모든 종교 관습들에서 틀림없이 중국 관습의 핵심 교의들이 재생되어 추구되고 있음을 볼 수 있는데, 그것들은 신앙으로서의 가르침(교教)과 신들을 기리고 정신을 순화하기(둘 모두 선禪이라 칭함), 그리고 우주 속에서 인간의 위치 자각하기(천天)이다. 물론 그 차이들도 깊다. 비록 1949년에 중화인민공화국이 설립된 이래 민속 축제들이 공식적으로 달력상의 국경일에 속한 적은 없었지만, 많은 종교 의식의 핵심에는 가정의 수호신들, 귀신들로부터의 보호, 그리고 조상(조선祖先) 숭배가 있다. 대중도교는 민속 신앙과 지역의 신들, 그리고 농촌이나 가구 중심의 숭배가 함께 하기 때문에 성공적이고 대중적이다. 반면 도가道家는 정신의 계발 속에서 동기부여와 같은 육체적 징후들을 상실하는 것에 관심을 둔다. 불교, 그리고 특히 열반nirvana에 대한 욕망은 도교의 비육체성immortality 개념들과는 대조적antithetical이다. 기독교와 이슬람교는 또 다시 완전히 다른 체계를 제시하는데, 각 종교가 신성神性의 성격과 계명commandment들에 대해서는 달리 해석할지라도 그것들은 공히 '진리의true' 유일신God에 초점을 둔다.

중국의 사회생활에는 다른 준-종교적 특징들, 즉 신앙의 기본 패턴들을 별개 용도로 활용하는 특징들이 있다. 성리학적 이성과 더불어 조화harmony에 대한 준-영적인 호소들은 정치적인 유행으로 돌아온다. '화해和諧'의 강조는 개혁 시대 이전의 언어 사용방식의 유산이다. 예를 들어 혁명적 담론들의 핵심어들은 종교적 텍스트들의 성스러운 말씀들과 유사하게 기능한다. 혁명을 연구한 학자 티모시 칙Timothy Cheek의 지적에 따르면, "이름들이 정확하지 않고 실재들이 정확한 이름들을 따르지 않는다면 도덕적인 국가는 불가능할 것이라고 공자는 주장했다. 중국공산당은 공자의 신념과 유사한, 이름들의 힘에 대한 신념을 보여준다." 그들의 언어사용이 일상생활의 의미를 형성하는 방식은 화자의 믿음, 그리고 이상적으로는 청자의 믿음으로도 지지되어야 할 어떤 추가적인 차원을 부여하는 것이다. 종교의 개념이 혁명의 개념과 실물 정치 철학의 개념에 모두 근접할 수 있는 것은 성스러운 의식과 정치적 집회에서 공히 일어나는 믿음의 소통 때문이다. 하지만 대중의 종교성이 종교의 허가범위와 애국주의의 한계를 넘어서는 것은 허용되지 않는다. 따라서 지역의 절들은 때때로 미신적 관습에 대한 검열을 벗어나기 위해 그들의 풀뿌리 활동들을 도교적이라고 묘사한다. (틀림없이 가장 빠르게 성장 중인 신앙인 네트워크인) 개신교 신앙 집회들은 이전의 혁명가들과 비슷하게도 물밑에서 조직되며, 티베트의 수도승들과 비구니들은 강요된 애국 교육에 대해 불평한다.

중국의 종교적인 정치에서 혐오하는 대상은 사실 티베트 문제인데, 티베트가 국가에 대한 믿음에 도전한다는 게 주된 이유이긴 하지만 그것이 종교를 분리주의의 위협들과 결합하기 때문이기도 하다. 인권운동가들은 종교적 자유에 대한 권리와 함께 티베트 독립을 변호하는 자율성에 대한 욕망에도 의지한다. 중국 정부는 종교가 국토를 분할하기 위한 충분한 이유가 아니라고 주장한다. 종교와 민족성이 전통적인 인종차별주의의 핵심에서 함께 작용하는 문제도 있다. 티베트의 지지자들은 신장의 이슬람 분리주의자들 가운데 존재하는 유사한 열망들에 대해서는 그리 목소리를 내지 않았다. 그 경우 서구의 의견은 중국의 국가적인 안정성을 보다 선호하는 것으로 보인다.

흥미롭게도, 중국 정부가 달라이 라마의 형상을 분리주의와 미신, 그리고 봉건주의의 상징이라고 지속적으로 비판해왔음에도 불구하고 현재 마오쩌둥의 이미지들은 농촌의 절들에서, 그리고 도시에서 물신화되어 나타나고 있다. (마오의 이미지는 행운의 부적으로서 택시에 걸린다.) 예전에는 마오의 형상과 말씀이 정치적인 성경을 그의 인민들에게 제시했었다면, 이제는 신성화되어 기려지는 그에 대한 기억이 중국인의 종교의식 속에서 고대와 근대를 함께 요약하고 있다. 그의 열반은 그를 만든 그 땅 위에서 실현된다.

출처 : Yang MM-H(편집자), *Chinese religioisities : afflictions of modernity and state formation*, Berkeley : University of California Press, 2008; Wang Y. University of Sydney; SBS 강의 노트들; Feuchtwang S., *Popular religion in China : the imperial metaphor*, London : Curzon, 2001; Cheek T. The names of rectification : notes on the conceptual domains of CCP ideology in the Yan'an rectification movement(수록원본 : *Keywords of the Chinese revolution : The language of politics and the politics of language in 20th-century China*), 재정지원 : National Endowment for the Humanities and the Pacific Cultural Foundation, www.easc.indiana.edu

1차 자료

China Daily, www.chinadaily.com.cn/english/home/index.html

People's Daily Online, englishi.pepledaily.com.cn

Xinhua, www.xinhuanet.com/english

Far Eastern Economic Review, www.feer.com

The China Quarterly, Cambridge Journals, http://journals.cambridge.org

The Economist, www.economist.com

China labour statistical yearbook, Beijing : China Statistics Press, latest year.

Statistical communique of the People's Republic of China on the 2007 national economic and social development, China Statistics Press, 2008.

Women and men in China, Facts and figures 2007, Department of Social, Science and Technology, National Bureau of Statistics, 2008.

Wen Jiabao, Report to the 11th National People's Congress, http://npc.people.com.cn/

China Internet Network Information Center, *Statistical survey report on internet development in China*, www.csm.com.cn

CSM Media Research, *Rating China*, www.csm.com.cn

International Institute of Strategic Studies[IISS], *The military balance, 2004–2005*, Oxford : Oxford University Press, 2004.

United Nations Development Programme[UNDP], *China human development report*, United Nations, 2005.

US Census Bureau, International data base, www.census.gov

World Bank, *The world development indicators*, Washington : World Bank, annual publication.

2차 자료

Alden C., *China in Africa*, London : Zed Books, 2008.

Benewick. R et al, editors, *Asian politics in development*, London & Portland, Oregon : Frank Cass, 2003.

Blecher M., *China against the tide*, New York : Continuum, 2003.

Brady A–M, *Marketing dictatorship : propaganda and thought work in contemporary China*, Lanham : Rowman and Littlefield Publishers, Maryland, 2007.

Brodsgaard KE and Zheng Y, editors, *The Chinese Communist Party in reform*, London and New York : RoutledgeCurzon, 2004.

China Environment Series, Woodrow Wilson Center, Washington DC.

Deng Y, *China's struggle for status*, Cambridge : Cambridge University Press, 2008.

Donald SH and Gammack JG, *Tourism and the branded city : film and identity on the Pacific Rim*, Aldershot : Ashgate, 2007.

Fewsmith J., *China since Tiananman : from Deng Xiaoping to Hu Jintao*, Cambridge : Cambridge University Press, 2008.

Foot R., *Rights beyond borders*, Oxford : Oxford University Press, 2000.

Gladney DC, *Dislocating China : Muslims, minorities and other subaltern subjects*, Chicago : University of Chicago Press, 2004.

Goodman DSG, editor, *The new rich in China : future rulers, present lives*, London : Routledge, 2008.

Goodman DSG, Qinghai and the emergence of the West : nationalities, communal interaction, and national integration, *The China Quarterly*, 178, 2004, June.

Hearn. AH, *China and Latin America : the social foundations of a global alliance*, Durham, N.C : Duke University Press, 2009.

Holbig H and Ash R., *China's accession to the World Trade Organization : national and international perspectives*, London : RoutledgeCurzon, 2002.

Howell J editor, *Governance in China*, Lanham, Marland : Roman and Littlefield, 2004.

Huang Y., *Capitalism with Chinese characteristics : entrepreneurship and the state*, Cambridge : Cambridge University Press, 2008.

Jeffreys E., editor, *Sex and sexuality in China*, London and New York : RoutledgeCurzon, 2006.

Jeffreys E. and Sigley G., editor, *China and governmentality*, Special issue of *Economy and Society*, 35(4), London : Routledge, 2006.

Krug, B., editor, *China's rational entrepreneurs : the development of the new private business sector*, London : RoutledgeCurzon, 2004.

Kynge J., *China shakes the world*, London : Phoenix, 2007.

Lai CP, *Media in Hong Kong : press freedom and political change, 1967–2005*, London : Routledge, 2007.

Lipman JN, *Familiar strangers : a history of Muslims in northwest China*, Washington : University of Washington Press, 1997.

Mackay J. and Eriksen M., *The tobacco atlas*, Geneva : World Health Organization, 2002.

Mackerras C et al, editors, *Dictionary of the politics of the People's Republic of China*, London : Routledge, 1998.

Marton AM, *China's spatial economic development : regional transformation in the Lower Yangzi Delta*, London : Routledge, 2000.

Maclaren AE, editor, *Chinese women : living and working*, London : RoutledgeCurzon, 2004.

Nolan. P., *China at the crossroads*, Cambridge : Polity Press, 2004.

O'Brien J and Palmer M., *The atlas of religion*, London : Earthscan, 2007.

Pan PP, *The struggle for the soul of new China*, New York : Simon and Schuster, 2008.

Saich T., *Governance and politics of China*, Basingstoke and New York : Palgrave Macmillan, 2004.

Shambaugh. D., *Modernizing China's military*, Berkeley and London : University of California Press, 2004.

Shambaugh. D., editor, *The modern Chinese state*, Cambridge : Cambridege University Press, 2000.

Shambaugh. D., *China's Communist Party : atrophy and adaptation*, Berkeley, California : University of California Press, 2008.

Shih C–Y, *Negotiating ethnicity in China : citizenship as a response to the state*, Routledge, 2002.

Smith D., *The Atlas of war and peace*, London : Earthscan; New York : Penguin, 2003.

White G et al, *In search of civil society*, London : Macmillan, 1997.

Zweig D., *Internationalizing China : domestic interests and global linkages*, Cornell University Press, 2002.

Zhu Y., *Television in post–reform China : serial dramas, Confucian leadership, and the global television market*, London : Routledge, 2008.

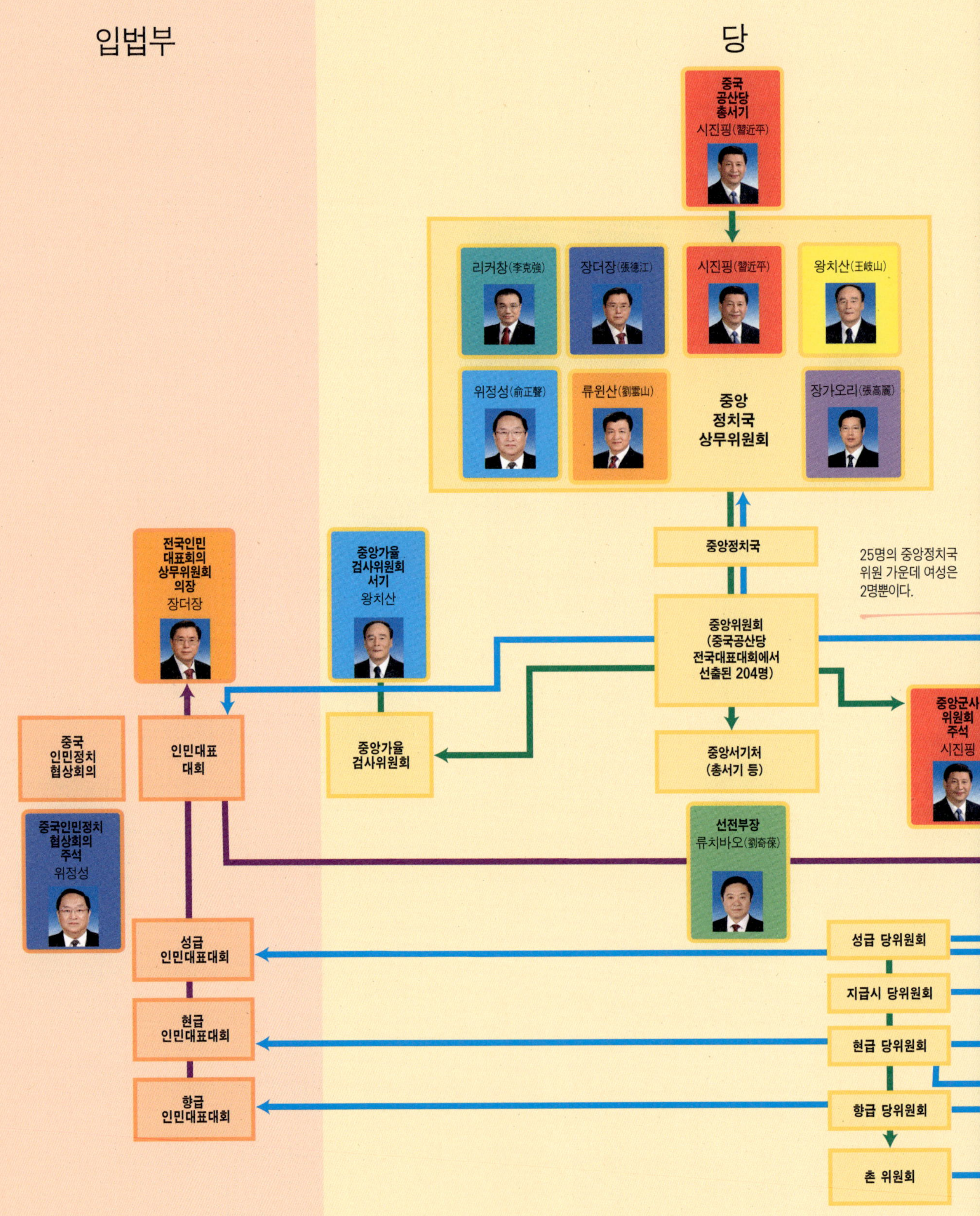

입법부
당
중국 공산당 총서기
시진핑(習近平)
리커창(李克強)
장더장(張德江)
시진핑(習近平)
왕치산(王岐山)
위정성(俞正聲)
류윈산(劉雲山)
장가오리(張高麗)
중앙 정치국 상무위원회
중앙정치국
25명의 중앙정치국 위원 가운데 여성은 2명뿐이다.
전국인민대표회의 상무위원회 의장
장더장
중앙가율검사위원회 서기
왕치산
중앙위원회 (중국공산당 전국대표대회에서 선출된 204명)
중앙군사위원회 주석
시진핑
중국 인민정치협상회의
인민대표대회
중앙가율검사위원회
중앙서기처 (총서기 등)
중국인민정치협상회의 주석
위정성
선전부장
류치바오(劉奇葆)
성급 인민대표대회
성급 당위원회
지급시 당위원회
현급 인민대표대회
현급 당위원회
향급 인민대표대회
향급 당위원회
촌 위원회

누가 중국을 지배하는가 (2017년 현재)

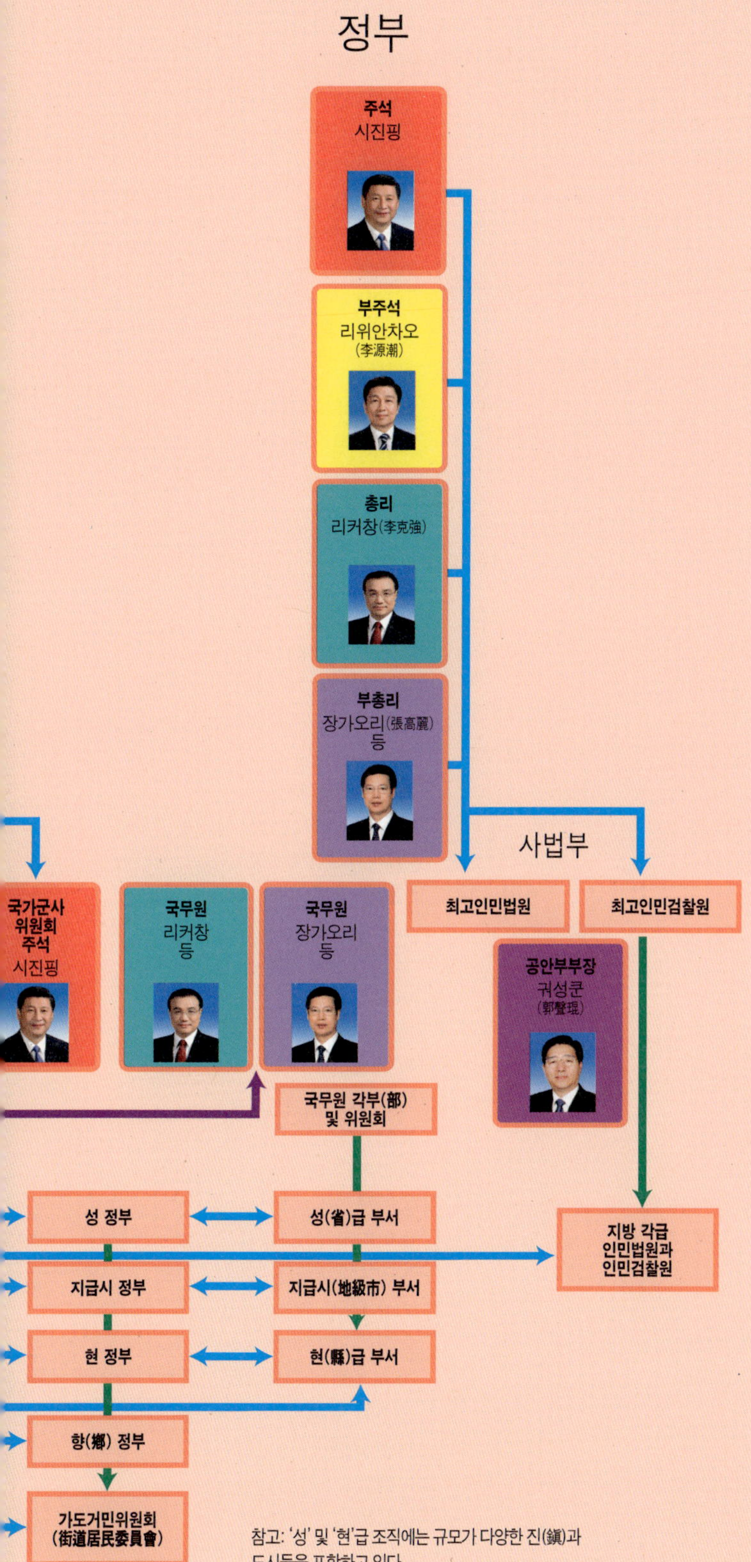

참고: '성' 및 '현'급 조직에는 규모가 다양한 진(鎭)과 도시들을 포함하고 있다

당 중앙 지도자 그룹

재정경제	리커창
정치와 법	멍젠주(孟建柱)
국가안전	시진핑
외교	시진핑
홍콩과 마카오	장더장
타이완	시진핑
선전과 이데올로기	류윈산
당조직과 건설	류윈산

출판 후기

중국의 개혁개방과 냉전의 종식 이후 중국은 한국인에게 주로 새로운 기회의 국가로 간주되어 왔다. 이는 중국이 가지고 있는 잠재력과 그 잠재력에 대한 접근이 상대적으로 유리한 지리적·문화적 위치에 있는 한국의 자의식에 기반한 것이다. 그러나 그로부터 근래 중국은 우리에게 단순히 기회의 국가가 아니라 냉철하게 분석하고 해결해야 할 하나의 과제가 되고 있다. 중국의 급속한 성장과 강대국으로의 부상에 따라 한국 경제와 한반도의 안보는 물론이고 세계질서가 그것의 큰 영향권에서 요동치고 있기 때문이다.

그러나 가깝고 쉽게 접근할 것 같았던 중국을 이해하기란 그리 용이하지 않다. 물론 중국만이 아니라 대부분의 국가도 마찬가지이지만, 중국은 그 규모나 민족, 지역, 사회, 문화 등 모든 방면에서 한국인이 타국가를 이해하는 일반적인 인식틀을 넘어선다. 그것은 무엇보다 중국이 이들 각 방면에서 심한 차이를 보여주고 있을 뿐만 아니라 시간적으로도 변화가 너무 빠르게 진행되고 있기 때문이다. 문제는 중국 전체에 대한 기본적인 인식이 부족한 상황에서 중국의 개별적인 문제나 사안에 국한된 인식은 여러 문제가 복잡하게 얽혀 작동하는 문제를 단순화시킴으로써 종종 편향되거나 잘못된 결론으로 이끌 수도 있다는 것이다. 따라서 중국을 좀 더 체계적으로 이해하고 접근하는 사람들에게 우선 필요한 것은 바로 중국을 한눈에 파악하게 해 줄 수 있는 인식지도라고 할 수 있다.

10여 년 전에 로버트 베네위크와 스테파니 헤멜릭 도널드 교수가 쓴 『현대중국의 아틀라스』는 바로 이러한 목적에 가장 부합하는 방식으로 중국을 한눈에 보여주는 지도라고 할 수 있다. 중국의 쟁점적인 문제를 요약적으로 보여주는 날카로운 시각도 뛰어나지만, 무엇보다도 중국의 현재 위치와 상황을 보여주는 다양한 지도와 표는 중국을 처음 접근하는 사람부터 중국을 전체적으로 개괄하고자 하는 연구자들에게까지 매우 편리하고 유익한 정보를 제공해 준다.

물론 책이 출판된 지 근 10년의 시간 동안, 중국은 전반적으로 적지 않은 상황 변화를 겪어 왔다. 2013년 중국은 예상보다 빨리 미국을 제치고 무역 최대국가가 되었고, 군사비 지출은 2016년 기준으로 여전히 6,045억 달러인 미국과 격차가 크기는 하지만 1,450억 달러로 증가하여 그 밖의 국가와는 비교가 안 되는 속도로 군사대국화를 가속화하고 있다. 물론 그 사이 변화 과정에는 그러한 성장추세만 보여 주는 것은 아니다. 그 이전까지 두 자리 숫자를 넘나들며 최소 7% 이상을 유지하던 이른바 '바오치保七' 고속 성장 시대가 마감되고 지금은 6%대의 '중속 성장' 시대로 접어들었고, 환경 문제는 더욱 악화되어 안정적인 경제성은 물론 국민들의 생명과 생존의 질을 크게 위협하는 수준에까지 이르고 있다.

또 이 저서에서 보여주는 지도 및 도표와 관련하여 크게 변화한 부분은 바로 후진타오 체제에서 시진핑 체제로 바뀌었다는 점이다. 따라서 이 책을 읽는 독자들은 부록에 실린 현재 중국을 이끄는 각 방면의 지도자들을 확인해 두는 것이 좋다. 그리고 이 번역서에서는 관련 자료를 제공해 주지는 못하지만 시진핑 체제 하에서 진행된 인민해방군의 구조개혁에 대해서 확인해 두는 것도 좋다. 시진핑은 최근 몇 년 사이에 새로운 21세기 국제조건과 중국의 군사적 전략의 변화에 따라, 그에 부합하는 전략 구사와 효율적인 운영을 위해 기존의 인민해방군의 전체 조직을 대대적으로 개편하였다.

이러한 10년간의 변화에도 불구하고, 『현대중국의 아틀라스』는 현대 중국을 이해하는 데 여전히 적절하고 훌륭한 지도책으로서 전혀 손색이 없다. 오히려 각 방면에서의 변화 상황은 두 저자들이 참고했던 자료 출처를 통해 독자들이 스스로 보완하여 업데이트함으로써 그 변화의 상황과 방향을 이해할 수 있으며, 이후에도 지속적인 자신의 중국 아틀라스를 구축할 수도 있을 것이다.

마지막으로 이 책을 번역한 심태식 교수는 책에 대한 번역을 거의 마감한 직후에 갑자기 운명을 달리 함으로써 함께 연구하던 주위 사람들을 몹시 안타깝게 했다. 따라서 이 번역서는 심 교수가 우리에게 남겨준 여러 지식상의 유산 가운데 하나이다. 다만 이 책을 출판하는 과정에서 필자가 일부 문맥과 표현들을 바꾸기도 했는데, 고인이 직접 그 마무리 작업을 할 수 있었다면 독자들은 훨씬 더 완성도가 높고 풍부한 설명이 덧붙여진 번역서를 접할 수 있었을 것이다. 필자의 서툰 마무리가 고인의 뜻에 티를 남기지 않기를 바랄 뿐이다.

2017년 8월 토론토에서

차태근(인하대학교 중국학과)